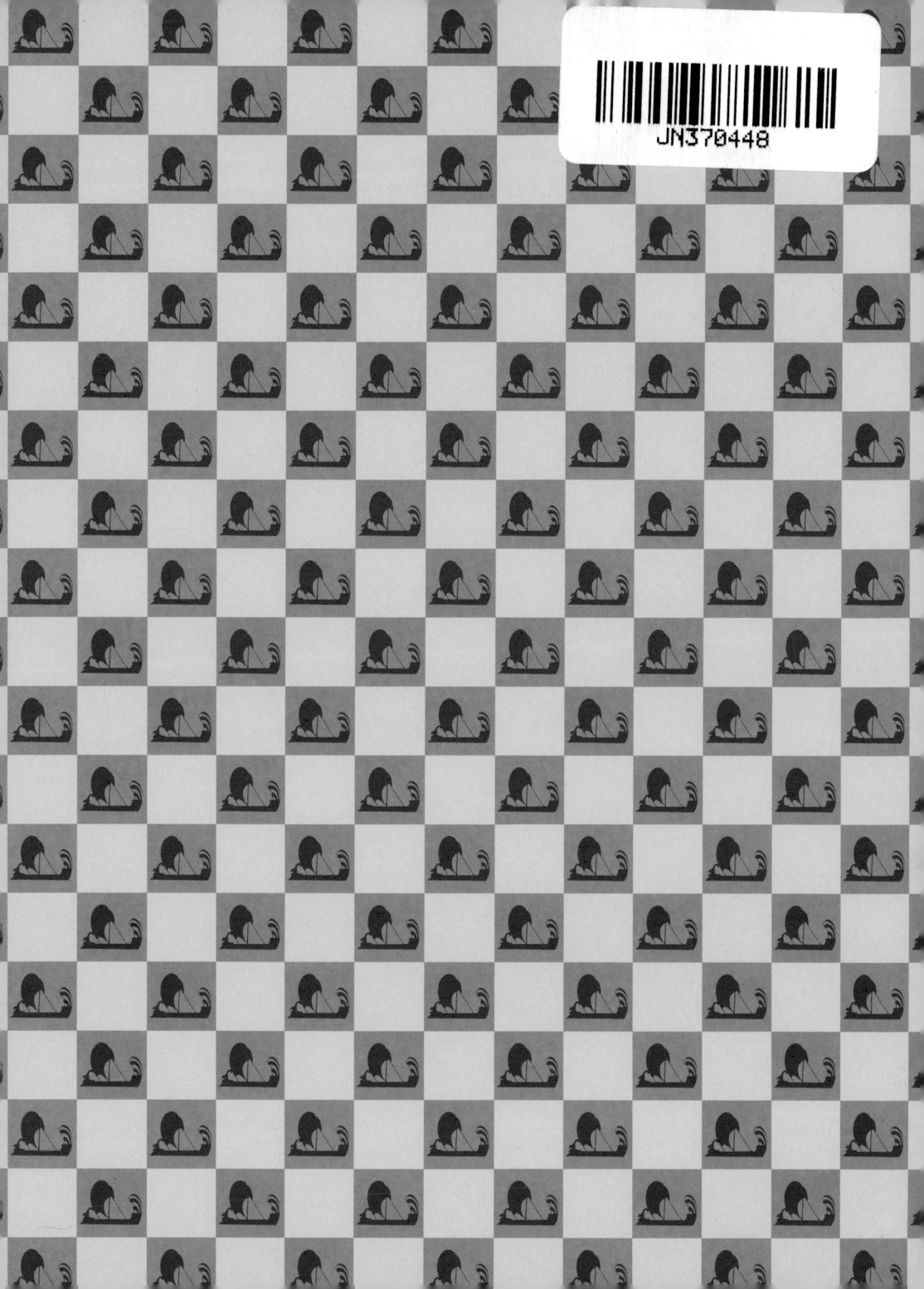

트로이 전쟁

The Children's
Homer

THE CHILDREN'S HOMER : The Adventures of Odysseus and The Tale of Troy
by Padraic Colum and illustrated by Willy Pogany

Copyright © 1918 Estate of Padraic Colum by permission of Floris Books

All rights reserved.

Korean Translation Copyright © 2004 by BIR

Korean translation edition is published by arrangement with Floris Books Trust Ltd.

이 책의 한국어판 저작권 Floris Books Trust Ltd.와 독점 계약한 (주)비룡소에 있습니다.
저작권법에 의해 한국 내에서 보호를 받는 저작물이므로 무단 전재와 무단 복제를 금합니다.

트로이 전쟁

The Children's Homer

패드라익 콜럼 글 · 윌리 포가니 그림 · 정영목 옮김

휴지와 피터에게

항상 놀라운 상상력으로 나를 일깨워 주는 두 사람에게
세상에서 가장 위대한 이 이야기를 들려준다.

제1부 ••• 9
오디세우스의 아들 텔레마코스가 아버지를 찾아 배를 타고 떠나다.
텔레마코스가 메넬라오스와 헬레네에게서 트로이 이야기를 듣다.

제2부 ••• 175
오디세우스가 칼립소의 섬을 떠나 파이아케스 사람들의 땅에 이르다.
키클롭스, 무시무시한 스킬라와 카리브디스를 지나,
태양의 소 떼를 죽인 이야기를 하다. 결국 파이아케스 사람들에게 배를 받아
고향으로 돌아오다. 자신의 재산을 축내는 구혼자들을 쓸어 버리고,
다시 이타카의 왕으로서 나라를 다스리다.

옮긴이의 말 ••• 344
바룡소 클래식을 펴내면서 ••• 352

1부

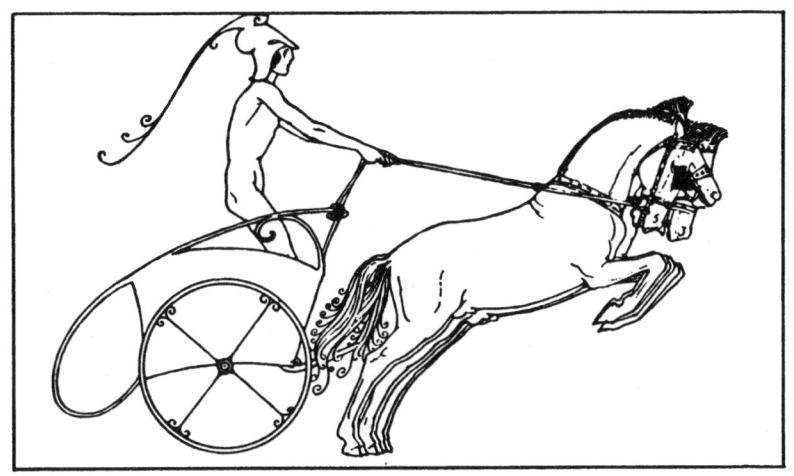

오디세우스의 아들 텔레마코스가 아버지를 찾아 배를 타고 떠나다.

텔레마코스가 메넬라오스와 헬레네에게서 트로이 이야기를 듣다.

I

이 이야기는 그리스 시인들이 우리에게 전하는 모든 영웅들 가운데 가장 이름이 높은 오디세우스의 전쟁과 방랑의 이야기이다. 이 이야기는 그의 아들, 텔레마코스라고 불리는 젊은이로부터 시작한다.

텔레마코스가 태어난 지 겨우 한 달이 지난 젖먹이였을 때, 위대한 왕 아가멤논의 사자가 오디세우스를 찾아왔다. 사자는 바야흐로 그리스의 왕과 왕자들이 트로이와 전쟁을 벌이려고 하니, 오디세우스도 전쟁에 나갈 준비를 하라는 말을 전할 생각이었다. 지혜로운 오디세우스는 전쟁에 참여한 모든 사람들에게 닥칠 재난을 미리 짐작했기 때문에 나서고 싶은 마음이 없었다. 그래서 아가멤논의 사자가 오디세우스가 다스리는 이타카 섬에 도착했을 때 그는 미친 시늉을 했다. 오디세우스는 아가멤논의 사자 팔라메데스를 확실하게 속이기

위해 어떤 사람도 한 적이 없는 희한한 짓을 했다. 나귀와 황소를 같은 쟁기에 묶어 밭을 갈기 시작한 것이다. 그렇게 간 땅에는 씨앗 대신 소금을 뿌렸다. 오디세우스가 그렇게 하는 것을 보자 팔라메데스도 오디세우스가 진짜로 미쳤다고 믿게 되었다. 그러나 오디세우스가 제정신인지 아닌지 마지막으로 한번 시험해 보기 위해, 갓 태어난 텔레마코스를 쟁기가 다가오는 밭 한가운데 누여 놓았다. 오디세우스는 아기가 누운 곳에 다가가자 쟁기를 틀어 비켜 나갔고, 그가 미치지 않았다는 사실이 결국 드러나고 말았다. 오디세우스는 아가멤논의 부름에 따를 수밖에 없었다. 그는 아가멤논의 명령에 따라 그리스의 왕과 왕자들의 배가 모여 있는 아우리스로 갔다. 그러나 그 전에 영웅 아킬레우스를 찾아, 트로이와 싸우러 가자고 설득해야 했다.

오디세우스는 갓난아기 텔레마코스, 젊은 아내 페넬로페, 늙은 아버지 라에르테스에게 작별 인사를 했다. 집과 땅 그리고 자신이 왕으로 다스리던 이타카 섬에도 작별 인사를 했다. 오디세우스는 이타카 원로 회의를 소집하여 아내와 아들은 물론 나머지 모든 식구를 잘 돌봐 달라고 부탁한 뒤, 선원과 병사들을 모아 배를 타고 떠났다. 세월이 흘렀으나 오디세우스는 돌아오지 않았다. 십 년이 지나자 그리스의 왕과 왕자들은 결국 트로이를 점령했고, 전쟁도 끝이 보이기 시작했다. 그래도 오디세우스는 돌아오지 않았다. 여기저기 떠돌아다니며 노래하는 방랑 시인들이 이타카로 들어와 트로이 전쟁에서 싸웠던 영웅들의 죽음이나 귀향 소식을 전해 주었다. 그러나 오디세우스의 소식을 가져오는 시인은 없었다. 그가 죽었다는 이야기도 없었고, 어느 땅에 나타났다는 이야기도 없었다. 다시 십 년이 흘렀다. 아버지가 남겨 두고 갔던 갓난아기 텔레마코스는 어느덧 자라 이제 힘이 넘치고 생각이 반듯한 청년이 되었다.

2

어느 날 청년 텔레마코스는 시름에 잠긴 채 아버지의 집에 앉아 있다가 대문으로 들어서는 한 나그네를 보았다. 마당에는 사람들이 많았지만, 누구 하나 낯선 손님을 맞이하러 나가지 않았다. 텔레마코스는 자리에서 벌떡 일어나, 연회장과 마당을 가로질러 나그네가 서 있는 대문으로 갔다. 나그네가 반기는 사람도 없이 우두커니 문간에 서 있는 꼴이 보기 딱했기 때문이다. 또 한편으로는 혹시나 아버지의 소식을 전해 주러 온 사람이 아닐까 기대하는 마음도 있었다.

"오디세우스의 집을 찾아 주셔서 반갑습니다."

텔레마코스가 손을 내밀었다. 그러자 나그네는 다정하게 그 손을 잡았다.

"이렇게 맞아 주니 고맙소, 텔레마코스. 그대의 아버지인 이름 높은 오디세우스의 집에 들어서게 되어 나 또한 마음이 기쁘오."

나그네는 병사들을 이끄는 우두머리가 됨직했다. 잿빛 눈은 맑고 반짝반짝 빛났다. 손에는 큼지막한 청동 창을 거머쥐고 있었다. 나그네와 텔레마코스는 뜰을 지나 연회장으로 함께 들어섰다. 나그네가 창 꽂이에다 창을 내려놓자, 텔레마코스는 그를 높은 의자로 모신 뒤에 발에 발판을 받쳐 주었다.

텔레마코스는 나그네를 모시고 사람들이 좀처럼 다가가지 않는 곳으로 갔다. 마당에 있는 많은 사람들이 소란을 피우거나 질문을 해대서 손님을 귀찮게 할까 봐 걱정이 되었기 때문이다. 하녀가 손님이 손을 씻을 수 있도록 황금 물동이에 물을 담아 왔다. 손님이 은 대야 위로 손을 내밀자 그 위에 뿌려 주었다. 가정부는 손님 옆에 놓인 반들거리는 탁자 위에 밀로 만든 빵과 여러 가지 맛난 음식을 갖다 놓았다. 다른 하인들은 고기가 든 접시와 황금 잔을 가져왔다. 잠시 후 하녀들이 들어오더니, 잔에 포도주를 채웠다.

그러나 텔레마코스와 손님 시중을 들던 하인들에게 곧 성가신 일이 일어났다. 사람들이 무리를 지어 연회장으로 들이닥쳤기 때문이다. 그들은 탁자에 자리를 잡더니 큰 소리로 이것저것 주문하기 시작했다. 하인들은 커다란 고기 접시와 포도주 잔을 날랐다. 그들은 먹고 마시며 자기들끼리 큰 소리로 떠들어 댔다. 심지어 텔레마코스와 함께 앉아 있는 나그네를 빤히 바라보기까지 했다.

"이 집에 혼인 잔치가 있소? 아니면 친족이 모여 술잔을 기울이기로 한 날이오?"

나그네가 물었다. 그러자 텔레마코스는 창피하여 얼굴을 붉혔다.

"혼인 잔치가 아닙니다. 저희 친족 모임도 아닙니다. 제 말을 들어 보십시오. 손님의 얼굴에서는 지혜로움을 느낄 수 있고, 또 손님은 제 아버지의 이름도 귀하게 여기시니, 이 사람들이 누구이고 왜 저희 집에서 이런 소란을 피우는지 다 말씀드리겠습니다."

텔레마코스는 나그네에게 트로이가 패하여 전쟁이 끝난 지 십 년이 지났지만 아버지가 아직 집에 돌아오지 않았다는 이야기를 해 주었다.

"아버지는 집으로 돌아오는 길에 목숨을 잃은 것이 틀림없습니다. 아버지의 유골은 바다의 어느 이름 없는 골짜기 밑바닥에 놓여 있을 것입니다. 차라리 트로이에서 싸우다 돌아가셨으면 좋았을 것을! 그랬다면 왕과 왕자들이 아버지의 이름과 공적에 어울리는 무덤을 만들어 주었을 것 아닙니까. 사람들은 존경하는 마음으로 아버지를 추모했을 것이고, 아들인 저도 대접을 받았겠죠. 이 집에 있는 저런 자들, 제 아버지의 집에서 제멋대로 명령을 내리고 아버지가 모은 재산을 축내는 저런 자들의 횡포를 눈앞에서 보는 일이야 없지 않았을까요?"

"저자들이 어떻게 해서 이곳에 오게 되었소?"

나그네가 물었다.

텔레마코스는 그 이야기도 해 주었다. 트로이가 함락되고 나서 칠 년이 지나도 오디세우스가 돌아오지 않자, 사람들은 그가 죽었기 때문에 다시는 이타카 땅으로 돌아오지 못하게 되었다고 생각했다. 그러자 이타카의 많은 젊은 지주들이 텔레마코스의 어머니 페넬로페를 탐내어 자기 부인으로 삼고자 하였다. 그들은 페넬로페에게 구혼하러 오디세우스의 집으로 왔다. 그러나 페넬로페는 구혼자들에게 답을 하지 않았다. 오디세우스가 없는 집에서 시름에 잠긴 채 살아가면서도 남편이 돌아올 것이라는 희망을 버리지 않았기 때문이다. 구혼자들은 이제 삼 년째 남편 없이 홀로 지내는 부인에게 결혼을 청하러 오디세우스의 집을 드나들고 있었다.

"저자들은 제 어머니를 궁지에 몰아넣고 있습니다. 저자들 가운데 한 사람과 결혼하겠다고 약속하지 않으면, 저희 집 재산이 다 날아갈 판이니까요. 저자들은 이곳에 와서 우리 밭에서 자란 곡식으로 만든 빵을 먹고, 우리 가축을 도살한 고기를 먹고, 아버지가 오래전에 비축해 둔 포도주를 마시고, 이런저런 명령으로 하인들을 닦달합니다."

텔레마코스는 말을 마치고는 고개를 들어 나그네를 보았다.

"손님의 눈은 지혜와 힘으로 빛이 납니다. 아버지의 집을 파멸에서 구하려면 제가 어떻게 해야 할지 말씀해 주십시오. 더불어 제 아버지가 살아 계실 가능성이 있는지도 말씀해 주십시오."

나그네는 잿빛의 맑고 빛나는 눈으로 텔레마코스를 바라보았다.

"그대가 진정 오디세우스의 아들이오?"

"제가 진정 오디세우스의 아들입니다."

텔레마코스가 대답했다.

"그대의 머리와 눈을 보니 알겠소. 바로 오디세우스의 머리이고, 오디세우스의 눈이구려. 자, 오디세우스 같은 영웅의 아들이고, 페넬로페 같은 귀한 여인의 아들이라면, 그대는 틀림없이 그대의 집을 망치는 저 못된 구혼자들을 물리칠 방법을 찾을 수 있을 것이오."

"손님의 눈길을 마주하고 말씀을 들으니, 벌써 제가 저들을 물리치는 일을 해낼 수 있다는 자신감이 생깁니다."

"나는 그대의 아버지 오디세우스가 이 땅에서 사라지지 않았다고 생각하오. 어쩌면 집에 오기 전에 더 많은 고생을 하고 더 많은 위험을 이겨 내야 할지도 모르겠소. 그러나 그대는 그대대로 아버지의 소식을 알아보시오. 자, 내 이야기에 귀를 기울이시오. 이제 그대가 할 일을 말하겠소. 내일 이타카 땅의 모든 원로들을 불러 회의를 여시오. 그 회의에서 그대의 재산을 축내는 구혼자들이 이제 그만 흩어져 자기 집으로 돌아갈 때가 왔다고 외치시오. 회의가 끝나면 그대는 배를 타고 아버지의 소식을 찾아 떠나시오. 그대의 아버지가 살아 있는지 아닌지, 살아 있다면 어디에 있는지 소식을 알아보시오. 우선 트로이 전쟁에서 그대의 아버지와 함께 싸웠던 늙은 왕 네스토르의 고향 필로스로 가시오. 네스토르에게 오디세우스의 소식을 알려 달라고 청하시오. 그리고 필로스에서 메넬라오스와 헬레네의 땅 스파르타로 가시오. 그곳에 가서도 그대의 아버지 소식을 알려 달라고 청하시오. 그곳에서 오디세우스가 살아 있다는 소식을 듣거든 집으로 돌아오시오. 그때에는 저 구혼자들이 그대 재산을 축내는 일을 한 해 동안 더 견디는 일 정도는 어렵지 않을 거요. 그러나 만일 그대의 아버지, 이름 높은 오디세우스가 정말로 죽어 저세상으로 갔다는 이야기를 듣게 되면, 돌아와서 이 땅에 왕을 기리는 커다란 무덤을 세우고 장례식을 성대하게 치르시오. 그런 다음 그대의 어머니가 좋은 남자를 골라 결혼하게 하시오. 이제 오디세우스가 자신의 집으로 돌아올 수 없다는 것이 확실해졌기 때문이오. 그러나 그 뒤에도 그대가 할 일은 남아 있소. 그대는 아버지가 모은 재산을 축내고 이 집을 욕되게 한 구혼자들에게 벌을 주어야 하오. 이런 일을 다 이루었다면, 그대 텔레마코스는 자유롭게 그대 자신의 길을 찾아 떠날 수 있소. 그대의 이름도 세상에 널리 알려질 것이오. 그대는 훤칠하고 건장하여, 장차 지혜롭고

용맹한 사나이가 될 것이 분명하기 때문이오. 자, 이제 나는 가던 길을 마저 가야겠소."

나그네는 자리에서 일어났다. 그는 텔레마코스와 함께 연회장에서 나왔다. 둘은 마당을 가로질러 대문으로 갔다. 텔레마코스가 말했다.

"손님이 말씀하신 것을 절대 잊지 않겠습니다. 손님은 어질고 다정한 마음으로, 아버지가 자식에게 말하듯이 저에게 좋은 말씀을 해 주셨습니다."

나그네는 텔레마코스의 손을 꼭 쥐더니 대문 밖으로 나갔다. 눈으로 그의 뒷모습을 쫓던 텔레마코스는 나그네의 모습이 변하는 것을 보았다. 처음에는 여자로 변했다. 큰 키에 금발을 휘날리며, 손에는 청동 창을 거머쥐고 있었다. 이윽고 여자의 모습 또한 바뀌더니, 커다란 물수리가 눈앞에 나타났다. 물수리는 널찍한 날개를 펼쳐 위로 솟구치더니, 이내 하늘 높이 날아가 버렸다. 순간 텔레마코스는 그 손님이 신이라는 사실을, 바로 아버지의 친구 아테나 여신이라는 사실을 깨달았다.

3

 텔레마코스가 연회장으로 돌아오자, 먹고 마시던 사람들은 포도주 잔을 내려놓고 방랑 시인 페미오스의 이름을 소리쳐 부르고 있었다. 나와서 그들을 기쁘게 해 줄 만한 이야기를 노래로 불러 달라는 것이었다. 텔레마코스가 그들 사이로 걸어가자 어떤 구혼자가 옆에 있던 사람에게 말했다.

 "아까 함께 있던 손님이 대체 무슨 이야기를 했기에 텔레마코스가 저렇게 바뀐 거지? 저 아이가 저렇게 당당하게 구는 건 처음 봐. 혹시 저 아이 아버지, 이름 높은 오디세우스가 돌아온다는 이야기를 한 게 아닐까?"

 페미오스가 나오자, 구혼자들은 이야기를 노래로 불러 달라고 소리쳤다. 페미오스는 물 흐르는 듯한 운율로 왕과 왕자들이 트로이에서 돌아오는 이야기를 해 주었다. 그들이 트로이를 떠날 때 신과 여신

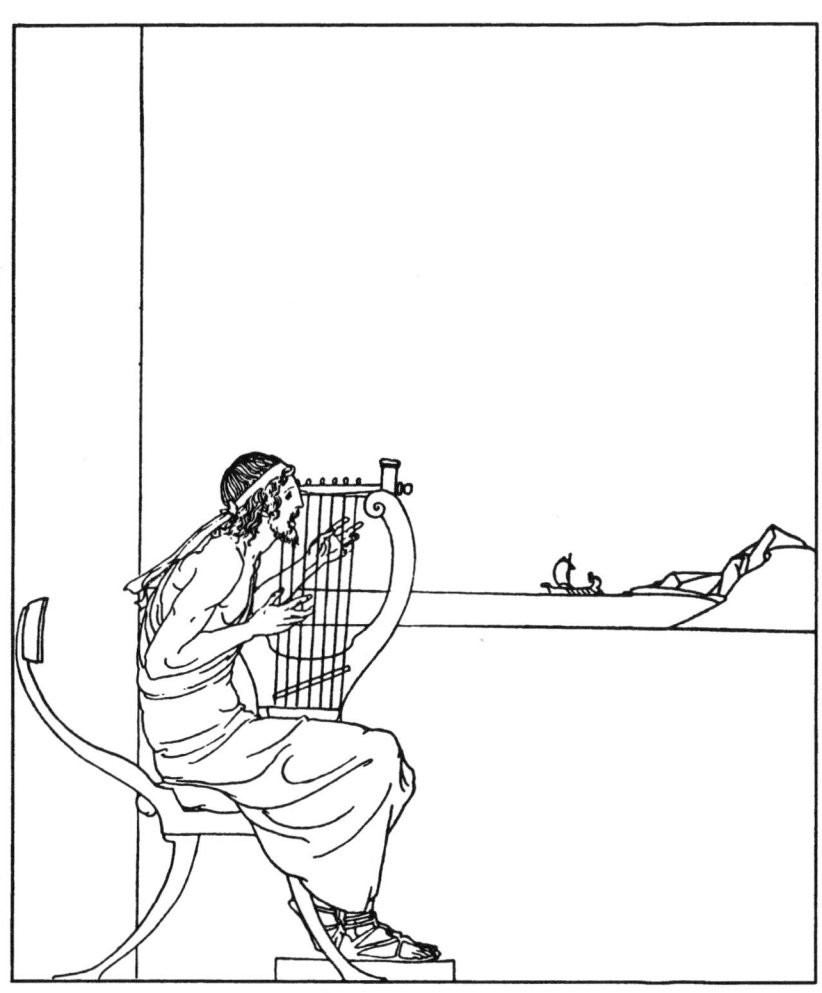

들 몇 명이 그들을 괴롭혔다는 이야기였다. 시인이 이야기를 시작하자, 텔레마코스의 어머니인 여주인 페넬로페가 시녀 둘을 거느리고 층계를 내려왔다. 그녀는 노래를 듣더니, 비통한 표정으로 그 자리에 멈추어 서서 베일로 얼굴을 가렸다.

"오, 페미오스."

그녀가 소리쳤다.

"내 심장을 갉아먹는 이야기는 하지 말아 주세요. 그 이야기만 들으면 슬픔이 몰려와 며칠이고 마음이 가라앉지 않아요! 오, 페미오스, 그대가 아는 신과 인간에 대한 이야기 가운데 이 연회장에 계신 고귀한 구혼자들을 기쁘게 해 줄 다른 이야기는 없나요?"

시인은 페넬로페의 말을 듣고 이야기를 멈추려고 했으나, 텔레마코스가 어머니에게 다가가 말했다.

"어머니, 시인이 영감을 받은 대로 노래를 불러 모두를 즐겁게 하도록 놔두시지요. 설사 우리에게 슬픔을 안겨 주는 노래를 부른다 해도 시인을 탓할 일은 아닙니다. 그리고 어머니도 이제 저 이야기를 듣고 견디셔야 합니다. 저 이야기는 앞으로 방방곡곡에서 오랫동안 시인들의 입에 오르내릴 것이기 때문입니다. 게다가 남편과 이별한 사람은 어머니 혼자가 아닙니다. 트로이 전쟁에서는 오디세우스 말고도 많은 사람들이 귀향의 기쁜 날을 맞이하지 못했습니다."

그의 어머니 페넬로페는 이 아이가 어떻게 이런 지혜로운 말을 할 수 있나 싶어 놀란 눈으로 아들을 보았다. 이 아이가 진정 고개도 제대로 못 들던 그 텔레마코스가 맞단 말인가? 다시 아들을 보니, 그는 당당하게 머리를 높이 들고 있었다. 오디세우스의 머리를 빼다 박은 머리였다. 페넬로페는 이제 아들이 진정한 사나이가 되었음을 알았다. 페넬로페는 아들에게 아무 말도 하지 않았다. 마음속에 새로운 생각이 떠올랐기 때문이다. 페넬로페는 층계에 서서 주위를 둘러보다가, 시녀들과 함께 베틀과 북이 있는 방으로 돌아갔다. 페넬로페가 층계를 올라가 사람들로부터 멀어지자, 구혼자들은 그녀가 곧 그들 가운데 한 사람을 남편으로 고르게 될 것이라고 자기들끼리 수군거렸다.

텔레마코스는 탁자에서 일어선 사람들을 돌아보며 말했다.

"어머니에게 구혼하러 온 분들에게 드릴 말씀이 있습니다."

구혼자들 가운데 하나가 말을 받았다.

"그 전에 먼저, 자네를 그렇게 당당하게 만들어 준 사람이 누구인지부터 말해 주게."

다른 사람이 끼어들었다.

"물론 그렇게 해 준 사람은 함께 있던 나그네지. 그 사람이 누구인가? 왜 여기에 온 것이며, 어느 땅에서 온 사람이라고 하던가?"

또 다른 구혼자가 말했다.

"왜 우리가 그자의 얼굴을 보거나 말을 거는 것을 피하듯이 그렇게 부리나케 내뺀 건가?"

그러자 텔레마코스가 말했다.

"제가 여러분에게 드리고 싶은 말씀은 이것입니다. 지금은 우리끼리 말다툼하지 말고 조용히 먹고 마시며, 시인이 우리에게 불러 주는 이야기에 귀를 기울입시다. 그러나 내일은 이타카 땅의 원로들의 회의를 열도록 하겠습니다. 저도 회의에 참석하여 이야기하겠습니다. 저는 여러분에게 이 집을 떠나, 여러분 스스로 모은 것을 먹고 마시라고 말씀드릴 것입니다. 제 말이 옳은지 그른지는 원로들의 판단에 맡깁시다. 만일 여러분이 제가 회의에서 공개적으로 하는 말, 우리 땅의 원로들 앞에서 하는 말에 귀를 기울이지 않는다면, 앞으로 여러분에게 일어나는 일은 여러분 스스로 책임져야 할 것입니다."

텔레마코스가 그렇게 담대하게 말하자 구혼자들은 모두 놀랐다. 그중에서 어떤 구혼자가 말했다.

"이 아이는 자기 아버지 오디세우스가 왕이니까 자기가 왕위를 이어받아야 한다고 생각하는군. 하지만 제우스신께서 이 아이를 왕으로 인정하는 일이 절대 없기를 바라네."

텔레마코스가 대답했다.

"제우스신께서 저를 왕으로 인정하신다면, 저는 기꺼이 이타카 땅의 왕위를 이어받아 모든 어려움과 모든 위험에 맞서겠습니다."

그렇게 말을 하자 텔레마코스는 진짜로 젊은 왕처럼 보였다.

이윽고 사람들은 가만히 앉아 방랑 시인의 노래에 귀를 기울였다. 저녁이 되자 구혼자들은 연회장을 나가 자기 집으로 돌아갔다. 텔레마코스는 자리에서 일어나 자기 방으로 갔다. 어렸을 때 그를 보살피던 늙은 여인 에우리클레이아가 앞장을 섰다. 그녀는 길을 밝히기 위해 횃불을 들고 있었다. 방에 이르자 텔레마코스는 부드러운 상의를 벗어 에우리클레이아의 손에 올려놓았다. 그녀는 상의를 손으로 쓰다듬어 잘 편 뒤에 침대 옆 고리에 걸었다. 이윽고 방을 나가 은으로 만든 손잡이를 잡아당겨 문을 닫은 다음 끈을 당겼다. 그러자 문 안쪽에서 빗장이 걸렸다. 텔레마코스는 양털 이불을 덮고 누웠지만 다음 날 회의에서 할 이야기, 아테나 여신이 그에게 내린 명령과 필로스와 스파르타로 떠날 여행에 대해 생각하며 잠을 이루지 못했다.

4

텔레마코스는 동이 트자마자 일어났다. 옷을 걸치고, 샌들을 발에 묶어 신었다. 어깨에 날카로운 검을 메었고, 손에는 청동 창을 들었다. 그는 회의가 열리는 야외 회의장으로 갔다. 날쌘 사냥개 두 마리가 옆에서 따라왔다.

이타카 땅의 원로들은 이미 모여 있었다. 모두 모인 것이 확인되자, 연장자인 지주 아이기프토스가 일어서서 입을 열었다. 그의 아들 가운데 둘은 그와 함께 집에서 밭을 갈았다. 그러나 에우리노모오스라는 이름의 아들은 텔레마코스 어머니의 구혼자들과 어울렸다. 아이기프토스에게는 이들 말고도 아들이 하나 더 있었는데, 그 아들은 오디세우스의 배를 타고 트로이 전쟁에 나갔다. 아이기프토스는 그 아들이 돌아오는 길에 죽었다고 생각했으며, 그 아들 때문에 늘 슬퍼했다. 이날 회의에서 연설할 때에도 아들이 생각나자 눈에 눈물이 맺했다.

"오디세우스가 배를 타고 트로이 전쟁터로 떠나기 전에 회의를 소집한 뒤로 우리는 한 번도 만난 적이 없소이다."

아이기프토스가 말했다.

"그런데 지금 왜 이 자리에 모이게 된 것이오? 혹시 누가 오디세우스가 돌아온다는 소식이라도 들었소? 만일 그렇다면, 우리에게 그 좋은 소식을 전하는 분에게 제우스신이 복을 내리시기를 빌겠소."

텔레마코스는 노인의 다정한 말투에 마음이 편해졌다. 텔레마코스가 연설하기 위해 일어서자, 진행자가 그의 손에 지팡이를 쥐어 주었다. 모두 그의 말을 경청하라는 표시였다. 텔레마코스는 늙은 아이기프토스를 보며 입을 열었다.

"이타카 사람들의 회의를 소집한 사람이 누구이고, 그 목적이 무엇인지 제가 말씀드리겠습니다. 존경하는 아이기프토스여, 여러분을 모은 사람은 바로 접니다. 하지만 제 아버지, 이름 높은 오디세우스가 돌아오신다는 소식을 들었기 때문은 아닙니다. 또 의논해야 할 나랏일이 있기 때문도 아닙니다. 그런 것은 아닙니다. 제가 여러분 앞에 일어선 것은 단지 제가 괴롭기 때문이고, 어쩔 줄을 모르기 때문입니다. 제 아버지는 여러분의 왕이었고, 여러분에게 존경을 받았습니다. 그러나 지금 오디세우스는 이타카를 멀리 떠났고, 저는 그분이 이 땅

으로 돌아오지 않을 것이라고 생각합니다. 여러분은 왕을 잃었지만, 여러분을 다스릴 왕은 다시 세울 수 있습니다. 그러나 저는 아버지를 잃었고, 이제 제 평생 아버지를 다시 모실 수가 없습니다. 하지만 제가 잃은 것은 아버지만이 아닙니다. 이제 그 이야기를 여러분에게, 이타카의 모든 사람들에게 하겠습니다.

저의 어머니는 지금까지 삼 년 동안 어머니를 아내로 삼겠다고 찾아온 남자들에게 둘러싸여 있습니다. 그들은 매일 우리 집에 와서 가축을 잡아먹고, 아버지가 오실 때를 대비해 아껴 둔 포도주를 마구 마셔 댑니다. 그들은 우리의 재산을 축내고 있습니다. 제가 어른이라면 그들에게 맞서 저의 집을 지킬 것입니다. 그러나 아직은 그렇게 할 수 없기 때문에, 우리 집이 망가지고 재산이 축나는 꼴을 그저 지켜볼 수밖에 없습니다."

텔레마코스가 말을 마치자, 구혼자 가운데 한 사람인 안티노오스가 일어섰다.

"텔레마코스, 왜 이런 식으로 우리에게 창피를 주는가? 나는 여기 계신 모든 분들에게 비난받을 사람은 자네 어머니이지 우리가 아니라고 분명히 말해 두고 싶네. 우리는 자네 어머니의 남편 오디세우스가 이 세상 사람이 아니라는 것을 알기 때문에 자네 어머니에게 우리 가운데 한 사람의 아내가 되어 달라고 한 걸세. 그러나 자네 어머니는

우리에게 정직한 대답을 해 주지 않았네. 대신 자네 어머니는 교묘한 꾀로 우리를 계속 기다리게 했네.'

자, 이 자리에 계신 분들에게 그 꾀가 뭔지 말씀드리겠습니다. 여주인 페넬로페는 집 안에 커다란 베틀을 갖다 놓고 널찍한 베를 짜기 시작했습니다. 부인은 우리 한 사람 한 사람에게 지금 짜고 있는 베를 다 짜면 우리 가운데 한 사람을 남편으로 고르겠다는 이야기를 전했습니다. '오디세우스의 아버지 라에르테스가 살아 계실 때나 돌아가셨을 때나 돌보아 드릴 사람은 나 하나밖에 없어요.' 부인은 우리에게 그렇게 말했습니다. '나는 이제 얼마 남지 않은 때, 즉 늙은 라에르테스가 돌아가실 때를 대비하여 수의를 짜 놓아야 해요. 내가 이 일을 마칠 때까지는 나를 괴롭히지 말아 주세요. 만일 라에르테스가 돌아가셨을 때 그를 덮어 드릴 수의조차 없다면, 이 땅의 모든 여자들이 나를 탓할 거예요.'

우리는 포악한 사람들이 아니므로 여주인 페넬로페가 베를 짜게 해 주었습니다. 그러나 몇 달이 지나도 베는 완성되지 않았습니다. 그러다가 얼마 전에 우리는 여주인의 시녀에게서 페넬로페의 술책이 어떠한 것인지 듣게 되었습니다. 부인은 낮에는 베를 짜고, 밤에는 그것을 풀고 있었던 것입니다. 따라서 베는 절대로 마무리될 수 없습니다. 부인은 그런 식으로 우리를 속이고 있습니다.

부인은 이 일로 사람들한테 존경을 얻었습니다. '그런 꾀를 내다니, 페넬로페는 얼마나 지혜로운가.' 사람들은 그렇게 말합니다. 그렇다면 페넬로페는 그런 칭찬을 듣도록 놔두고, 우리도 우리대로 놔두십시오. 우리에게도 우리 나름의 계획이 있습니다. 우리는 페넬로페의 집에서 살 것이고, 그곳에서 먹고 마실 것이며, 그 집의 하인들에게 명령을 내릴 것입니다. 그러면 여주인이 우리에게 답을 주는 쪽이냐, 아니면 집의 재산을 축내는 쪽이냐 둘 중에서 어느 쪽을 더 만족스럽게 생각하는지 언젠가는 드러나겠지요.

　　텔레마코스, 자네에게는 이 말을 하고 싶네. 자네 어머니를 자네 아버지의 집에서 모시고 나가, 자네의 외할아버지 이카리오스의 집으로 가게. 가서 이카리오스에게 페넬로페가 우리 가운데서 한 사람을 고르면, 페넬로페를 그 사람의 신부로 주라고 하게. 그렇게 하면 결국 장차 자네 집이 될 그 집에서 재물이 축나는 일은 끝날 걸세."

　　그러자 텔레마코스가 일어서서 말했다.

　　"어머니는 제 아버지가 집에 들이셨습니다. 저는 그 집에서 어머니를 모시고 나갈 생각이 없습니다. 여러분이 당장 제 아버지의 집에서 나가십시오. 그렇지 않으면, 여러분이 그 집에서 무례하게 굴었던 것에 대해 벌받게 될 날이 올 것입니다."

　　텔레마코스가 말하는 동안 독수리 두 마리가 산꼭대기에서 회의장으로 날아왔다. 독수리는 날개를 퍼덕이며 사람들 머리 위를 맴돌면서 사나운 눈길로 사람들을 노려보았다. 그들은 발톱으로 서로를 할퀴더니, 도시를 가로질러 날아가 버렸다.

그 자리에 있던 노인 할리테르세스는 새들이 보여 주는 징조를 읽는 데 능숙했기 때문에, 방금 독수리들이 공중에서 싸움을 벌인 일에 대해 사람들에게 풀이해 주었다.

"오디세우스는 그의 친구들로부터 멀리 떨어져 있지 않소. 그는 돌아올 거요. 그리고 그의 귀환은 그의 집을 모욕한 사람들에게는 고통이 될 거요. 그 사람들은 지금이라도 못된 짓을 그만두는 것이 좋소."

그러나 구혼자들은 노인의 말에 웃음을 터뜨렸다. 노인에게 집에 가서 자기 자식들 앞에서나 예언을 말하라고 조롱했다.

그러자 멘토르*라는 이름의 노인이 일어섰다. 그는 오디세우스의 절친한 벗이었다. 멘토르는 회의장에 모인 사람들에게 말했다.

"이제 다시는 마음이 고운 왕을 요구하지 마시오. 여러분의 왕 오디세우스는 여러분 모두에게 상냥하고 다정했소. 그런데 이제 그의 아들이 여러분에게 도움을 청하는데 여러분은 망설이고 있소. 나에

----

*오디세우스는 트로이 원정을 떠나면서 연장자인 멘토르에게 집안일과 텔레마코스의 교육을 맡겼다.—옮긴이

게는 저 구혼자들이 그의 재물을 축내는 것보다 여러분이 나서서 그것을 막지 않는 것이 더 괴로운 일이오. 저 사람들은 자신의 목을 걸고 그런 짓을 계속 하라고 하시오. 이제 그들에게 벌이 내릴 것이오. 그러나 여기 회의장에 모인 사람들에게는 다시 한 번 말하겠소. 여러분은 수가 많고, 구혼자들은 수가 적소. 그런데 왜 그들을 오디세우스의 집에서 쫓아내지 못하는 것이오?"

그러나 회의장의 어느 누구도 텔레마코스와 할리테르세스와 멘토르의 편을 들지 않았다. 구혼자들의 힘이 막강하여, 회의에 참석한 사람들이 그들을 두려워했기 때문이다. 구혼자들은 텔레마코스와 그를 지지한 두 노인을 조롱하는 눈빛으로 바라보았다. 그러자 텔레마코스가 마지막으로 자리에서 일어나 사람들에게 말했다.

"저는 회의에 참석한 분들에게 이야기했습니다. 제 이야기가 옳은지 그른지는 이타카 사람들이 알 것입니다. 또 신들이 알 것입니다. 이제 저는 여러분에게 빠른 배 한 척과 선원으로 일할 젊은이 스무 명을 달라고 부탁드리고 싶습니다. 저는 필로스와 스파르타에 가서 아버지 소식을 수소문해 볼 생각입니다. 만일 아버지가 살아 있어서 집으로 돌아오는 중이라면, 저는 일 년이라도 집에서 더 기다리며 여러분의 횡포를 견딜 수 있습니다."

그들은 이 말도 비웃었다. 그들 가운데 한 사람 레오크리토스는 이렇게 말했다.

"오디세우스가 살아 있어서 언젠가 집으로 돌아온다 해도 우리는 겁내지 않습니다. 그는 하나이고 우리는 여럿입니다. 그런데도 오디세우스가 많은 수와 싸우려 한다면, 그때야 자기 운명을 스스로 책임져야 하는 것 아니겠습니까? 자, 회의장에 모이신 여러분, 이제 집으로 돌아가십시오. 텔레마코스에게 배와 그를 도울 사람들을 구하는 일은 멘토르와 할리테르세스가 알아서 하게 합시다."

레오크리토스는 멘토르와 할리테르세스가 늙고 친구도 없으므로 텔레마코스를 돕지 못할 것임을 잘 알고 그런 말을 한 것이다. 회의는 끝났고, 참석했던 사람들은 흩어졌다. 구혼자들은 다시 오디세우스의 집으로 몰려갔다.

5

텔레마코스는 사람들과 헤어져 혼자 바닷가로 갔다. 그는 바닷물에 손을 담그고 기도했다.

"오, 아테나 여신이여, 어제 제 아버지의 집으로 오셨던 분이여, 저는 당신이 시키는 대로 했습니다. 그러나 제 어머니의 구혼자들이 제가 아버지의 소식을 들으러 배를 타고 나가는 것을 막는군요."

텔레마코스가 기도를 마치고 나자, 멘토르를 닮은 노인이 다가오는 것이 보였다. 그러나 텔레마코스는 맑고 빛나는 잿빛 눈을 보고 그가 바로 아테나 여신임을 알았다.

"텔레마코스여, 그대의 몸에 아버지의 피가 한 방울이라도 흐르고 있다면, 그대의 정신에 아버지의 정신이 조금이라도 깃들어 있다면, 그대가 아버지와 마찬가지로 자신이 한 말을 지키고 자신이 시작한 일을 끝맺는 사람이라면, 그대의 항해는 헛되지 않을 것이다. 만일 그

대가 아버지와 다른 사람이라면, 나는 그대가 바라는 바를 이룰 것이라고 기대하지 않을 것이다. 그러나 나는 그대에게서 오디세우스의 지혜와 용기를 보았다. 그러니 내 말을 잘 듣고, 내가 시키는 대로 하라. 그대 아버지의 집으로 가서 구혼자들과 한동안 함께 지내면서, 보릿가루와 단지에 든 포도주를 준비해라. 그대가 이 일을 하는 동안, 나는 그대의 배에 함께 오를 선원들을 모으겠다. 바다로 둘러싸인 이타카에는 배가 많지. 나는 그대에게 가장 알맞은 배를 골라 얼른 삭구를 설치한 다음, 넓고 깊은 바다에 띄우겠다."

텔레마코스는 아테나의 충고를 듣자 재빨리 구혼자들에게 돌아갔다. 그는 구혼자들과 이야기를 나눈 뒤 지하 창고로 내려갔다. 금과 청동과 옷 상자와 포도주 통들을 보관해 둔 널찍한 방이었다. 지하실 문은 밤이나 낮이나 닫아 두었으며, 텔레마코스를 길렀던 에우리클레이아가 그곳을 관리했다. 텔레마코스는 그녀가 다가오는 것을 보고 말했다.

"유모, 유모 외에는 누구도 지금부터 제가 할 일을 알아서는 안 됩니다. 오늘부터 열이틀이 지나기 전에는 어머니에게도 말하지 않겠다고 맹세해 주세요. 지금 저를 위해 포도주를 열두 단지에 채워 주고, 빈틈없이 바느질한 가죽 주머니에 보릿가루를 열두 되 담아 주세요. 모두 제가 쉽게 가지고 갈 수 있도록 함께 싸 주세요. 저녁에 어머니가 위층으로 올라가시면, 제가 그것을 밖으로 가지고 나가겠습니다. 유모, 저는 네스토르와 메넬라오스에게 아버지 오디세우스의 소식을 들으러 필로스와 스파르타에 갈 것입니다."

유모 에우리클레이아는 그 소식을 듣자 크게 한숨을 쉬며 소리쳤다.

"아, 사랑하는 아이야, 어쩌다가 그런 생각을 하게 되었느냐? 이제까지 한 번도 집을 떠난 적이 없으면서 어떻게 넓은 바다를 건너고 낯선 땅을 돌아다니려는 거냐? 사랑받으며 살 수 있는 이곳을 떠나지 마라. 네 아버지는 이미 오래전에 낯선 사람들 사이에서 돌아가셨다. 뭐 하러 아버지가 돌아가셨다는 사실을 확인하러 위험한 일에 스스로 뛰어드는 것이냐? 안 된다, 가지 마라, 텔레마코스, 내가 기른 아이야. 너를 사랑하는 나라를, 네 집을 떠나지 마라."

그러자 텔레마코스가 대답했다.

"유모, 제가 가야 한다는 것은 여신의 명령입니다. 그것이면 유모와 저에게 충분하지 않은가요? 자, 제가 부탁드린 대로 준비해 주세요. 그리고 지금부터 열이틀이 지나기 전에는, 어머니가 먼저 제가 어디 갔느냐고 묻기 전에는, 어머니한테 이 이야기를 하지 않겠다고 맹세해 주세요."

유모 에우리클레이아는 텔레마코스가 말한 대로 맹세한 뒤, 포도주를 단지에 붓고 보릿가루를 자루에 담았다. 텔레마코스는 지하실을 나와 연회장으로 돌아갔다. 그는 구혼자들과 함께 앉아 시인 페미오스의 노래를 들었다. 페미오스는 오디세우스가 트로이 전쟁터로 떠나는 이야기를 하고 있었다.

한편 아테나 여신은 텔레마코스의 모습으로 도시를 돌아다녔다. 아테나는 이 청년 저 청년에게 항해에 대해 이야기한 다음, 여행 준비를 해서 배가 기다리는 해안가로 가 달라고 부탁했다. 이어 그녀는 노에몬이라는 사람에게 빠른 배를 달라고 청했다. 노에몬은 배를 내주었다.

해가 져서 사방이 컴컴해지자, 아테나는 배를 출발지로 끌고 가 삭구를 갖추어 놓았다. 곧 아테나가 부른 청년들이 모여들었다. 텔레마코스 또래의 청년들은 아테나의 항해 이야기를 듣고 흥분했다. 배가 준비되자 아테나는 오디세우스의 집으로 갔다. 아테나는 여전히 연회장을 차지하고 있는 구혼자들을 스르르 잠들게 했다. 그들은 탁자의 포도주 잔 옆에 머리를 처박은 채 잠들었다. 아테나가 연회장을 향해 작은 소리로 말했다. 그러자 텔레마코스가 그 소리를 듣고 벌떡 일어나 그녀가 있는 곳으로 왔다. 이제 그녀는 그의 아버지 오디세우스의 친구인 늙은 멘토르의 모습이었다.

"가라. 그대의 친구들이 이미 노를 잡고 있다. 꾸물거려서는 안 된다."

아테나가 말했다.

아테나를 늙은 멘토르로 여기고 쫓아온 청년 몇 명이 텔레마코스와 함께 곡식 자루와 포도주 단지를 날랐다. 배에 이르자 텔레마코스는 기뻐서 소리를 지르며 올라탔다. 청년들은 밧줄을 풀고, 자리에 앉아 노를 젓기 시작했다. 아테나는 늙은 멘토르의 모습으로 배의 키를 잡았다.

선원들은 소나무 돛대를 세워 앞당김 줄로 단단히 고정했다. 그들은 황소 가죽을 꼬아 만든 밧줄로 돛을 걸었다. 바람이 불어와 돛이 부풀어 올랐다. 청년들이 노를 젓자 배는 빠른 속도로 물을 가르기 시작했다. 텔레마코스와 친구들은 밤새도록 노를 젓고 돛을 움직였다. 그들은 배가 어두운 물속을 헤치며 빠르게 움직이는 것을 느낄 수 있었다. 방랑 시인 페미오스도 그들과 함께 갔다. 밤이 깊어지자 페미오스는 트로이 전쟁에서 싸운 영웅들의 이야기를 노래로 들려주었다.

6

시인의 노래에 따르면 트로이는 인간들의 도시 가운데 가장 위대한 곳이었다. 이 도시는 반은 신이고 반은 인간인 존재가 땅 위를 걸어 다니던 시절에 지어졌다. 그 성벽이 단단하고 높아, 적이 부수지도 기어오르지도 못했다. 트로이에는 높은 탑과 큰 성문이 많았다. 성채에는 훌륭한 무장을 갖춘 강한 사나이들이 있었고, 창고에는 금과 은이 잔뜩 쌓여 있었다. 트로이의 왕은 프리아모스였다. 왕은 이제 나이가 들었으나, 밑에 훌륭한 장수인 아들이 여럿이었다. 그 가운데 으뜸은 헥토르였다.

시인의 노래에 따르면 헥토르는 트로이로 싸우러 간 어느 나라의 어떤 장수와도 맞설 수 있는 용사였다. 그는 용감할 뿐만 아니라 기품 있고 너그러워, 사람들은 그에게 마음을 바쳤다. 프리아모스의 아들 헥토르는 트로이의 사령관이었다.

그러나 프리아모스에게는 장수로 꼽히지 못하는 아들이 하나 더 있었다. 그의 이름은 파리스였다. 파리스가 갓난아기였을 때, 어떤 예언자가 프리아모스 왕에게 이 아기가 장차 트로이에 엄청난 화를 가져올 것이라고 말했다. 프리아모스 왕은 아기를 도시 밖으로 멀리 보냈다. 파리스는 시골 사람들 사이에서 자라면서 양 떼를 돌보았다.

이어 방랑 시인은 프티아의 왕 펠레우스와 강의 요정 테티스가 결혼한 이야기를 들려주었다. 그들의 결혼식에는 모든 신과 여신이 왔다. 그러나 단 한 명의 신만이 초대를 받지 못했다. 그녀는 불화의 여신 에리스였다. 에리스는 그래도 결혼식에 참석했다. 결혼식이 끝난 뒤 이어지는 놀이에서 그녀는 손님들 가운데로 황금 사과를 던졌다. 사과에는 "가장 아름다운 사람에게"라고 적혀 있었다.

그곳에 있던 세 여신, 즉 사랑을 불러오는 아프로디테, 지혜를 주는 아테나, 가장 위대한 신 제우스의 부인 헤라는 모두 자신이 가장 아름답다고 알려지기를 원했다. 그래서 황금 사과가 자기 것이라고 서로 우겼다. 그러나 결혼식에 참석한 어느 누구도 감히 앞으로 나서서 그 가운데 어느 여신이 가장 아름다운지 결론을 내려 주지 못했다. 그때 손님들은 목동 파리스가 지나가는 것을 보고 파리스에게 판결을 맡기기로 했다.

헤라가 파리스에게 말했다.

"나에게 사과를 다오. 그러면 네게 위대한 왕의 자리를 주마."

아테나도 뒤질세라 말했다.

"황금 사과를 내게 주렴. 너를 가장 지혜로운 사람으로 만들어 줄 테니까."

이번에는 아프로디테가 그에게 다가가더니 속삭였다.

"파리스, 사랑스러운 파리스, 내가 가장 아름답다고 말해 줘요. 그러면 그대를 아름다운 사람으로 만들어, 세상에서 가장 아름다운 여자가 그대의 부인이 되게 해 주겠어요."

파리스는 아프로디테를 보았다. 파리스가 보기에는 그녀가 가장 아름다웠다. 파리스는 아프로디테에게 황금 사과를 주었고, 그 후로 아프로디테는 그의 친구가 되었다. 그러나 헤라와 아테나는 몹시 노여워하며 자리를 떴다.

시인은 파리스가 아버지의 도시로 돌아가 트로이의 왕자가 되었다고 노래했다. 그는 아프로디테 덕분에 가장 아름다운 청년이 되었다. 이윽고 그는 도시 밖으로 다시 나가게 되었다. 아버지의 심부름으로 티루스에 다녀와야 했던 것이다. 파리스는 티루스에서 돌아오는 길에 그리스에 들렀다.

그즈음 세상에서 가장 아름다운 여자는 그리스에 있었다. 그녀는 메넬라오스 왕의 부인 헬레네였다. 파리스는 그녀를 보는 순간 그 아름다움에 반했다. 그러자 아프로디테가 헬레네의 마음을 움직여 파리스를 사랑하게 했다. 파리스는 메넬라오스의 집에서 헬레네를 빼내 트로이에 데리고 왔다.

메넬라오스 왕은 트로이에 사신을 보내 부인을 돌려 달라고 요구했다. 그러나 트로이 사람들은 메넬라오스의 부인을 돌려줄 생각이 없었다. 세상 어느 왕도 감히 그들을 건드릴 수 없다고 생각했다. 또한 세상에서 가장 아름다운 여자가 자기들이 사는 도시에 있다는 것을 자랑하고 싶기도 했다. 프리아모스와 그의 아들 헥토르는 파리스가 잘못을 저질렀다는 것을 알았다. 그래서 헬레네와 그녀가 가져온 것을 모두 돌려주어야 한다는 것도 알았다. 그러나 회의를 열자 많은 사람들이 자만심에 빠져 프리아모스와 헥토르의 뜻을 따르는 대신에, 그리스의 시시한 왕 때문에 세상에서 가장 아름다운 여자를 내놓을 수는 없다고 목청을 높였다.

그다음에 시인은 아가멤논을 노래했다. 아가멤논은 부유한 미케네의 왕이었다. 그의 이름은 드높았고 그의 공적은 세상에 널리 알려져 있었다. 그리스의 모든 왕들이 그를 우러러보았다. 아가멤논은 동생 메넬라오스가 트로이 사람들에게 조롱당하는 것을 보고, 트로이를 혼내 주겠다고 맹세했다. 그는 그리스의 왕과 왕자들에게 그들이 서로 힘을 합치면, 위대한 도시 트로이를 점령하여 메넬라오스가 당한 수모를 갚고 영광과 부를 얻을 수 있다고 이야기했다.

그리스의 왕과 왕자들은 한자리에 모여 눈으로 자신들의 힘을 확인하게 되자, 아가멤논의 말을 받아들였다. 그들은 얼른 트로이로 원정을 떠나고 싶어 안달이 났다. 그들은 반드시 트로이를 무너뜨리자고 함께 맹세했다. 그러자 아가멤논은 오디세우스를 비롯해 펠레우스와 테티스의 아들 아킬레우스 등 먼 땅의 영웅들에게 전쟁에 참여하라는 전갈을 보냈다.

이 년 뒤 모든 왕과 왕자의 배들이 아우리스에 집결했다. 그리스군은 아가멤논, 아이아스, 디오메데스, 네스토르, 이도메네우스, 아킬레우스, 오디세우스 등의 지도자들을 앞세우고 트로이 해안으로 떠났다. 그리스의 영웅들은 트로이와 동맹을 맺은 도시와 나라들을 차례로 여럿 무찔렀지만, 트로이만큼은 점령할 수 없었다. 몇 년이 흘러도 그리스 군대는 그들의 배와 트로이 성벽 사이의 땅에서 꼼짝도 하지 못했다. 구 년째 되는 해에는 전염병이 돌아, 트로이 병사들의 손에 죽은 수보다 더 많은 병사들이 죽었다.

텔레마코스를 태운 배는 시인의 노래를 들으며 어두운 물을 쏜살같이 가르며 나아가고 있었다. 아테나 여신은 늙은 멘토르의 모습으로 배를 이끌었다. 젊은이들은 방랑 시인 페미오스의 노래에 귀를 기울였다.

7

해가 떴다. 텔레마코스와 동료들은 필로스의 해안에 가까이 다가가고 있었다. 유명한 왕 네스토르의 아버지 넬레우스가 세운 높은 성채가 보였다. 해안에서는 사람들이 무리를 지어 바다를 다스리는 검은 머리의 신 포세이돈에게 제사를 드리고 있었다. 사람들은 아홉 무리로 나뉘어 있었으며, 각 무리마다 제물로 바칠 검은 황소를 아홉 마리씩 끌고 나왔다. 한 무리의 숫자는 오백 명이었다. 사람들은 황소를 죽인 다음 토막 내어 제단에서 불태운 뒤, 앉아서 잔치를 벌였다.

동료들이 배를 해안에 갖다 대자, 텔레마코스가 배에서 뛰어내렸다. 그러나 노인 멘토르의 모습으로 변장한 잿빛 눈의 여신 아테나가 텔레마코스보다 빨랐다. 여신은 텔레마코스에게 그가 만나러 온 왕 네스토르가 해안에 있다면서, 용감하게 앞으로 나아가 네스토르한테 아버지 오디세우스의 소식을 물어보라고 말했다.

그러나 텔레마코스가 말했다.

"멘토르여, 제가 그렇게 존경받는 분에게 어떻게 말을 걸 수 있겠습니까? 그런 분에게 어떻게 인사해야 합니까? 저 같은 어린 사람이 네스토르 같은 늙은 왕에게 어떻게 감히 그런 것을 물을 수 있겠습니까?"

잿빛 눈의 아테나 여신은 텔레마코스를 격려해 주었다.

"걱정 마라. 그대의 입에서 적당한 말이 나올 것이다."

텔레마코스는 여신과 함께 앞으로 나아갔다. 네스토르는 해안에 앉아 있었고, 여러 아들이 주위를 둘러싸고 있었다. 네스토르의 아들들은 낯선 사람들이 다가오는 것을 보고 그들을 맞이하기 위해 자리에서 일어섰다. 그들 가운데 페이시스트라토스가 텔레마코스와 여신의 손을 잡고 네스토르가 있는 곳으로 이끌었다.

그들은 손님들에게 황금 잔을 건네주고 포도주를 따라 주었다. 네스토르의 아들 페이시스트라토스는 텔레마코스와 여신에게 그들의 희생제가 그들과 그들의 백성에게 좋은 결과를 가져오도록 빌어 달라고 부탁했다. 그러자 노인 멘토르로 변장한 아테나 여신은 잔을 높이 들고 기원했다.

"땅을 흔드는 신 포세이돈이여, 내 말을 들으소서. 무엇보다 네스

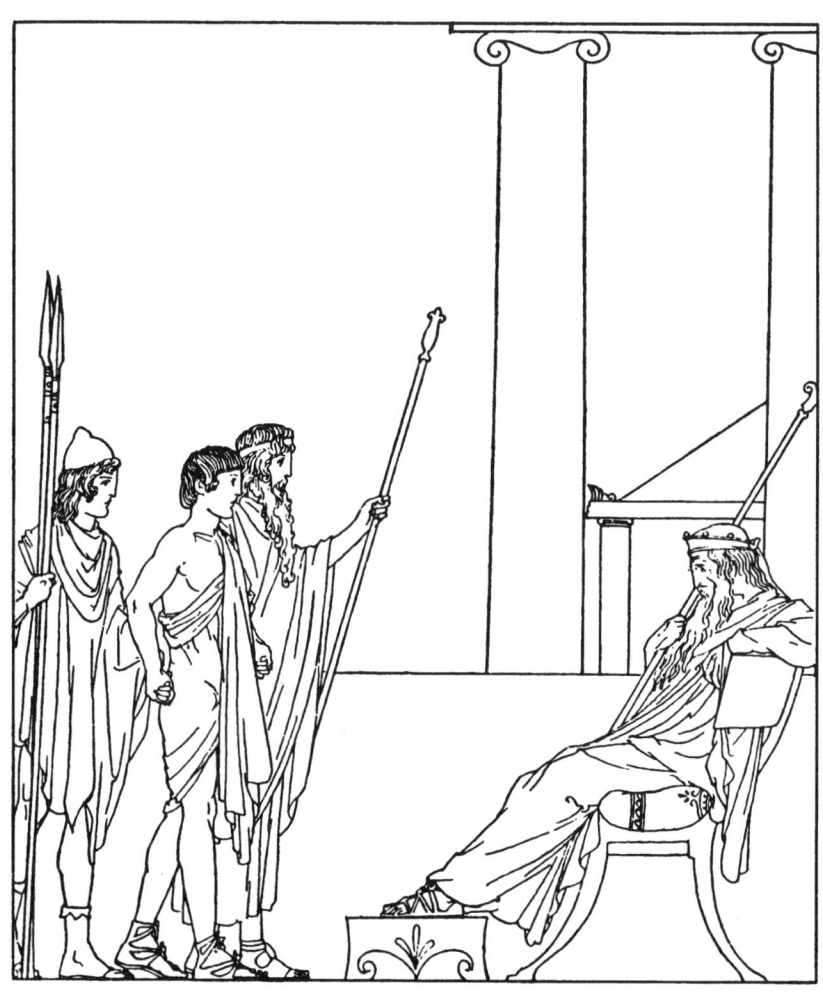

토르와 그의 아들들이 큰 이름을 얻게 해 주소서. 그리고 필로스 사람들이 제물로 황소를 드렸으니 이에 보답해 주소서. 또 텔레마코스와 내가 빠른 배를 타고 구하러 온 것을 얻은 다음, 안전하게 돌아가게 해 주소서."

텔레마코스도 여신과 같은 말로 기도했다. 그러자 네스토르의 아들들은 두 사람을 바닷가에 펼쳐 놓은 양털 위에 앉게 했다. 곧 고기 접시와 포도주 잔이 나왔다. 그들이 다 먹고 나자 늙은 왕 네스토르가 그들에게 말했다.

"나그네들이 먹고 마시기도 전에 누구인지, 어디로 가는지 캐묻는 것은 예의가 아니오. 그러나 이제는 식사를 마쳤으니, 길손들이여, 그대들에게 어느 땅에서 왔는지, 온 목적이 무엇인지, 이름이 무엇인지 물어보고 싶소."

그러자 텔레마코스가 말했다.

"이름 높은 왕이며 그리스인들의 명예인 네스토르여, 우리는 이타카 출신으로, 오래전 트로이 전쟁 때 왕과 함께 싸운 제 아버지 오디세우스의 소식을 듣고자 이곳에 왔습니다. 사람들은 제 아버지가 왕과 더불어 트로이 사람들의 위대한 도시를 무너뜨렸다고 말합니다. 그러나 그 후로 오랫동안 제 아버지의 소식을 들을 수가 없습니다. 그래서 제가 왕의 무릎 앞으로 나온 것입니다. 오, 왕이시여, 제 아버지의 소식을 알려 주시기를 간청합니다. 제 아버지가 돌아가셔서 왕께서 그의 죽음을 보았는지, 아니면 다른 사람에게서 제 아버지의 죽음에 대한 이야기를 들으셨는지 알려 주십시오. 답을 주시려거든 저를 동정하여 말씀을 돌리지 마시고, 아시는 것이나 들으신 것을 모두 말씀해 주시기 바랍니다. 아, 만일 제 아버지가 트로이 사람들의 땅에서 폐하를 도왔다면, 그 도움을 기억하시어 제발 그의 아들인 저에게 진실을 말씀해 주시기 바랍니다."

그러자 늙은 왕 네스토르가 말했다.

"진정 그대는 내 마음에 슬픔을 안겨 주는구나. 아, 막강한 도시, 트로이에서 싸울 때 나와 함께 있던 이들은 다 어디 갔는가? 아이아스와 아킬레우스와 파트로클로스 그리고 그렇게 고상하고 그렇게 강했던 나의 사랑하는 아들 안틸로코스는 어디 있는가?* 지금 아가멤논은 어디에 있는가? 그는 자신의 땅으로 돌아갔으나, 자신의 연회장에서 배신자에게 죽임을 당하였다. 이제 그대는 내게 그 누구보다 나에게 귀중했던 사나이 오디세우스, 늘 나와 마음이 하나였던 오디세우

----

*안틸로코스는 트로이 전쟁에서 멤논과 맞붙었다. 안틸로코스는 무덤 앞에 서 있던 비석을 뽑아 멤논에게 던졌는데 비석에 머리를 맞은 멤논은 뒤로 엉덩방아를 찧었다. 그러나 곧 다시 일어나 안틸로코스에게 창을 던졌고, 창은 방패를 뚫고 가슴에 꽂혔다. 안틸로코스는 아버지 네스토르 앞에서 숨을 거두었다.―옮긴이

스에 대해 묻는구나! 우리 둘은 집회에서건 회의에서건 한 번도 의견이 갈린 적이 없었다.

그대는 내게 그대가 오디세우스의 아들이라고 말하는구나! 틀림없이 그렇구나. 그대를 보고 그대의 말을 들으니 놀랍기만 하다. 그대는 오디세우스처럼 생겼고, 오디세우스처럼 말하기 때문이다. 나에게 이야기를 더 들려다오. 그대의 나라에 대하여, 이타카의 일들에 대하여 이야기해 다오."

텔레마코스는 늙은 왕에게 어머니의 구혼자들이 저지르고 있는 횡포에 대해 이야기해 주었다. 그는 이야기를 마치며 외쳤다.

"아, 신들이 저에게 그런 불법을 일삼는 자들에게 복수할 수 있는 힘을 주시기만 한다면!"

그러자 늙은 네스토르가 말했다.

"오디세우스가 고향에 돌아가 구혼자들이 휘두른 폭력과 그들이 그대 집에 준 모욕을 갚을지 누가 알겠는가. 아테나 여신이 그렇게 해 주실지도 모르는 일. 아테나 여신은 그대의 아버지를 좋아했다. 이 세상 어떤 신도 이 잿빛 눈의 여신이 그대의 아버지 오디세우스에게 보여 준 것 같은 호의를 보여 준 적이 없었다."

그러나 텔레마코스가 말을 받았다.

"왕의 말씀은 결코 이루어질 수 없습니다."

그러자 늙은 멘토르로 변장한 아테나가 말했다.

"도대체 무슨 말을 하는 것인가, 텔레마코스여? 신들은 원하기만 한다면 어떤 사람이라도 먼 곳에서 집으로 데려올 수 있다. 다만 신들이 하지 않는 일이 한 가지 있으니, 그것은 죽을 운명에 처한 사람을 살려 주는 것이다."

텔레마코스가 아테나의 말에 답했다.

"멘토르여, 이런 이야기는 그만했으면 좋겠습니다. 이름 높은 왕 네스토르는 매우 인자하시지만, 제 아버지에 대해서는 해 줄 말씀이 없습니다. 이제 오디세우스는 결코 돌아오지 못할 것입니다."

"메넬라오스에게 가 보아라."

네스토르가 말했다.

"스파르타의 메넬라오스에게 가 봐. 메넬라오스는 얼마 전에 멀리 떨어진 이상한 나라에서 돌아왔으니, 여행하던 중에 무슨 이야기를 들었을지도 모른다. 그대의 배를 타면 스파르타에 갈 수 있을 것이다. 그러나 만약 뭍으로 갈 생각이 있다면, 내가 말과 마차를 내주겠다. 내 아들이 그대를 안내하여 스파르타까지 데려다줄 것이다."

그 말을 듣고 텔레마코스는 노인 멘토르로 변장한 잿빛 눈의 여신 아테나와 함께 배로 돌아가려고 했다. 그때 네스토르 왕이 말했다.

"내 집에 손님방이 있는데도 그대들이 배로 돌아가 쉰다면 제우스가 노할 것이오. 나와 함께 그대들이 편히 쉴 수 있는 곳으로 갑시다. 내가 살아 있는 동안 그리고 내 자식들이 내 집에 있는 동안, 내 귀한 친구 오디세우스의 아들이 배의 딱딱한 갑판에 눕는 일은 결코 없을 것이오. 자, 나와 함께 갑시다."

그러자 늙은 멘토르로 변장한 아테나 여신이 말했다.

"이름 높은 왕이여, 왕께서는 왕에게 어울리는 말씀을 하셨습니다. 텔레마코스는 왕의 말씀대로 왕과 함께 가야 합니다. 그러나 그를 사랑하여 함께 온 청년들에게는 오늘 밤 배에 어른이 있어야 할 것입니다. 나는 그들과 함께 있겠습니다."

늙은 멘토르로 변장한 잿빛 눈의 아테나 여신은 그렇게 말한 뒤 해변을 떠났다. 텔레마코스는 네스토르와 그의 아들들과 더불어 넬레우스의 높은 성채로 갔다. 그곳에서 텔레마코스는 목욕을 했고, 네스토르 왕의 막내딸 폴리카스테가 그의 시중을 들었다. 그녀는 새 옷을 내주었다. 훌륭한 외투와 상의였다. 텔레마코스는 네스토르의 막내아들 페이시스트라토스와 한 방에서 잤다.

아침에 그들은 잔치를 열고 희생제를 올렸다. 네스토르 왕은 백성의 재판을 판결한 뒤에, 아들들에게 말했다.

"자, 아들들아, 텔레마코스가 스파르타에 갈 수 있도록 말들을 마차에 묶도록 해라."

네스토르의 아들들은 빠른 말들을 마차에 묶었다. 하녀가 나와 마차 안에 포도주와 맛있는 음식을 실어 주었다. 텔레마코스가 마차에 올라타자 페이시스트라토스가 그의 앞에 앉았다. 페이시스트라토스가 채찍을 휘두르자 말들이 달리기 시작했다. 마차는 빠르게 들판을 가로질렀다. 곧 넬레우스의 가파른 성채와 필로스의 땅은 뒤로 멀어졌다. 해가 저물어 사방이 컴컴해질 무렵, 그들은 페라이의 디오클레스의 집에 이르렀다. 그들은 그곳에서 하룻밤을 묵었다.

　아침에 해가 뜨자마자, 그들은 말들을 묶고 마차에 올라탔다. 텔레마코스와 페이시스트라토스는 하루 더 들판을 가로질렀다. 한참을 달리니, 주위가 다시 컴컴해졌다.

8

텔레마코스와 페이시스트라토스는 스파르타에 도착했다. 스파르타는 산맥 사이에 움푹한 곳에 자리 잡은 나라였다. 그들은 왕이 거처하는 곳 문밖에다 마차를 세웠다. 마침 그날 메넬라오스는 딸을 아킬레우스의 아들과 혼인시키기 위해, 말과 마차를 프티아로 보내느라 바빴다. 뿐만 아니라 그날은 아들 메가펜테스의 신부를 집으로 맞아들이는 날이기도 했다. 이 두 혼사 때문에 왕궁에서는 잔치가 벌어져 친척과 이웃들이 모여 있었다. 방랑 시인이 손님들을 위해 노래를 불렀고, 두 곡예사가 높은 집 주위를 빙글빙글 돌며 사람들에게 여흥을 베풀고 있었다.

집사 에테오네오스가 왕에게 다가갔다. 왕은 보통 때 머무는 높은 방에 있었다.

"이름 높은 메넬라오스여, 바깥에 두 나그네가 있는데 영웅과 같은 용모를 지녔습니다. 이 나그네들을 어찌할까요? 말을 풀고 왕궁으로 들라고 할까요, 아니면 다른 곳으로 가 보라고 할까요?"

그러자 메넬라오스는 화가 나서 말했다.

"에테오네오스여, 왜 나에게 그런 것을 물어보는가? 우리도 방랑할 때 다른 사람들의 빵을 먹고 다른 사람들의 집에서 자지 않았더냐. 그대는 이것을 아는 자로서 나에게 나그네들을 들일지 아니면 내 집 대문 앞을 그냥 지나가게 할지 물어볼 필요도 없지 않은가. 어서 안으로 모셔, 우리와 함께 식사하실 수 있도록 하라."

에테오네오스는 밖으로 나갔다. 그는 하인들이 마차에서 말을 푸는 동안, 텔레마코스와 페이시스트라토스를 궁 안으로 데리고 들어왔다. 에테오네오스는 우선 그들이 목욕을 하게 해 주었다. 그들이 몸을 씻고 나오자 외투와 상의를 주었다. 그들은 옷을 입은 뒤 안내를 받아 왕의 높은 집으로 갔다. 텔레마코스와 페이시스트라토스가 자리에 앉자 하녀가 황금 단지에 물을 가져왔다. 하녀는 은 대야 위에 내민 손에 물을 부어 주었다. 이어 윤기가 흐르는 탁자가 그들 옆에 놓이고, 하녀가 그들이 먹을 빵과 고기와 포도주를 그 위에 올려놓았다.

메넬라오스는 그들이 앉아 있는 곳으로 다가가서 두 사람에게 말했다.

"얼굴을 보니 그대들이 왕가에 속한 사람들이라는 것을 알겠소. 드시오. 다 드신 뒤에 그대들이 누구인지, 어디에서 왔는지 묻겠소."

그러나 그들이 식사를 마치기 전에, 메넬라오스 왕이 그들에게 근처에 있는 보물들을 보여 주고 있는데 헬레네가 높은 방으로 들어왔다. 그리스의 왕과 왕자들을 전쟁으로 몰아넣었던 바로 그 헬레네였다. 시녀들이 함께 나와 메넬라오스 곁에 그녀가 앉을 의자를 놓고, 발밑에는 부드러운 양모 깔개를 깔아 주었다. 한 시녀는 색실이 가득 담긴 은 바구니를 가져왔다. 헬레네는 높은 의자에 앉아 실패를 들고 실을 감기 시작했다. 그녀는 메넬라오스에게 그날 있었던 일을 물으며, 텔레마코스 쪽을 바라보았다.

헬레네가 실패를 내려놓더니 말했다.

"메넬라오스여, 이 나그네들 가운데 한 사람이 누구인지 알 것 같습니다. 세상에 닮은 사람들이 많다 하나, 이 청년과 용감한 오디세우스처럼 닮은 사람들은 없을 거예요. 이 사람은 오디세우스가 저를 위해 트로이와 싸우러 떠날 때 고향에 두고 간 갓난아기 텔레마코스가 틀림없어요."

그러자 메넬라오스가 말했다.

"나 역시 이 청년이 오디세우스와 닮았다는 생각을 하고 있었소. 얼굴 생김새나 눈빛을 보면서 오디세우스가 떠올랐거든. 그러나 내 집에 온 이 나그네가 정말로 텔레마코스일까?"

그러자 페이시스트라토스가 대답했다.

"이름 높은 메넬라오스여, 이분은 실제로 오디세우스의 아들입니다. 그리고 저는 왕께서 트로이 전쟁에서 함께 싸웠던 동지들 가운데 또 한 사람인 네스토르의 아들입니다. 제가 안내인이 되어 텔레마코스를 왕의 집으로 모시고 온 것입니다."

메넬라오스는 일어서서 텔레마코스의 손을 잡았다.

"그대보다 더 반가운 청년이 내 집에 온 적은 없네. 오디세우스는 나를 위해 힘든 일을 마다 않고 많은 모험을 했네. 만일 오디세우스가 나의 나라로 오면, 나는 그에게 도시를 주어 다스리게 할 생각일세. 이 세상 무엇으로도 우리 두 사람을 갈라놓을 수가 없지. 그런데 오디세우스는 그의 땅 이타카로 돌아가지 않았다고 하던데……."

그러자 텔레마코스는 죽었거나 아니면 세상을 떠돌아다니고 있을 아버지를 생각하며 울음을 터뜨렸다. 헬레네 역시 그간의 일을 생각하며 눈물을 흘렸다. 메넬라오스는 오디세우스의 노고를 생각하며 서글픈 표정으로 입을 다물고 있었다. 페이시스트라토스도 시무룩하니 말이 없었다. 트로이 전쟁에서 죽은 형 안틸로코스가 생각났기 때문이다.

그러나 헬레네는 그들의 생각을 다른 데로 돌리고 싶었다. 그래서 포도주에 고통을 달래고 모든 것을 잊어버리게 하는 약을 섞었다. 이

집트 테온 왕의 부인 폴리담나가 준 약이었다. 포도주를 마시자 슬픈 기억들이 사라졌다. 그들은 아무런 회한 없이 이야기를 나누기 시작했다. 메넬라오스 왕은 떠돌아다니다 바다의 늙은 신을 만난 이야기를 했다. 텔레마코스는 이 모험 이야기를 통해 오디세우스의 마지막 소식을 들을 수 있었다.

9

메넬라오스가 말했다.

"이집트의 강과 만나는 바다에 파로스라고 부르는 섬이 있네. 트로이에서 싸운 영웅들이 서로 헤어진 뒤 나는 나의 배들을 몰고 그곳으로 가게 되었지. 나는 신들의 뜻이 그랬기 때문에 그곳에서 며칠이고 꼼짝도 못 하고 묶여 있었네. 식량이 바닥나면서, 부하들은 굶어 죽을 지경에 이르렀지. 부하들은 바다에서 물고기를 잡으려고 안간힘을 썼네.

그러던 어느 날 나는 해안에서 우리가 곤경에 빠진 것을 불쌍하게 여기는 여자를 만나게 되었네. 그 여자는 영원히 죽지 않는 요정, 에이도테에였지. 바다의 늙은 신의 딸이었네. 나는 이 여자에게 그 섬에서 빠져나갈 방법을 알려 달라고 빌었지. 그러자 에이도테에는 나에게 몰래 숨어 있다가 바다의 늙은 신인 자기 아버지를 재빨리 붙잡으라고 알려 주었어. 그 늙은 신은 프로테우스라고 불리었네. '아버지한테 이 파로스 섬으로부터 벗어나는 방법을 말해 달라고 하세요. 아버지는 모든 것을 다 아시니까요. 또 그대와 헤어진 영웅들의 이야기, 그대가 없는 동안 그대의 집에서 벌어졌던 일들의 이야기도 들을 수 있을 거예요.'

나는 그 친절한 요정 에이도테에한테 말했네. '나한테 당신의 불멸의 아버지, 바다의 늙은 신을 붙잡을 수 있는 방법을 알려 주십시오.' 그러자 에이도테에가 말했지. '나의 아버지 프로테우스는 해가 하늘 위로 가장 높이 올라갔을 때 바다에서 나와요. 해안에 있는 동굴에 들어가 낮잠을 자려는 것이죠. 하지만 낮잠을 자기 전에, 아버지는 마치 양치기가 양의 숫자를 세듯이 바다에서 나와 아버지 주위에 누워 있는 바다표범들 숫자를 센답니다. 그 숫자가 원래 숫자보다 하나라도 많거나 하나라도 적으면 아버지는 동굴에서 낮잠을 자지 않아요. 내가 그대와 그대의 부하들 몇 명이 바다의 늙은 신에게 들키지 않고 그 옆에 다가가는 방법을 일러 드리죠. 내일 동이 틀 때 부하들 가운데 세 사람, 가장 믿을 만한 세 사람을 데리고 바닷가로 나오세요. 내가 기다리고 있을게요.'

요정 에이도테에는 그렇게 말하고 나서 바닷물에 풍덩 뛰어들었네. 나는 불안해하면서도 혹시나 하는 희망을 품고 그 자리를 떴네.

다음 날 동이 트자마자 나는 가장 믿는 부하 세 명을 데리고 해변으로 나갔지. 바다의 늙은 신의 딸 에이도테에가 우리에게 다가오더군. 에이도테에는 갓 잡은 바다표범의 가죽을 품에 안고 나와 우리에게 하나씩 나누어 주었네. 요정은 바다표범들이 누워 있는 동굴로 들어가더니, 모래에 구멍을 판 다음 우리더러 그 가죽을 뒤집어쓰고 있으라고 말했네.

이어 에이도테에는 나에게 다가와서 이렇게 말했네. '나의 아버지 바다의 늙은 신이 이곳으로 나와 잠들면, 두 손으로 있는 힘껏 붙드세요. 아버지는 여러 모습으로 변할 테지만 절대 놓치면 안 돼요. 그러다가 그대가 맨 처음에 보았던 모습으로 돌아오면 손을 놓으세요. 그리고 여기를 떠나는 방법과 마음에 떠오르는 질문들을 하세요. 아버지는 솔직하게 알려 줄 거예요.'

우리는 바다표범 가죽을 뒤집어쓰고 에이도테에가 파 놓은 구멍에 누웠네. 이윽고 바다표범들이 바다에서 나와 우리 주위에 누웠지. 그 바다짐승들의 냄새는 아주 고약했네. 정말 끔찍한 순간이었지. 만일 에이도테에가 이 냄새에 미리 대비해 놓지 않았다면, 우리는 아마 견디지 못했을 걸세. 에이도테에가 먹으면 죽지도 늙지도 않는다고 하는 신들의 음식 암브로시아를 가져다 우리 코 밑에 발라 주었거든. 따라서 우리는 바다짐승들의 냄새 대신 신들의 음식 냄새를 맡게 된 걸세. 요정은 그것을 발라 주고 바다로 돌아갔네. 우리는 단단히 마음먹고 바다표범들 사이에서 해가 가장 높은 곳으로 올라가기를 기다렸네. 마침내 바다의 늙은 신이 깊은 바다에서 나왔지. 그는 바다표범들 사이를 돌아다니며 수를 헤아리기 시작하더군. 다행히 우리 넷도 셈에 들어갔네. 바다의 늙은 신은 아주 만족스러운 표정으로 눕더니 이내 잠들었네. 잠시 후 우리는 소리를 지르며 달려가 온 힘을 다해 바다의 늙은 신을 붙들었네. 우리가 잡자마자 바다의 늙은 신의 모습이 변하더군. 신은 사자가 되어 우리에게 달려들었네. 그래도 우리는 놓지 않았어. 이번에는 뱀이 되었지만, 그래도 우리는 놓지 않았네. 그 다음엔 표범이 되었다가, 힘센 멧돼지가 되었네. 냇물이 되었다가, 꽃나무가 되었네. 그래도 우리는 온 힘을 다해 그를 붙들고 있었지. 눈앞에서 어떻게 변하든 우리는 겁을 먹지 않았네. 이윽고 우리가 절대 풀어 주지 않을 거라고 생각했는지, 바다의 늙은 신 프로테우스는 변신을 멈추고 우리가 처음 보았던 모습으로 돌아가더군.

그가 우리에게 말했네. '아트레우스의 아들아, 나를 이렇게 습격하는 방법을 누가 알려 주었느냐?'

'당신은 모든 것을 아시니 굳이 우리 대답을 들을 필요가 없겠지요. 제가 왜 이 섬에 묶여 있는지나 알려 주십시오. 어느 신이, 무슨 이유로 저를 여기서 못 나가게 하는 것입니까?'

그러자 바다의 늙은 신이 사실을 말해 주었지. '모든 신들 가운데 가장 위대한 신 제우스가 그대를 이곳에 잡아 두고 있어. 그대가 신들에게 올려야 할 제사를 게을리했기 때문이지. 그래서 이 섬에 붙들려 있는 것이야.'

내가 다시 물었네. '그러면 다시 신들의 은혜를 입으려면 어떻게 해야 합니까?'

그는 이번에도 진실을 말해 주었네. '그대의 땅을 향해 출발하기 전에, 아프리카에서 흘러나오는 아이기프토스 강으로 돌아가, 그곳에서 신들에게 희생제를 올리도록 해.'

그 이야기를 듣고 나니 가슴이 답답했네. 그의 말대로 희생제를 올리려면 내 나라를 등지고 길고 고된 길을 다시 돌아가야 했기 때문이지. 그러나 신들의 뜻이 그러하다니 어쩌겠나. 나는 바다의 늙은 신에게 궁금한 것을 더 물어봐야겠다는 생각을 했네. 트로이 전쟁에서 나와 함께 싸웠던 벗들의 소식이 궁금했거든.

아, 오디세우스의 아들이여, 나는 그의 이야기를 듣고 전에는 느껴 보지 못한 슬픔에 잠겼다네. 처음에는 나의 형제, 위대한 아가멤논이 자기 나라로 돌아갔다는 이야기를 듣고 무척 기뻤지. 그러나 형수가 형을 미워하여, 아이기스토스와 함께 형의 집에서 형을 죽였다는 이야기를 듣게 되었네.* 나는 모래밭에 앉아 울었지. 잠시 후 나는 바다의 늙은 신에게 다른 벗들의 소식을 물었네. 그러자 그는 힘센 아이아스가 바다의 신 포세이돈이 자기를 더는 괴롭힐 수 없다고 자랑하다가, 바위가 부서지는 바람에 물에 빠져 죽었다는 소식을 전해 주었네.•• 그리고 늙은 신은 그대의 아버지, 이름 높은 오디세우스의 이야기도 해 주었네.

내가 소식을 물었을 때, 어쩌면 지금도 마찬가지일지 모르지만, 오디세우스는 인간 세상으로부터 멀리 떨어진 섬에 있었네. 바다의 늙은 신은 이렇게 이야기해 주었지. '오디세우스는 그 섬에서 요정 칼립소의 집에 살고 있어. 오디세우스가 그곳에서 벗어나지 못해 굵은 눈물을 떨어뜨리는 것을 나는 보았지. 하지만 오디세우스에게는 배도 없고 동료들도 없어. 그는 요정 칼립소에게 붙들려 있는 것이야. 그는 언제나 자기 나라, 이타카 땅으로 돌아가기를 갈망하고 있지.' 늙은

• 훗날 아가멤논의 아들 오레스테스가 어머니와 아이기스토스를 죽여 원수를 갚았다.—옮긴이
•• 여기에 나오는 아이아스는 로크리스 왕 오일레우스의 아들로, 텔라몬의 아들 큰 아이아스와 구별하기 위하여 '작은 아이아스'라고 부르기도 한다. 아이아스는 트로이 함락 후에 아테나 신전 안으로 도망쳐 여신상을 붙들고 있던 카산드라를 끌어내 욕보였다. 그리스군은 신을 모독한 아이아스를 죽이려 했으나, 아이아스가 여신상을 끌어안고 있어서 손을 대지 못했다. 모독당한 아테나는 제우스에게 폭풍우를 일으키도록 부탁하여, 귀국길에 오른 그리스군의 함대를 난파시켰다. 아이아스의 배는 벼락을 맞아 침몰했으나, 아이아스는 가까스로 바위에 기어올라 살아남았다. 이때에도 아이아스는 신들의 노여움을 이겨 내고 살아남았다고 자만하다가, 포세이돈이 삼지창으로 바위를 산산조각 내자 바다에 빠져 죽었다.—옮긴이

신은 나에게 오디세우스 이야기를 해 준 다음에 바다에 뛰어들었네.

　나는 아이기프토스 강으로 돌아가 배들을 정박시켜 놓고 경건하게 신들에게 제사를 드렸네. 그러자 순풍이 불어 우리는 고향을 향해 출발할 수 있었지. 우리는 금세 우리 땅에 도착했지. 그래서 나는 트로이 전쟁에 나섰던 사람들 가운데 가장 행복한 사람이 된 걸세. 자, 오디세우스의 아들이여, 이제 그대는 신이 전해 준 그대 아버지의 이야기를 들었네. 오디세우스는 살아 있지만, 자기 땅으로 돌아가지 못하고 있다네."

　이렇게 해서 텔레마코스는 메넬라오스에게 아버지 소식을 듣게 되었다. 왕이 이야기를 마치자, 그들은 손에 횃불을 들고 집회장에서 나와 손님방으로 들어갔다. 헬레네의 시녀들이 이미 텔레마코스와 페이시스트라토스를 위해 잠자리를 준비해 두었다. 오디세우스의 아들은 자주색 담요와 부드러운 이불을 덮고 누웠다. 그는 살아 있는 아버지, 그러나 미지의 섬에서 요정 칼립소에게 붙들려 있는 아버지를 생각했다.

10

 텔레마코스와 함께 항해 중인 동료들은 필로스에서 기다리고 있었지만, 텔레마코스는 스파르타에 좀 더 머물기로 했다. 메넬라오스와 헬레네에게 트로이 이야기를 듣고 싶었기 때문이다. 텔레마코스는 스파르타에서 여러 날을 보냈는데, 그 첫날 메넬라오스는 트로이와 싸운 영웅들 가운데 가장 위대한 아킬레우스 이야기를 해 주었다. 다른 날에는 헬레네가 프리아모스 왕의 도시를 위해 싸운 사람들 가운데 가장 고상한 헥토르에 대해 이야기해 주었다.

 메넬라오스 왕이 말했다.

 "아킬레우스는 불멸의 신들이 사랑하는 종족의 한 사람이었네. 아킬레우스의 아버지 펠레우스에게는 케이론이라는 친구가 있었지. 케이론은 반은 인간이고 반은 말인 불멸의 존재 켄타우로스 종족 가운데 가장 지혜로웠지. 펠레우스의 훌륭한 창이 바로 케이론이 준 선물이었다네. 펠레우스가 신과 결혼하고 싶어 하자, 신들 가운데 가장 위대한 제우스는 요정 테티스를 설득했네. 테티스는 인간과 결혼하고 싶지 않았지만, 결국 제우스의 뜻을 따랐네. 테티스와 펠레우스의 결혼식에는 모든 신이 참석했지. 제우스는 결혼 선물로 어떤 인간도 입어 보지 못한 갑옷을 주었네. 아주 찬란하고 단단한 갑옷이었지. 제우스는 영원히 죽지 않는 말 두 필도 선물로 주었네.

아킬레우스는 테티스와 펠레우스 사이에서 태어난 아들이었네. 인간 영웅과 결혼한 여신이 낳은 아들이었던 걸세. 아킬레우스는 몸이 강건하고 발이 아주 빨랐네. 펠레우스는 아킬레우스가 청년이 되자 가장 친한 친구 케이론에게 보냈고, 케이론은 아킬레우스에게 전쟁의 모든 기술을 가르쳤네. 아킬레우스는 창을 가장 잘 다루는 자가 되었네. 또 켄타우로스와 함께 산을 뛰어다니면서 힘은 더 강해지고 발은 더욱 빨라졌지.

아킬레우스가 아버지의 집으로 돌아왔을 때에는 트로이 전쟁 준비가 한창이었네. 아가멤논 왕은 아킬레우스도 전쟁에 나가기를 바랐지. 그러나 어머니 테티스는 전쟁에 참가하는 사람들에게 큰 재난이 닥칠 것을 알았기 때문에, 아킬레우스의 앞날을 걱정했네. 테티스는 아킬레우스를 감추었지. 아가멤논이 부른다는 사실을 모르게 하려고

말이야. 테티스는 어떻게 아들을 감추었을까? 테티스는 리코메데스 왕에게 가서, 왕의 딸들 사이에 아킬레우스를 감추어 달라고 청했지.

그래서 젊은 아킬레우스는 여자처럼 옷을 입고 왕의 딸들과 함께 살게 되었네. 아가멤논의 사자들은 아킬레우스를 찾으려고 사방을 샅샅이 뒤졌네. 몇 명은 리코메데스 왕의 궁전에도 갔지만, 왕자들 가운데 아킬레우스를 닮은 사람을 찾지 못하자 그냥 돌아가 버렸네.

그러자 오디세우스가 아가멤논이 내린 명령에 따라 아킬레우스를 찾으러 나섰네. 오디세우스는 아킬레우스가 왕자들 사이에 없다는 것을 알았지. 그때 왕의 과수원에 있는 공주들이 눈에 띄었네. 그들 사이에 아킬레우스가 있는지 없는지는 알 수가 없었네. 모두 베일을 쓰고 옷도 비슷하게 입었으니 말일세.

오디세우스는 일단 그곳을 떠났다가, 베일, 장신구, 청동 거울 등 처녀들이 좋아하는 물건들을 들고 다니는 행상인으로 변장하고 다시 돌아왔네. 지혜로운 오디세우스는 베일과 장신구와 거울들 사이에 반짝거리는 검을 하나 넣어 두었지. 오디세우스는 왕의 과수원에서 공주들을 만나자 보따리를 풀었네. 처녀들은 거울과 베일과 장신구를 들고 만지작거렸네. 그런데 한 처녀가 검을 집어 들고 눈을 반짝거리며 살펴보는 게 아닌가. 오디세우스는 그 사람이 펠레우스 왕의 아들 아킬레우스라는 것을 단번에 알았지.

오디세우스는 청년 아킬레우스에게 아가멤논의 명령을 전하며, 그리스의 왕과 왕자들과 함께 트로이 전쟁에 참가하라고 이야기했네. 아킬레우스는 자신을 불렀다는 사실에 무척 기뻐하며 기꺼이 트로이로 가겠다고 대답했네. 그는 프티아에 있는 아버지의 성채로 돌아가, 배들이 모이는 아우리스로 떠날 준비를 했네. 아킬레우스는 아버지의 소문난 전사들인 미르미돈 부대도 데려가기로 했지. 미르미돈 부대는 전투에서 한 번도 패한 적이 없는 용사들이었다네. 아버지는 아들에게 제우스가 선물로 준 갑옷과 죽지 않는 말 크산토스와 발리오스를 주었지.

그러나 아킬레우스가 정말 기뻤던 것은 자신의 소중한 친구 파트로클로스가 전쟁에 함께 나간다는 사실이었네. 놀라운 갑옷이나 영원히 죽지 않는 말보다도 그 사실이 더 기뻤지. 파트로클로스는 어렸을 때 프티아에 있는 펠레우스의 집으로 왔네. 자신의 나라에서 주사위 놀이를 하다가 운이 나빠 다른 아이를 죽였거든. 파트로클로스의 아버지는 아들이 벌을 받을까 두려워, 둘이 함께 펠레우스 왕에게 몸을 피하러 왔던 걸세. 아킬레우스의 아버지는 그들에게 숨어 지낼 곳을 주었을 뿐만 아니라, 파트로클로스를 자기 집으로 불러 아들과 함께 키웠네. 나중에 펠레우스는 파트로클로스를 아킬레우스의 심부름꾼으로 삼아 시중을 들게 했지. 어쨌든 두 사람은 함께 자랐고, 형제보다 더한 마음으로 서로를 사랑했네.

　마침내 아킬레우스는 조국 프티아에 그리고 영웅 아버지와 여신 어머니에게 작별 인사를 하였네. 아킬레우스와 파트로클로스는 미르미돈들과 함께 바다 건너 아우리스로 갔지. 거기서 왕과 왕자들의 군대와 만났네. 이 군대는 프리아모스 왕의 유명한 도시 트로이를 빼앗기 전에는 전쟁에서 절대로 물러서지 않겠다고 맹세했지. 그러나 그리스군의 출발은 순조롭지 못했네. 아가멤논이 아르테미스의 사슴을 죽였기 때문에 바람이 불지 않아 출발할 수가 없었던 것이야. 결국 예언자 칼카스의 뜻에 따라 아가멤논의 딸 이피게네이아를 아르테미스 여신에게 제물로 바치고 나서야 트로이로 떠날 수 있었네."

11

"아킬레우스는 전쟁 중 트로이와 싸웠던 영웅들 가운데서도 가장 큰 이름을 떨치게 되었네. 아킬레우스가 제우스가 선물로 준 번쩍거리는 갑옷을 입고 신마들이 이끄는 마차를 타고 나타나기만 해도, 트로이 군대는 마구 흩어졌지. 모두들 자기 도시의 성안으로 달아나기 바빴네. 그리스군은 아킬레우스의 활약으로 트로이 주위의 작은 도시들을 여럿 점령했지.

그러나 점령한 도시에서 포로로 사로잡은 두 처녀 때문에 아킬레우스와 아가멤논의 사이가 벌어지고 말았네. 한 처녀의 이름은 크리세이스였고, 다른 처녀의 이름은 브리세이스였지. 크리세이스는 아가멤논이 차지했고, 브리세이스는 아킬레우스가 차지했네.

크리세이스의 아버지는 아폴론 신의 사제였지. 그는 아가멤논을 찾아가 딸을 돌려 달라고 간청했지만, 아가멤논은 단칼에 거절했지.

사제는 딸을 돌려받지 못하자 아폴론 신에게 복수해 달라고 기도했네. 아폴론은 그 기도를 듣자, 곧 양손에 은으로 된 활을 들고 자신의 산봉우리를 떠났네. 아폴론은 그리스군 선단 뒤에 서서 그리스군을 향하여 화살을 쏘았네. 은 활이 획획대는 소리는 무시무시했지. 아폴론은 우선 개, 노새, 말 등 야영지의 짐승들을 쏘다가, 사람들을 쏘기 시작했네. 그가 쏜 화살에 맞은 사람들은 전염병에 걸렸지.

전사들이 죽기 시작했지. 트로이 군대의 창이나 검, 화살에 죽는 숫자보다 더 많은 군사들이 날마다 전염병으로 죽어 갔네. 장수들은 회의를 열어 군대를 구하기 위한 방법을 의논했지. 이 회의에는 칼카스라는 이름의 점쟁이도 참석했지. 그는 일어서서 자신이 이 전염병의 원인과 그 병에서 군대를 구할 방법을 안다고 말했네.

칼카스가 말했지. '이 병은 아폴론의 분노 때문에 생긴 것입니다. 그 분노는 오직 아가멤논이 크리세이스를 아폴론의 사제인 처녀의 아버지에게 돌려보내야만 풀립니다.'

그러자 아가멤논은 격노하여 칼카스에게 소리쳤지. '그대 악한 것들을 보는 자여, 그대는 나를 위해서는 좋은 것을 본 적이 없구나. 나에게 준 크리세이스는 내가 매우 소중하게 여기는 처녀다. 그러나 내 부하들이 죽게 놔둘 수는 없으니, 크리세이스를 돌려보내도록 하겠다. 대신, 여기 모인 사람들에게 분명히 말해 두는데, 아가멤논이 아무런 힘이 없어 처녀를 순순히 보낸 게 아니라는 것을 그리스군 전체에게 알리기 위해 다른 것으로 나에게 보상해 주어야 한다.'

그러자 아킬레우스가 말했지. '아가멤논이여, 왕들 가운데 당신이 가장 욕심이 많군요. 우리 용사들이 고생해서 싸우면, 당신은 와서 전리품 가운데 마음에 드는 것을 가져가 버립니다. 이제 욕심을 부리지 마십시오. 그 처녀는 자기 아버지에게로 돌아가게 하고, 당신한테는 나중에 다른 상을 드리도록 하겠습니다.'

아가멤논이 말했지. '이 회의에서 나에게 보상해 주겠다고 약속해야 하오.'

그러자 아킬레우스가 말했네. '그래도 보상 이야기를 하는군요, 아가멤논. 지금까지 당신보다 더 많이 얻은 사람은 없습니다. 나는 트로이 사람들과 싸울 일이 없음에도 이곳에 왔고, 또 맨 앞에 서서 전투를 벌이고 있습니다.'

아가멤논이 말했네. '여기 모인 장수들이 처녀를 돌려보낸 것에 대해 나에게 보상해 주어야 하오. 그렇지 않으면 나는 아킬레우스의 야영지로 가서, 그에게 주었던 뺨이 아름다운 처녀 브리세이스를 데려오겠소.'

그러자 아킬레우스가 분노에 차서 소리쳤지. '당신을 위해 전쟁을 하는 것이 지겹군요. 나는 늘 싸움에 나서지만, 내 야영지로 전리품이

들어오는 일은 거의 없습니다. 나는 이제 내 땅 프티아로 떠나도록 하겠습니다. 여기에 머물며 당신한테서 모욕을 당하고 싶지는 않습니다, 왕이여.'

'가시오.' 아가멤논이 말했네. '그대의 영혼이 달아나기로 마음을 정했다면, 가시오. 그러나 여기 있는 장수와 영웅들이 그대가 없다고 해서 내가 싸우지 못할 것이라고 생각하지는 마시오. 가서 그대의 미르미돈들한테나 우두머리 노릇을 하시오. 우리는 결코 그대의 도움을 구하지 않겠소. 아킬레우스여, 내가 그대보다 위대하다는 것을 모두가 알 수 있도록 그대의 야영지로 가서 브리세이스를 데려오겠소.'

아가멤논의 말을 듣고 아킬레우스는 심한 갈등을 겪었네. 화가 나지만 입을 다물고 가만히 있어야 하나, 아니면 회의에 모인 사람들을 무시하고 아가멤논에게 달려가 그를 검으로 베어 버려야 하나. 그러나 아킬레우스의 손이 검의 손잡이를 잡았을 때 신이 그 앞에 나타났네. 아테나 여신이었지. 회의장에 모인 사람들 가운데 아킬레우스만이 그녀가 그곳에 있다는 것을 느낄 수 있었네. 아테나 여신은 이렇게 말했네. '아가멤논에게 검을 뽑지 마라. 신들에게는 그대 둘이 똑같이 귀중하다.' 그 말을 듣고 아킬레우스는 물러나 무거운 검을 칼집에 다시 밀어 넣었네. 그러나 검을 칼집에 눌러 넣었다 해서 분노에 찬 말마저 목구멍 안으로 눌러 버렸던 것은 아니지. 아킬레우스는 회의에

서 발언권을 얻었다는 표시로 손에 들고 있던 지팡이를 땅에 던지며 말했네. '잎이 나지도 꽃이 피지도 않는 이 지팡이를 걸고 맹세하거니와, 아가멤논의 군대가 아킬레우스의 도움을 간절히 바란다 해도 나 아킬레우스는 절대 돕지 않을 것이오. 또한 단언컨대, 헥토르가 당신들을 이기도록 내버려 둘 것이오.'

그것으로 회의는 끝났고, 아킬레우스는 소중한 친구 파트로클로스와 함께 자신의 야영지로 돌아갔네. 그리스군은 배에 크리세이스를 태우고, 오디세우스에게 배의 지휘를 맡겼네. 배는 사제가 사는 크리세를 향해 출발했네. 크리세에 도착한 오디세우스는 해변에서 아폴론의 사제를 보자, 노인의 품에 딸을 돌려주었지. 그리고 그곳에서 아폴론에게 제사를 올리자 전염병은 마침내 사라졌네.

그러나 아가멤논의 사자들은 아킬레우스가 머무는 야영지를 찾아가 뺨이 아름다운 브리세이스를 데리고 가 버렸네. 쓰디쓴 분노에 사로잡힌 아킬레우스는 바닷가에 앉아서 생각에 잠겼지. 그는 위대한 헥토르가 그리스군에게 아무리 큰 피해를 준다 해도 아가멤논의 부하들을 절대로 돕지 않겠다고 단단히 결심했네."

12

"모든 이의 왕 아가멤논과 위대한 아킬레우스 사이는 그런 식으로 벌어졌다네. 아, 둘 사이의 이 불화 때문에 얼마나 많은 용감한 전사와 위대한 장수들이 죽음에 이르게 되었는지!

그러나 아가멤논은 오래지 않아 마음이 누그러졌지. 그는 사절 세 명을 보내어 아킬레우스에게 화해를 청했네. 이 세 사절은 오디세우스, 아이아스 그리고 아킬레우스의 양아버지였던 노인 포이닉스*였네. 세 사람이 아킬레우스의 막사에 들어갔을 때, 아킬레우스는 손에 하프를 들고 앉아 자신이 지은 음악에 맞추어 노래를 부르고 있었네.

---

*원래 오르미니온의 왕 아민토르와 클레오불레의 아들. 아버지와 사이가 좋지 않아 프티아로 가서 왕 펠레우스에게 환대를 받았다. 그는 아킬레우스에게 정치와 외교를 가르쳤다. 자식이 없는 포이닉스는 아킬레우스를 아들처럼 여겼고, 트로이 전쟁에도 함께 나갔다.—옮긴이

그 노래는 여신인 어머니 테티스에게서 들은 자신의 운명에 대한 이야기였지. 그가 트로이 전쟁에 계속 참가하면 영원히 영웅으로 이름을 남기겠지만 곧 목숨을 잃을 것이며, 만일 전쟁터를 떠난다면 세상에 널리 이름을 알리지 못할지라도 자신의 땅에서 오래 살 수 있을 거라는 내용이었네. 그의 친한 친구 파트로클로스가 옆에서 아킬레우스의 노래를 듣고 있었지. 아킬레우스의 노래는 계속 이어졌네. 그가 전쟁을 그만두고 아버지의 집으로 돌아간다면 왕국은 그의 것이 될 것이다. 늙은 펠레우스는 아들을 환영할 것이고, 아킬레우스는 그리스 처녀들 가운데 가장 어여쁜 처녀를 신부로 맞이하게 될 것이다. 아킬레우스는 노래했네. '사흘이면 바다의 신 포세이돈이 나를 내 고향으로, 나의 아버지의 왕궁으로 데려가 줄 것이라네.'

그러자 오디세우스가 그에게 말했네. '노래를 잘하는구려. 만일 우리 마음에 큰 근심이 가득하지만 않다면 그대의 노래를 듣는 것도 즐거운 일이겠소. 하지만 우리가 트로이와 싸우러 여기에 온 지도 아홉 해가 흐르지 않았소? 이제 우리가 타고 온 배의 나무는 썩고 삭구는 느슨해졌소. 우리 전사들 가운데 많은 수가 마음속으로 너무 오랫동안 처자식이 자신들을 기다리고 있다는 생각을 하지 않소? 그럼에도 트로이의 성벽은 전과 다름없이 우뚝 서 있어서 정복이 불가능하지 않소! 이러니 우리 마음이 근심으로 가득한 것도 당연한 일 아니오. 그런데 심지어 우리 영웅들 가운데 가장 위대한 아킬레우스와 우리 전사들 가운데 가장 강한 미르미돈들이 싸움터를 버리고 우리를 떠났소.

오늘만 해도 위대한 헥토르 때문에 아가멤논과 아이아스와 디오메데스가 이끄는 부대들이 물러났소. 우리가 선단 주위에 세운 방벽까지 밀려났단 말이오. 우리는 방벽 뒤에서 발을 멈추고, 누가 살아남았고 누가 헥토르의 군대에게 죽임을 당했는지 확인하기 위해 서로의 이름을 불렀소. 헥토르는 우리를 우리의 방벽 뒤로 밀어붙이고 나서야 마차를 돌려 병사들을 이끌고 가 버렸소.

그러나 헥토르는 트로이 성안으로 들어가지 않았소. 한번 보시오, 아킬레우스여! 그의 전차들은 들판에 그대로 있소. 어서 보시오, 헥토르의 모닥불들을 한번 보시오! 모닥불 천 개가 보이지 않소. 모닥불마다 옆에 쉰 명의 전사들이 있고, 전차에서 풀어놓은 말들이 여물을 씹고 있소. 그들은 우리를 다시 공격하려고 동이 트기만 간절히 기다리고 있소. 그들은 이번에야말로 우리가 세운 방벽을 무너뜨리고, 우리 선단이 있는 곳까지 와서 불을 놓으려 하고 있소. 우리가 고향으로 돌아갈 희망을 완전히 짓밟아 버리려는 거요.

우리는 모두 슬픔과 두려움에 시달리고 있소. 심지어 아가멤논도 울고 있소. 우리는 그가 우리 앞에서 눈물을 흘리며 서 있는 것을 보았소. 절벽 한 귀퉁이에서 터져 나오는 어두운 샘물 같은 눈물을 말이오. 어찌 그가 울지 않을 수 있겠소? 내일이면 군대에게 명하여 배를 이끌고 트로이 해안을 떠나야 할지도 모르는데. 그렇게 되면 싸움에서 지고 그렇게 많은 전사들까지 잃었으니, 그의 이름은 영원히 수치스러움을 씻을 수 없을 거요.'

'오디세우스여, 내가 아가멤논의 슬픔을 함께 슬퍼할 거라고 생각합니까?' 아킬레우스가 말했네. '비록 당신이 나에게 와서 아가멤논 이야기를 하지만, 나는 오디세우스 당신은 환영합니다. 당신과 당신의 동료들을 모두 환영합니다. 내가 비록 화가 나 있다고는 하나, 여기 오신 세 분은 나에게 귀중합니다.'

아킬레우스는 세 사람을 막사 안으로 들이고, 그들을 위해 상을 차리라고 명령했네. 오디세우스, 아이아스, 포이닉스는 포도주 잔을 건네받았지. 모두 먹고 마신 뒤, 오디세우스는 불빛을 받으며 의자에 앉아 있는 아킬레우스를 바라보았네.

'아킬레우스여, 그대도 우리 세 사람이 아가멤논 왕의 사절로 이곳에 왔다는 사실을 잘 알 거요. 아가멤논은 그대와 다시 우정을 나누고 싶어 하오. 그대 마음에 상처를 주고 그대의 노여움을 사기는 했지만, 이제 그것을 보상하기 위해 사람이 할 수 있는 일이라면 무엇이든 하려 하오. 브리세이스도 돌려줄 것이오. 그대에게 많은 선물도 줄 거요. 세발솥 일곱 개, 큰솥 스무 개, 금 십 탤런트도 줄 거요. 그것 말고도, 왕의 말 열두 마리까지 줄 것이오. 모두 이런저런 경주에서 승리했던 말들이오. 이 말들을 가진 사람은 빨리 달리기를 겨루어 상을 주는 경주 대회가 있는 한, 결코 배를 곯는 일이 없을 거요. 자, 아가멤논이 그대에게 전했으면 하는 이야기를 조금 더 들어 보시오. 만일 우리가 트로이를 정복하면, 아가멤논은 그대의 배에 이 도시에서 얻은 전리품을 실어 주겠다고 했소. 금, 청동, 보석을 실어 주겠다는 이야기요. 우리 고향으로 돌아간 뒤에는 그대를 왕으로 대접하고, 일곱 도시를 주어 다스리게 할 거요. 또한 그의 집에는 크리소테미스, 라오디케, 이피아나사 등 그리스에서 가장 아름다운 처녀들로 꼽히는 딸 셋이 있소. 그대가 결혼하고자 한다면, 그 가운데 그대가 선택하는 딸을 아내로 줄 거요.'

오디세우스가 그렇게 말하고 나자 이번엔 아이아스가 말했네. '생각해 보시오, 아킬레우스. 그리고 이제 화를 푸시오. 설사 아가멤논이 괘씸하고 그가 주는 선물이 경멸스럽다 해도, 그대의 친구와 동료들을 생각하고 그들에게 자비심을 가지시오. 아킬레우스여, 우리를 생각해서라도 이제 일어나 싸움터로 가 주시오. 무시무시한 헥토르의 살육을 막아 주시오.'

하지만 아킬레우스는 대답하지 않았네. 그의 사자 같은 눈은 말하는 사람들에게 고정되어 있었지. 그들이 하는 말을 듣는 동안 그의 표정은 전혀 변하지 않았네.

그러자 그를 길렀던 노인 포이닉스가 앞으로 나섰네. 그러나 말을 할 수가 없었지. 말을 꺼내기에 앞서 눈물이 쏟아져 내렸기 때문일세. 이윽고 포이닉스는 아킬레우스의 두 손을 잡으며 말했네.

'나는 그대의 아버지 집에서 그대를 어른으로 키웠네, 그대 세상에서 가장 고귀한 아킬레우스여. 그대는 오직 나하고만 연회장으로 들어가려 했네. 어린 시절, 그대는 오직 내 무릎 위에만 앉아서, 내가 주는 음식만 먹고 내가 그대 입술에 대 주는 잔으로만 마셨네. 나는 그대를 길렀네. 그대가 힘을 기르고, 기술을 익히고, 민첩해지도록 고생하고 노력했네. 그대 마음에 자비심을 가지게나, 아킬레우스여. 이제 그만 노여워하게나. 이제 분을 풀고 그리스군을 구하게. 어서 가세. 아가멤논이 그대에게 주는 선물은 아주 크니, 어떤 왕도 어떤 왕자도 그것을 우습게 생각하지 못할 걸세. 그러나 설사 선물이 없다 해도 그대는 싸움터에 나가야 하네. 그러면 그리스군은 그대를 어떤 영웅보다 높이 존경할 걸세.'

아킬레우스는 부드러운 말로 포이닉스에게 대답했네. '저는 그리스군의 존경이 필요 없습니다. 이미 신들 가운데 가장 위대한 제우스가 저를 존중해 주었기 때문입니다. 제 몸에 숨이 붙어 있는 한, 그 명

예는 사라지지 않을 것입니다. 포이닉스여, 당신은 저와 함께 계십시오. 제가 당신께 많은 것을 드리겠습니다. 제 왕국의 반이라도 드리겠습니다. 하지만 저더러 아가멤논을 도우라 하지는 마십시오. 만일 그렇게 하신다면 저는 당신을 아가멤논의 친구로 볼 것입니다. 아가멤논을 증오하듯이, 양아버지인 당신을 증오할 것입니다.'

이어 아킬레우스는 오디세우스에게 말했네. '라에르테스의 아들이여, 사람들 가운데 가장 지혜로운 분이여, 이제 내가 하는 말을 들으십시오. 아가멤논이 나에게 지금과 같은 분노를 일으키지만 않았다면, 나는 설사 내 젊은 목숨을 바치는 한이 있어도 싸움터에 머물며 여신이자 나의 어머니인 테티스가 말씀하신 영원토록 변치 않는 영웅의 이름을 얻었을 것입니다. 그러나 나의 영혼은 그를 용서하지 않는다는 점을 알아 주십시오. 내가 아가멤논과 그의 동생의 큰뜻을 위하여 잠을 못 자고 주위를 살핀 밤이 얼마며, 피가 흐르는 전장에서 보낸 날이 얼마입니까! 아름다운 헬레네가 아니라면 우리가 왜 여기에 왔겠습니까? 메넬라오스가 헬레네를 사랑했듯이 나도 브리세이스를 사랑했습니다. 그러나 나는 내가 사랑한 사람을 왕의 명령으로 빼앗겼습니다! 왕은 이제 와서야 그 여인이 자기 갈 길을 가게 해 주겠다고 합니다! 하지만 됐습니다. 나는 두 번 다시 브리세이스를 보고 싶지 않습니다. 아가멤논의 손에서 나오는 모든 것이 싫기 때문입니다. 나에게 주겠다는 모든 선물이 가증스럽습니다. 나는 아가멤논이나 그의 보물을 지푸라기처럼 여깁니다. 나는 선택했습니다. 내일 나는 미르미돈들에게 내 배들을 바다로 끌어내게 하여, 트로이를 떠나 내 땅으로 돌아가겠습니다.'

아이아스가 나서서 말했네. '아킬레우스여, 신들이 그대 가슴에 보통 사람들로서는 생각도 할 수 없는 무자비하고 자만심 강한 정신을 넣어 주셨나 보구려.'

'그렇습니다, 아이아스여.' 아킬레우스가 말했지. '나의 정신은 나의 분노를 이겨 낼 수 없습니다. 아가멤논은 나를 많은 전투에서 승리를 거둔 군대 지도자가 아니라, 자신의 막사의 하찮은 손님으로 대접했습니다. 가서 내 뜻을 아가멤논에게 알리십시오. 나는 두 번 다시 이 전쟁을 생각하지 않으렵니다.'

아킬레우스가 말을 마치자, 모두 손잡이가 둘 달린 잔을 들어 포도주를 쏟았네. 신에게 드리는 술이었지. 오디세우스와 아이아스는 수심이 가득한 얼굴로 막사를 떠났네. 그러나 포이닉스는 남았네. 아킬레우스의 절친한 친구 파트로클로스가 그를 위해 양털과 깔개로 잠자리를 만들어 주었지.

오디세우스와 아이아스는 선단이 줄지어 있는 해안을 따라 아가멤논이 있는 곳으로 갔네. 거기에는 그리스군의 가장 위대한 전사들이 모여 있었지. 오디세우스는 그들에게 아킬레우스는 결코 전투에 나서지 않을 것이라는 소식을 전했네. 모두 침통한 표정으로 입을 다물었네. 그러자 말을 잘 다루는 디오메데스가 일어서서 말했네. '남든 가든, 싸우든 싸우지 않든, 그것은 아킬레우스 좋을 대로 하라고 합시다. 그러나 프리아모스의 도시를 점령하겠다고 맹세한 우리는 계속 싸워야 합니다. 이제 충분히 먹고 쉽시다. 그리고 내일은 헥토르의 군대와 싸우러 나갑시다. 아가멤논이여, 당신이 전투에서 앞장을 서십시오.'

디오메데스가 말을 마치자 전사들은 환호했네. 그들은 모두 술을 부어 신에게 올리고, 막사로 돌아가 잠을 청했네. 그러나 왕 아가멤논은 그날 밤 잠을 이룰 수 없었지. 눈앞에서는 헥토르의 모닥불 천 개가 활활 타올랐고, 귀에서는 들판에 진을 친 트로이군 진영으로부터 흘러나오는 군가가 나팔과 피리 소리와 어우러져 울려 퍼졌지."

13

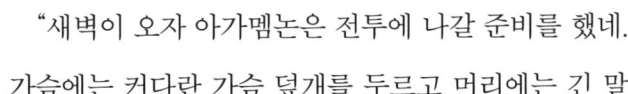

"새벽이 오자 아가멤논은 전투에 나갈 준비를 했네. 가슴에는 커다란 가슴 덮개를 두르고 머리에는 긴 말총 장식이 달린 투구를 썼네. 다리에는 은 각반이 달린 정강이 덮개를 찼지. 어깨에 멘 큰 검에서는 황금 장식 못들이 번쩍거렸네. 황금으로 된 사슬이 달린 은 칼집에는 검이 꽂혀 있었지. 아가멤논은 어깨에 커다란 사자 가죽을 걸쳤고, 팔에는 온몸을 가릴 수 있는 방패를 걸쳤네. 손에는 청동 창을 두 개 거머쥐었지. 이렇게 무장한 아가멤논은 이제 전열의 맨 앞에 설 준비가 되었네.

아가멤논은 큰 소리로 그리스군에게 무장을 명령했네. 전사들은 바로 준비한 뒤, 선단을 보호하는 방벽 뒤에서 트로이 들판으로 쏟아져 나갔네. 장수들이 전차에 올라타자, 전차병들이 말고삐를 잡아 말을 전장으로 내몰았네.

그리스군 앞의 언덕에는 트로이군이 진을 치고 있었지. 위대한 헥토르의 모습이 아가멤논과 그의 부하들의 눈에 또렷이 보였어. 이따금 구름에 모습을 감추는 별처럼, 헥토르는 반짝이는 청동으로 뒤덮인 진 사이로 들어갔다 나왔다 했네. 이윽고 양쪽에서 창과 화살이 허공을 가르기 시작했지. 보병은 보병을 죽이고, 기병은 기병을 죽였네. 뽀얗게 피어오른 들판의 흙먼지 속에서 시끄러운 말발굽 소리가 들렸지. 새벽부터 아침까지, 다시 아침부터 정오까지 치열한 전투가 벌어졌네. 한낮이 되면서 그리스군이 트로이군의 진영을 돌파했네. 그러자 전차를 탄 아가멤논이 그 벌어진 틈으로 쏜살같이 달려 들어갔네. 아가멤논은 즉시 두 명을 베고, 계속 쏜살같이 내달으면서 프리아모스 왕의 두 아들을 연달아 베었네. 숲에 떨어져 덤불을 태우는 불처럼, 아가멤논 왕은 트로이 전사들을 뚫고 나아갔지. 지나가는 곳마다 트로이 전사들이 땅에 나뒹굴고, 목이 굵은 말들은 덜거덕거리는 빈 전차를 끌고 달아났네. 아가멤논은 창을 휘둘러 혼잡하게 뒤얽힌 병사들 사이를 뚫고 트로이의 높은 성벽까지 나아갔지. 헥토르는 그에게 가까이 가지 않았네. 신들이 헥토르에게 아가멤논이 싸움터에서 등을 돌리기 전에는 공격을 시작하지 말라고 명령을 내렸기 때문일세.

어느 트로이 전사가 던진 창이 아가멤논의 팔꿈치 밑 팔뚝을 찔렀네. 창끝이 팔을 완전히 꿰뚫었지. 그래도 아가멤논은 검과 창으로 트

로이 병사들을 베며 앞으로 나아갔네. 그러나 상처에 피가 마르면서 날카로운 통증이 찾아오자 소리를 질렀네. '오, 벗들이여, 장수들이여! 나는 트로이군과 끝까지 싸울 수가 없구나. 그러나 그대들은 적이 우리 배에 다가오지 못하도록 계속 싸워라.' 드디어 아가멤논의 전차병은 말을 돌렸지. 입에 거품을 물고 몸에 흙먼지를 뒤집어쓴 말들은 전투에서 다친 왕을 싣고, 오던 방향으로 돌아서서 들판을 가로지르기 시작했지.

그 순간 헥토르가 공격에 나섰네. 전차에 올라타 트로이군을 이끌고 앞으로 나아갔지. 첫 번째 공격에서 헥토르는 그리스군 장수 아홉 명을 베었네. 오디세우스가 말을 부리는 재주가 뛰어난 디오메데스와 함께 그쪽 전선으로 달려가지 않았다면, 그리스군의 전열은 무너지고 병사들은 배가 있는 해안까지 달아났을 걸세. 오디세우스는 소리쳤네. '이쪽으로 갑시다, 디오메데스여. 아니면 헥토르가 우리를 들판에서 쓸어 내 배가 있는 곳까지 몰아붙이겠소.'

두 사람은 혼란스러운 전장을 뚫고 나가, 헥토르의 공격을 막으며 그리스군이 다시 모일 수 있는 시간을 벌었네. 헥토르는 그들을 보자 전차를 몰아 그들에게 달려갔네. 디오메데스는 큰 창을 들어 올려, 있는 힘껏 헥토르를 향해 던졌지. 창의 청동이 헥토르 투구의 청동과 부딪쳤네. 청동은 청동을 튀겨 냈네. 그러나 헥토르는 충격을 받았지.

그는 전차에서 뛰어내려 전사들 틈에 엎드려 쉬었네. 잠시 눈앞이 깜깜했겠지. 그러나 숨을 돌리고 나서, 전차에 뛰어올라 위험한 곳으로부터 벗어났네.

곧 디오메데스도 심한 부상을 입었네. 들판의 비석 뒤에 숨어 있던 파리스가 그에게 화살을 날렸기 때문이지. 화살은 오른발을 꿰뚫었네. 오디세우스는 그의 친구이자 동지를 방패로 가렸고, 디오메데스는 자신의 살에 박힌 화살을 뽑았네. 디오메데스는 전차에 올라타 전차병에게 싸움터에서 빠져나가라고 명령할 수밖에 없었지.

이제 전선의 이쪽 편에는 장수가 오디세우스 하나밖에 남지를 않았네. 트로이 병사들이 다가와 그를 둘러쌌지. 트로이군의 한 전사가 그의 방패 한가운데를 창으로 찌르자, 강한 창이 방패를 뚫고 오디세우스의 몸까지 찔렀네. 오디세우스는 자신에게 상처를 입힌 전사를 죽이고, 몸에서 창을 뽑았지. 그러나 제대로 버티고 서 있을 수가 없었네. 오디세우스는 엄청나게 큰 소리로 다른 장수들에게 소리를 질렀네. 힘센 아이아스가 그 소리를 듣고 탑처럼 우뚝한 그 유명한 방패를 들고 가까이 다가왔네. 오디세우스를 둘러싸고 있던 트로이 전사들은 아이아스가 다가오는 것을 보고 뒤로 물러났지. 오디세우스는 전차를 타고 혼잡한 싸움터에서 벗어났네.

아이아스가 힘을 쓰자 트로이 진영이 무너지기 시작했네. 아이아스가 있는 전선에서는 트로이 병사들이 자기네 도시까지 물러났네. 그러나 갑자기 아이아스는 표현할 수 없는 두려움을 느꼈어. 그는 커다란 방패를 내던지고 어리둥절한 표정으로 서 있었네. 이윽고 마치 궁지에 몰린 들소처럼 이쪽저쪽을 두리번거리더니, 자신을 향해 밀려오는 사람들을 보며 천천히 뒤로 물러났네. 이따금 다시 용기가 찾아와 커다란 방패를 들고 꿋꿋하게 서서, 그리스군의 선단을 향해 밀려오는 트로이군을 막기도 했지. 그러나 화살들이 방패에 숱하게 꽂히면서 아이아스는 다시 혼란을 느꼈네. 만일 동지들이 구해 주지 않았다면 아이아스는 화살에 맞아 죽었을 걸세. 전우들은 아이아스를 끌고 와, 방패들을 기울여 만든 방어벽 뒤에 숨겼네.

그동안 헥토르는 전선의 왼쪽에서 그리스군과 싸우고 있었네. 그쪽의 그리스군은 네스토르와 이도메네우스가 이끌고 있었지. 그곳에서는 파리스가 화살을 날려 트로이의 적들을 괴롭혔네. 파리스가 쏜 화살은 그리스군 가운데서 의술이 가장 뛰어난 마카온•을 맞혔네. 마카온 주위에 있던 사람들은 화살에 맞은 마카온을 트로이 병사들이 데려가 버릴까 봐 걱정했네. 그러자 이도메네우스가 말했지. '네

•마카온은 의술의 신 아스클레피오스의 아들이다. 훗날 렘노스 섬에 버려졌던 필록테테스의 상처를 치료해 주어 그가 전쟁터로 돌아오는 데 큰 도움을 준다.―옮긴이

스토르여, 일어나시오. 마카온을 그대 전차에 태우고 어서 싸움터를 빠져나가시오. 마카온 같은 의사의 목숨은 여러 사람들의 목숨에 비길 만하오. 그가 살아야 우리 몸에서 화살을 뽑아 주고 우리 상처에 약을 발라 주지 않겠소.' 네스토르는 의사를 자신의 전차에 실었네. 전차병은 말들의 방향을 틀어, 싸움터에서 벗어나 빈 배들을 향해 달려갔네."

14

"아킬레우스는 자신의 큰 배 위에 서서 양쪽 군대가 서로 밀고 당기며 싸우는 모습을 지켜보았네. 그러나 그리스군이 짓밟히는 것을 보아도 그의 마음에는 자비심이 생기지 않았지. 아킬레우스는 땀을 뻘뻘 흘리는 말들이 네스토르의 전차를 이끌고 쏜살같이 지나가는 것을 보았네. 그는 전차 안에 부상자가 있다는 것을 눈치채고 친구 파트로클로스에게 말했네.

'가 보게, 파트로클로스. 네스토르에게 방금 싸움터에서 실려 온 사람이 누구인지 물어보게.'

'알았네, 아킬레우스.' 파트로클로스는 이렇게 대답하고는 선단이 줄지어 선 곳을 따라 네스토르의 막사로 달려갔네.

파트로클로스가 문간에 서 있자, 늙은 네스토르가 그를 보고 들어오라고 했네. 파트로클로스가 말했지. '존경하는 네스토르여, 아킬레우스가 저를 보내 방금 싸움터에서 데리고 나온 부상자가 누구인지 여쭈어보라고 하였습니다. 하지만 여쭈어볼 필요도 없군요. 우리의 최고 의사이신 마카온을 제 눈으로 보았으니까요.'

'아킬레우스가 웬일로 헥토르와 싸우다 다친 사람들에게 관심을 가지는가?' 늙은 네스토르가 말했네. '그리스군이 어떤 화를 당하든 아킬레우스는 전혀 관심이 없지 않은가. 하지만 파트로클로스여, 그대는 디오메데스와 오디세우스가 부상을 당했고, 지금 보다시피 마카온마저 심한 부상을 당했다는 것을 알면 물론 마음이 아프겠지. 아, 그러나 아킬레우스는 그리스군이 불타는 배 옆에서 다 죽어 나가고 헥토르가 승리의 기쁨을 맛보아야만 그제야 탄식할 것인가!'

노인은 자리에서 일어서더니 파트로클로스의 손을 잡고 막사 안으로 데려갔지. 그러고는 부상당한 마카온이 누워 있는 침대 옆에 앉았네.

'파트로클로스여, 그대가 아킬레우스에게 이야기하라. 사실 그대의 아버지는 그대의 친구에게 충고해 주라고 부탁하지 않았던가. 그대의 아버지는 그대에게 부드러운 말로 아킬레우스가 거친 길에 들지 않도록 이끌라고 말하지 않았던가. 이제 그대 아버지가 한 말을 기억하라, 파트로클로스여. 그대가 아직 아킬레우스에게 부드러운 지혜의 말을 하지 않았다면, 지금 말하라. 그대의 말이면 아킬레우스의 마음이 움직이지 않겠는가. 헥토르와 싸워야 하는 이 전쟁에 아킬레우

스가 다시 참여하게 될지 누가 알겠는가.'

'아니, 아닙니다, 노인이여.' 파트로클로스가 말했네. '저는 아킬레우스에게 그런 것을 요구하지 못합니다.'

'그렇다면 그대가 직접 아킬레우스의 미르미돈들을 데리고 전투에 나서라. 그러면 싸움에 지친 우리 군대가 숨을 좀 돌릴 수 있을 것이다. 아킬레우스에게 전투에서 입도록 갑옷을 빌려 달라고 청하라. 그대가 아킬레우스의 청동 갑옷을 입고 나타난다면, 트로이군은 아킬레우스가 다시 전투에 나섰다고 생각하여 감히 우리를 밀어붙이지 못할 것이다.'

파트로클로스는 늙은 네스토르의 말이 그럴듯하다고 생각했지. 그래서 아킬레우스의 막사로 돌아갔네. 그는 가는 길에 심하게 다친 몸을 끌고 싸움터를 빠져나온 에우리필로스를 만났네. 파트로클로스는 그를 부축하여 막사로 데려갔지. 그는 위로의 말로써 그의 기운을 북돋워 준 뒤 상처에 약초를 덮어 주었네.

앞서 파트로클로스가 늙은 네스토르의 막사를 떠날 때쯤, 헥토르는 그리스군이 자신들이 타고 온 배를 지키기 위해 세워 놓은 방벽 앞에 있었네. 트로이군은 황소 가죽 방패를 앞세우고 방벽으로 다가왔네. 그리스군은 공격해 오는 트로이군을 향해 방벽 위의 탑에서 큰 바위를 던졌지.

그때 전사들의 머리 위로 독수리가 한 마리 나타났네. 발톱에는 피처럼 붉은 뱀이 한 마리 엉켜 있었네. 뱀과 독수리는 서로 싸우고 있었지. 둘 다 서로에게 깊은 상처를 입히고 있었네. 두 짐승은 그리스와 트로이 군대 위를 날며 싸우던 중, 뱀이 이빨로 독수리를 물었고 가슴에 상처를 입은 독수리는 뱀을 떨어뜨렸네. 트로이군은 그들 앞에 놓인 피처럼 붉은 뱀을 보며 겁을 집어먹었네. 그것이 제우스의 뜻을 보여 주는 징조라고 생각했기 때문이지. 트로이군은 이 징조가 두려워 방벽에서 등을 돌리려 하였지만 헥토르가 다그쳤네. '내가 아는 신의 뜻은 단 한 가지, 조국을 위해 목숨을 바쳐 싸우라는 것뿐이다. 그러니 앞으로 전진하라. 신들의 뜻을 거스르고 우리 해안으로 들어온 저 배들이 있는 곳까지 밀고 나가라!'

헥토르는 그렇게 말하고 나서 바위를 하나 들어 올렸네. 지금 살아 있는 자들 가운데 가장 힘센 사람 둘이 나서도 땅에서 떼지도 못할 무거운 바위였지. 헥토르는 방벽의 튼튼한 문을 향해 이 바위를 힘껏 내던졌네. 그러자 경첩과 빗장이 부서지면서, 커다란 문은 큰 바위의 무게를 못 이기고 땅바닥에 널브러졌네. 그러자 헥토르는 창을 두 개 거머쥐고 문을 훌쩍 뛰어넘었지. 이제 어떤 전사도 그에게 맞설 수 없었네. 트로이군이 벽을 기어오르고 뚫린 문으로 쏟아져 들어오자, 그리스군은 겁에 질리고 당황하여 배로 달아났네.

파트로클로스는 방벽 문이 쓰러지고, 트로이군이 그리스군의 배를 향해 쏟아져 들어오는 것을 보았네. 마치 절벽을 굴러 내리는 커다란 바위처럼 뭉쳐서 밀고 들어왔지. 이도메네우스와 아이아스가 그리스군을 이끌고 그들을 막으러 나섰네. 헥토르는 아이아스를 향해 창을 던졌고 창은 방패의 띠와 검의 띠가 엇갈리는 곳에 맞았네. 덕분에 아이아스는 아무런 상처를 입지 않았지. 아이아스는 헥토르를 향하여 배를 묶어 두는 데 사용했던 커다란 바위를 던졌네. 바위는 방패 테두리 바로 위의 가슴에 맞았네. 그 충격 때문에 헥토르는 팽이처럼 뱅글뱅글 돌았지. 창이 그의 손에서 떨어졌고, 몸이 바닥에 쓰러지면서 방패와 투구가 요란하게 쩔그렁거리는 소리를 냈네.

그러자 그리스군은 헥토르를 끌고 오려고 그가 쓰러진 곳으로 달려갔지. 그러나 헥토르의 동지들이 방패로 그를 감싸고, 주위에서 몰려드는 그리스 전사들을 밀어냈네. 그들은 헥토르를 전차에 실었네. 전차병은 싸움터에서 피하려고 말을 달렸네. 전차 안에서는 헥토르가 부상 때문에 무거운 신음을 토하고 있었지.

그리스군은 함성을 지르며 다시 뭉쳐서 앞에 있는 트로이군을 몰아냈네. 헥토르의 전차를 끄는 빠른 말들은 방벽에서 빠져나가 들판에 이르렀네. 헥토르와 함께 있던 사람들은 그를 전차 밖으로 들어냈네. 헥토르는 숨을 헐떡였고, 몸에서는 검은 피가 쏟아졌지. 헥토르는 그렇게 다친 몸으로 누워 있다가 신의 목소리를 들었네. 아폴론의 목소리였지. '프리아모스의 아들 헥토르여, 그대는 왜 군대와 떨어져 정신을 잃고 누워 있는가? 그대는 지금 전쟁터가 얼마나 다급한 상황인지 모르는가? 다시 기운을 내라. 그대의 전차병에게 다시 그리스군의 배가 있는 곳으로 데려다 달라고 하라.'●

그 말을 들은 헥토르는 일어서서 자신의 부하들이 있는 곳으로 갔지. 그는 부하들의 사기를 끌어올린 다음 앞장서서 다시 방벽으로 갔네. 그리스군은 헥토르가 다시 싸움에 나서서 부하들의 전열 사이를 오르내리는 것을 보고 겁에 질렸지.

헥토르는 전차에 올라 부하들에게 소리쳤네. 트로이군 전차병들은 말에 채찍질을 하였으며, 트로이군은 무시무시한 파도처럼 몰려갔네. 트로이군은 다시 무너진 방벽을 넘어 배가 있는 데까지 다가갔네. 그러자 그리스 전사들은 배에 올라타고는 가까이 다가오는 트로이 전사들을 긴 미늘창으로 찔러 댔지.

선단 주위에는 그리스 전사들이 작은 부대로 나뉘어, 마치 파도가

● 신들의 자녀나 후손도 전쟁에 참여하고 있었고, 신들도 그리스와 트로이 양편으로 나뉘었다. 예를 들어 파리스가 가장 아름다운 여인으로 얘기했던 아프로디테는 당연히 트로이 편이었고, 파리스에게 앙심을 품었던 헤라와 아테나는 그리스 편이었다. 또 아폴론은 트로이 편을, 포세이돈은 그리스 편을 각각 들었다.―옮긴이

부수지 못하는 바위처럼 굳건히 버티고 서 있었네. 네스토르는 그리스군에게 소리를 질렀지. 영웅처럼 싸우지 않으면 배가 불타 버려 고향으로 돌아갈 희망은 영영 잃고 말 것이라고 말이야. 아이아스는 손에 긴 미늘창을 들고 수많은 트로이 전사들을 몰아내면서, 큰 소리로 그리스군에게 용기를 불어넣고 있었네. 반대로 헥토르는 앞으로 나아가면서 트로이군에게 소리쳤지. 신들의 뜻을 거슬러 트로이 해안으로 들어온 배에 불을 놓으라고 말이야.

헥토르는 첫 번째 배에 다가갔고, 드디어 손이 고물에 닿았네. 그러자 수많은 전사들이 헥토르에게 덤벼들었네. 곧 검과 창과 갑옷이 땅에 떨어졌네. 일부는 전사의 손에서 떨어지고, 일부는 어깨에서 떨어졌지. 검은 땅은 피로 붉게 물들었네. 그러나 헥토르는 배에서 물러나지 않고 소리쳤네. '불을 가져와 우리 땅에 적을 싣고 온 배를 태워 버려라. 우리가 지금까지 고통을 겪은 것은 겁 많은 도시의 원로들 때문이다. 그리스군이 처음 여기에 왔을 때 나는 전사들을 데려와 싸우려고 했으나 원로들이 말렸다. 이 배들을 다 불태우기 전에는 우리의 도시로 돌아가지 말자.'

그러나 불을 들고 배에 가까이 가려는 병사들은 하나같이, 손에 긴 미늘창을 들고 우뚝 서 있는 장사 아이아스에게 걸려들었네. 그러는 동안 파트로클로스는 자신이 부축해 온 에우리필로스의 막사에 앉

아, 이야기로 다친 그에게 힘을 북돋워 주고 상처에 약초를 발라 주고 있었네. 그러나 트로이군이 배에 불을 지르려는 것을 본 순간 파트로클로스가 일어서며 말했네. '에우리필로스여, 그대를 돌보아 줄 사람이 필요하기는 하지만, 나는 여기에 더 있을 수가 없습니다. 가서 우리 전사들을 도와야 합니다.' 이렇게 외치고는 바로 막사에서 달려나가 아킬레우스가 있는 곳으로 갔네.

'아킬레우스, 그리스군에 대한 그대의 마음이 여전히 딱딱하게 굳어 있다면, 그래서 그대가 그들을 도우러 가지 않겠다면, 나라도 싸우러 가게 해 주게. 내가 그대의 미르미돈 부대를 데려가게 해 주게. 그리고 한 가지만 더 부탁하겠네, 아킬레우스. 내가 그대의 갑옷을 입고 그대의 투구를 쓰도록 해 주게나. 트로이군이 잠시만이라도 아킬레우스가 싸움터에 돌아왔다고 믿게 해야겠네. 그러면 그들은 달아날 것이고, 그 틈에 우리 전사들은 숨을 좀 돌릴 수 있을 걸세.'

그러자 아킬레우스가 대답했지. '나는 이미 트로이군이 내 배 가까이에 접근하기 전에는 화를 풀지 않을 것이라고 말했네. 하지만 나의 친구 파트로클로스, 그대는 전투에 참가해도 좋네. 자네가 청한 것은 다 가져가게. 미르미돈을 데려가고 내 갑옷을 입게. 내 전차와 신마도 이용하게. 트로이군을 배에서 몰아내게. 하지만 그들을 배에서 몰아내면 이 막사로 돌아오게. 도시 가까이로는 가지 말게. 반드시 돌아오게. 파트로클로스, 내 분명히 말해 두는데, 트로이군이 배 주위에서 물러나면 들판의 싸움은 다른 사람들에게 맡겨야 하네.'

파트로클로스는 제우스가 아킬레우스의 아버지 펠레우스에게 준 갑옷을 입었네. 어깨에는 은 장식이 박힌 청동 검을 걸치고, 머리에는 긴 말총 장식을 단 투구를 썼네. 아킬레우스가 쓰는 공포의 투구였지. 아킬레우스는 전차병에게 신들에게 선물로 받은 말 크산토스와 발리오스를 전차에 묶으라고 명령했네. 그사이 아킬레우스는 미르미돈들에게 가서 전투에 나갈 준비를 하라고 했네. 그들이 싸움에 나서지 못하는 동안 트로이군을 향해 내뱉었던 무시무시한 말들을 기억하라고 했지.

아킬레우스는 막사로 가서 어머니 테티스가 준 궤를 열고 손잡이가 네 개 달린 잔을 꺼냈네. 오직 아킬레우스만 사용하던 잔이었지. 아킬레우스는 그 잔에 포도주를 따라 하늘을 향해 쳐들고, 신들 가운데 가장 위대한 제우스에게 기도했네.

오, 앞을 내다보시는 제우스여, 저는 동지를 전쟁터로 내보냅니다.
오, 제우스여, 그의 마음을 강하게 하시어, 모든 승리가 그의 것이 되도록 해 주소서.
그러나 그가 배에서 우리 적이 던진 창을 막아 내면,

싸움터의 혼란을 벗어나 나에게 돌아오게 해 주소서.
　내 갑옷을 그대로 입고, 싸움에 능한 동지들을 데리고 무사히 돌아오게 해 주소서.

　아킬레우스가 기도를 마치자 배 옆에 있던 미르미돈들이 어서 전투에 뛰어들고 싶어 소리를 질러 댔네."

15

"파트로클로스의 공격에 가장 먼저 맞섰던 트로이의 위대한 영웅은 누구였을까? 바로 사르페돈이었네. 사르페돈은 트로이 너머의 도시에서 헥토르를 도우러 부대를 끌고 왔지. 그는 미르미돈 부대가 배 주위에서 싸우며, 트로이군의 진영을 뚫고 반쯤 타 버린 배의 불을 끄는 것을 보았네. 또 트로이군이 아킬레우스처럼 생긴 용사에게 겁을 먹고 자신들의 도시를 향해 말 머리를 돌리는 것을 보았네. 미르미돈 부대는 파트로클로스를 앞세워 트로이군을 몰아내고 있었지. 사르페돈은 파트로클로스가 선단이 있는 곳으로부터 빠르게 치고 올라오는 것을 보고 파트로클로스를 향해 창을 던졌네. 그러나 창은 파트로클로스를 맞히지 못했네. 대신 파트로클로스가 날린 창은 사르페돈의 심장을 정확하게 꿰뚫었지. 사르페돈은 숨이 멎어 전차에서 떨어졌네. 그러자 그의 주검을 둘러싸고

쟁탈전이 벌어졌네. 트로이군은 사르페돈의 주검을 도시 안으로 가져가 성대한 장례식을 치르려고 했지. 그렇게라도 자신들을 도와주러 온 사람에 대한 고마운 마음을 표현하려 했어. 반면 그리스군은 그의 주검과 갑옷을 손에 넣어 사르페돈을 죽여 거둔 승리를 축하하려 했지.

사르페돈의 주검을 둘러싼 전투는 쉽게 끝나지 않았네. 그러자 사르페돈의 동지인 글라우코스가 다른 곳에서 싸우고 있던 헥토르를 찾아갔네. 그는 헥토르를 나무랐네. '헥토르여, 그대의 아버지의 도시를 지키기 위해 자신의 조국을 떠나온 사람들을 완전히 잊은 거요? 사르페돈이 쓰러졌소. 아킬레우스의 미르미돈 부대는 사르페돈의 갑옷을 벗기고 주검을 배로 가져가 그를 죽인 것을 축하하려 하고 있소. 헥토르여, 만일 그들이 그렇게까지 한다면, 그대에게 큰 수치가 아니겠소.'

헥토르는 그 말을 듣자 곧바로 사르페돈이 죽은 곳으로 갔네. 사르페돈의 주검에 손을 대던 그리스 전사들을 즉시 베어 버렸네. 그때 문득 헥토르는 신들이 그리스군에게 승리를 주기로 결정한 것이 아닌가 하는 생각이 들었네. 그러자 갑자기 피로와 절망감이 몰려왔네. 헥토르는 자신의 도시를 향해 말 머리를 돌려, 소란스러운 전장으로부터 멀리 떨어진 곳으로 달려갔네. 그러자 사르페돈의 주검을 둘러싸고 싸우던 트로이군도 달아나기 시작했네. 그리스군은 사르페돈의 주검을 차지하고 갑옷을 벗기더니, 그들의 배로 끌고 갔네.●

순간 파트로클로스는 아킬레우스의 명령을 잊었네. 선단 너머로 밀고 올라가지 말고, 트로이군이 자신들의 도시로 달아나면 돌아오라는 명령 말일세. 파트로클로스는 그 명령을 까맣게 잊어버린 채, 전차를 끄는 신마 크산토스와 발리오스에게 소리를 지르며, 트로이 전사들을 차례차례 베면서 나아갔지. 결국 들판을 가로질러 트로이의 성문까지 다가갔네.

성안에 들어가 있던 헥토르는 아직 전차에서 내리기 전이었지. 그때 그의 앞에 아폴론 신으로 생각되는 사람이 우뚝 서 있었네. 겉은 인간의 모습이었지. 그가 말했네. '헥토르여, 왜 싸움을 멈춘 것인가? 보라, 파트로클로스가 그대 아버지의 도시 문밖에 와 있다. 말을 돌려 나가라. 나가서 그를 베도록 하라. 신들이 그대에게 영광을 주실 것이다.'

그러자 헥토르는 전차병에게 말을 몰아 성문 밖의 싸움터로 나가

●사르페돈은 제우스와 라오다메이아의 아들이었다. 그래서 아폴론은 자식의 죽음을 슬퍼하는 제우스의 명령에 따라 사르페돈의 주검을 그의 고향인 리키아로 옮겨 묻어 주었다. 그의 갑옷은 파트로클로스를 추모하는 장례 경기에서 창 시합의 부상으로 나왔다. 디오메데스와 아이아스의 창 시합은 무승부로 끝났기 때문에 둘이 사르페돈의 갑옷을 나누어 가졌다.—옮긴이

라고 명령했네. 헥토르가 파트로클로스에게 다가가자, 파트로클로스는 전차에서 훌쩍 뛰어내렸지. 그는 커다란 바위를 들어 올리더니 헥토르의 전차병을 향해 던졌네. 이마에 바위를 맞은 전차병은 전차에서 떨어져 땅에 나동그라졌네.

그러자 헥토르도 전차에서 뛰어내려 손에 검을 잡았네. 파트로클로스와 헥토르의 부하들이 우르르 몰려들면서, 전차병의 주검 옆에서 전투가 벌어졌네. 파트로클로스는 트로이군을 세 번 몰아붙였고, 그때마다 트로이 전사 아홉 명을 베었지. 그러나 파트로클로스의 죽음은 멀지 않았네. 한 전사가 뒤에서 공격하여 투구를 쳐 버렸네. 긴 말총 장식이 달린 투구가 굴러 떨어져 말발굽에 밟혔네. 과연 누가 용사 파트로클로스를 공격했을까? 사람들은 그 전사가 아폴론 신이었다고 말하네. 거룩한 도시 트로이가 신들이 정한 시간보다 일찍 함락될까 봐 그랬다고 말일세.

파트로클로스의 손에서 창이 떨어졌네. 아킬레우스가 준 커다란 방패도 땅에 떨어졌네. 파트로클로스는 멍한 표정으로 서 있었지. 그는 동지들이 있는 곳으로 물러나기 시작했네. 그러나 헥토르는 그를 놓치지 않았어. 헥토르는 큰 창으로 파트로클로스를 공격했고, 창은 그의 몸을 꿰뚫었네.

그러자 헥토르는 크게 기뻐하며 소리쳤네. '파트로클로스여, 그대

는 우리의 거룩한 도시를 무너뜨리고 우리 백성들에게서 자유를 빼앗겠다고 맹세했다. 그러나 이제 그대는 쓰러졌고, 우리의 도시는 더 이상 그대를 두려워할 필요가 없다!'

그러자 파트로클로스가 대답했네. '헥토르여, 그대는 마음껏 자랑해도 좋다. 그러나 나를 쓰러뜨린 자는 그대가 아니다. 나는 아폴론의 공격으로 쓰러졌다. 그대는 나를 꺾은 것을 자랑하겠지만, 내 말을 듣고 가슴에 새겨 두어라. 그대의 목숨 역시 얼마 남지 않았다. 그대는 아킬레우스의 손에 죽을 것이다.'

그러나 헥토르는 죽어 가는 파트로클로스가 한 말에 주의를 기울이지 않았네. 그는 파트로클로스의 몸에서 신들이 선물로 준 아킬레우스의 갑옷을 챙겼네. 승리를 축하하기 위해 주검도 도시 안으로 가져가려 했으나, 아이아스가 달려와 커다란 방패로 파트로클로스의 주검을 가렸네. 싸움은 계속되었지. 헥토르는 들판의 한 곳으로 물러나 파트로클로스에게서 벗겨 낸 갑옷을 입었네. 갑옷은 팔다리와 관절에 꼭 맞았네. 그것을 입자 헥토르는 그 어느 때보다 큰 용기와 힘을 느낄 수 있었지.

파트로클로스의 전차를 끌었던 신마들은 전장에서 벗어나 멀리 떨어진 곳에 서 있었네. 전차병이 아무리 애를 써도 꿈쩍도 하려 하지 않았네. 신마들은 고개를 숙인 채 서 있었고, 그들의 눈에서 흐르는 눈물이 땅을 적셨네. 신들 가운데 가장 위대한 제우스가 그 광경을 보고 마음이 아파 혼잣말을 했네. '아, 불멸의 말들이여, 내가 왜 너희들을 펠레우스 왕에게 주었던고. 그의 후손들은 계속 죽어 나가도 너희들은 언제까지나 늙지도 않을 텐데. 너희들이 인간의 슬픔을 알아야 하는가? 사실 땅 위의 모든 인간들의 운명은 가엾다. 지금 신들이 준 갑옷을 자랑하고 있는 헥토르도 곧 죽어 쓰러질 것이고, 헥토르가 지키던 도시도 불타 버릴 것이다.'

제우스는 그런 말로 신마들의 마음에 용기를 불어넣었네. 마침내 신마들은 전차병이 이끄는 대로 움직여, 싸움터에서 안전하게 벗어날 수 있었지.

아킬레우스의 갑옷을 입은 헥토르는 부대들을 모아 파트로클로스의 주검을 빼앗기 위한 전투를 벌이기 시작했네. 그러나 주검에 손을 대는 자마다 아이아스의 손에 쓰러졌지. 전투는 하루 종일 계속되었네. 그리스군은 서로 이렇게 다짐했네. '동지들이여, 트로이군이 파트로클로스의 주검을 가져가게 하느니 차라리 땅이 입을 벌려 우리를 삼키게 하자.' 반대편에서 트로이군은 또 이렇게 말했네. '벗들이여, 한 사람이라도 후퇴하느니 차라리 파트로클로스 옆에서 모두 싸우다 죽자.'

그때 전장 왼쪽에서 싸우고 있던, 네스토르의 아들 안틸로코스가 파트로클로스의 전사 소식을 들었네. 슬픔 때문에 눈물이 고였고 목이 메었지. 그는 곧바로 아킬레우스의 막사로 달려가 슬픈 소식을 전했네. '파트로클로스가 당했습니다. 그리스군과 트로이군이 그의 주검을 놓고 싸우고 있습니다. 파트로클로스의 주검은 벌거벗었습니다. 헥토르가 갑옷을 벗겨 갔기 때문입니다.'

그 말을 듣고 아킬레우스는 정신을 잃고 쓰러지고 말았지. 잠시 후 그는 정신을 차리더니, 무시무시한 신음을 토했네. 그의 어머니는 바다 깊은 곳에 앉아 있다가 아들이 슬퍼하는 소리를 들었지. 테티스는 신음을 그치지 않는 아들에게로 갔네. 여신은 아들의 손을 꼭 잡더니 물었네. '아들아, 왜 우는 것이냐?' 그러자 아킬레우스는 울음을 그치고 대답했네. '제 절친한 벗 파트로클로스가 죽었습니다. 이제 제 인생에는 제 친구를 죽인 헥토르를 죽이는 기쁨 외에는 아무런 즐거움도 없습니다.'

테티스는 아킬레우스의 말을 듣고 눈물을 흘렸네. '너는 오래 살지 못하겠구나, 내 아들아. 신들이 헥토르의 죽음 뒤에 네 죽음이 오도록 정해 놓았단다.'

'그럼 저를 바로 죽게 해 주세요. 저는 친구를 돕지 않아 죽게 만든 자입니다. 아, 제가 분노 때문에 정신이 흐려지지 않았다면 좋았을 것을! 제가 여기에서 땅 위의 쓸모없는 짐짝처럼 꼼짝도 하지 않는 동안, 제 동지들과 제 절친한 벗들은 조국을 위해 싸웠습니다. 저는 그리스군 가운데 최고의 용사이면서도 여기에 가만히 있었습니다. 이제 저는 비록 늦기는 했으나, 전장으로 돌아가 트로이군에게 아킬레우스가 돌아왔음을 알리겠습니다.'

'하지만 갑옷은 어쩌고. 너한테는 전투에서 너를 보호해 줄 갑옷이 없지 않느냐. 나를 다시 만나기 전에는 전투에 나가지 마라. 아침에 돌아오마. 신들의 대장장이 헤파이스토스가 너를 위해 만든 갑옷을 들고 돌아오마.'

테티스는 말을 마치더니, 아들을 떠나 신들이 살고 있는 올림포스로 떠났네.

파트로클로스의 주검을 둘러싸고 싸우던 사람들의 머리 위에 어둠이 깔리기 시작했네. 어둠 속에서는 트로이군보다 그리스군이 더 많이 죽어 나갔네. 그리스군은 제우스가 자신들이 아니라 트로이군에게 승리를 주기로 결심한 것이 아닌가 하는 생각을 하기 시작했네. 그들은 당황했지. 그러나 결국 그리스의 용사 네 명이 파트로클로스의 주검을 들어 올려 어깨에 걸쳤네. 아이아스와 그의 형제는 트로이군을 마주 보고 서서 그들이 다가오지 못하도록 막았네. 그사이에 네 명의 영웅은 주검을 옮기려 했지. 트로이군은 검과 도끼를 휘두르며 밀어붙였네. 그러나 아이아스 형제는 들판을 가로지르며 거센 큰물을

막아 내는 나무 방죽처럼 조금도 물러서지 않았네.

　이때 아킬레우스는 여전히 막사 안에 누워 비통한 표정으로 괴로워하고 있었네. 하인들은 막사 밖에서 큰 소리로 탄식했네. 날이 저물어도 전투는 계속되었고, 이제 헥토르가 아이아스 형제를 향해 돌격하고 있었네. 그때 땅에 누워 있는 아킬레우스 앞에 여신이 나타났네.
'일어나라, 아킬레우스여. 헥토르가 그대의 친구 파트로클로스의 주검을 트로이로 끌고 들어가려 한다.'

　그러자 아킬레우스가 되물었네. '이리스 여신이여, 트로이군이 저를 보호해 줄 갑옷을 가지고 있는데 제가 어떻게 전투에 나갑니까?'

　신들의 사자인 이리스가 말했네. '지금 모습 그대로 방벽으로 가서 트로이군에게 그대의 모습을 보여 주어라. 그들은 그대의 모습을 보고 그대의 목소리만 들어도 뒤로 물러날 것이다. 그러면 파트로클로스의 주검을 지키는 사람들이 한숨 돌릴 수 있을 것이다.'

　여신은 그렇게 말한 뒤에 떠났지. 아킬레우스는 자리에서 일어나 선단 주위에 세워진 방벽으로 가더니, 벽 위에 올라가 참호 너머로 소리를 질렀네. 아군과 적군이 그의 모습을 보고 목소리를 들었네. 순간 그의 머리 둘레에서 불길이 치솟았네. 인간의 머리 주위에는 나타난 적이 없는 그런 불이었지. 트로이군은 그 불길을 보고 그 무시무시한 목소리를 듣자, 겁에 질려 그 자리에 우뚝 서고 말았네. 그리스군은 그 틈을 놓치지 않고 재빨리 파트로클로스의 주검을 끄집어내어 들 것에 실은 다음, 싸움터 밖으로 빼냈네."

16

"아킬레우스의 어머니 테티스는 신들이 살고 있는 올림포스 산으로 갔지. 그녀는 신들의 대장장이 헤파이스토스의 집으로 발걸음을 옮겼네. 헤파이스토스의 집은 올림포스의 모든 집들 위에서 빛나고 있었지. 헤파이스토스가 직접 반짝거리는 청동으로 만든 집이었네. 집 안에는 놀라운 것들이 많았지. 하녀들은 살아 있는 존재는 아니었지만, 살아 있는 하녀들과 다름없이 헤파이스토스의 시중을 들고 그를 섬겼네. 사실 금을 이용해 아주 정교한 솜씨로 만든 인형들이었지.

헤파이스토스는 절름발이인 데다 발도 굽어서 절뚝거리며 걸었네. 헤파이스토스와 테티스는 오래전부터 친구 사이였지. 헤파이스토스의 어머니인 여신 헤라는 그가 태어났을 때 발이 굽은 것을 보고 아들을 버렸네. 그러자 테티스 자매가 바다의 동굴 한곳에서 그를 길렀지. 그때부터 헤파이스토스는 대장장이 일을 시작했던 걸세. 이런 사연이 있었기 때문에 절름발이 신은 테티스가 집을 찾아 준 것이 반가웠지. 헤파이스토스는 테티스를 안으로 맞아들이더니, 그녀의 손을 꼭 잡으며 무슨 일로 왔느냐고 물었네.

테티스는 울면서 이야기했네. 자신의 아들 아킬레우스가 절친한 친구의 죽음 때문에 마음이 바뀌어 헥토르와 싸우러 나가려는데, 신들이 그의 아버지에게 준 갑옷이 적들의 손아귀에 들어가 있어, 목숨을 보호해 줄 장비가 아무것도 없는 신세라고 말일세. 테티스는 헤파이스토스에게 아들이 전투에 나갈 수 있도록 새 갑옷을 만들어 달라고 간청했지.

테티스가 말을 마치자마자 헤파이스토스는 작업대로 가서 스무 개의 풀무로 불을 지폈네. 풀무들이 도가니에 바람을 불어넣자, 밝고 뜨거운 불이 피어올랐지. 헤파이스토스는 불 속에 청동과 주석과 은과 금을 던져 넣었네. 이어 모루 받침 위에 커다란 모루를 얹더니, 한 손에는 망치를 들고 다른 손에는 집게를 들었네.

헤파이스토스는 우선 방패를 만들고, 그런 다음 불처럼 빛이 나는 허리 갑옷을 만들었네. 이어 머리에 쓸 튼튼한 투구와 발목에 두를 빛나는 정강이 덮개를 만들었네. 방패는 쇠붙이를 다섯 겹 겹쳐 만들었기 때문에, 두껍고 튼튼하여 어떤 창이나 화살로도 뚫을 수가 없지.

헤파이스토스는 이 방패에 인간의 눈에는 불가사의해 보이는 그림들을 망치로 두드려 그려 넣었네.

첫 번째는 해와 달의 그림이었고, 다음엔 플레아데스, 히아데스, 오리온 그리고 북두칠성이라고도 불리는 큰곰 별자리 등 양치기와 뱃사람들이 자주 보는 별들의 그림이었네. 그 밑에는 두 도시의 모습을 그려 넣었지. 한 도시에서는 사람들이 잔치에 가고, 음악을 연주하고, 춤을 추고, 시장에서 재판을 했네. 다른 도시는 적에게 포위를 당했네. 성벽에는 전사들이 있고, 성문에서는 포위한 군대와 싸우기 위해 전사들이 행진해 나왔네. 헤파이스토스는 도시들 밑에 사람들이 쟁기질한 밭의 그림을 그려 넣었지. 쟁기질하는 사람들은 멍에가 씌워진 황소들을 몰고 다녔고, 그 밖의 사람들은 그들에게 포도주 잔을 가져다주었네.

헤파이스토스는 다른 밭의 그림도 그려 넣었네. 사람들은 추수를 하고, 어린아이들은 낟알을 모으고, 하인은 떡갈나무 밑에서 잔치 준비를 하고, 여자들은 추수하는 사람들을 위해 보리로 저녁 준비를 하고, 왕은 손에 지팡이를 들고 멀찌감치 서서 기꺼워하며 구경을 하는 그림이었지.

헤파이스토스는 포도밭 그림도 그렸네. 밭의 포도 덩굴에는 검은 빛이 나는 포도송이들이 달렸고, 은으로 만든 장대들이 덩굴을 받치고 있었네. 밭에서는 처녀 총각들이 바구니에 포도를 땄지. 그 가운데 한 아이는 비올을 연주했네. 포도밭 옆에는 소 떼가 보였지. 목자와 개 아홉 마리가 소 떼를 지켰네. 그러나 사자 두 마리가 나타나 황소 한 마리를 공격했네. 개와 목자는 사자를 쫓아내려 했지만 겁을 먹은 표정이었네. 황소 옆에는 목초지가 있었지. 그 안에는 양 떼가 있고, 양 우리와 지붕 덮인 헛간들이 있었네.

헤파이스토스는 그림을 또 그려 넣었네. 처녀 총각들이 손을 잡고 춤을 추는 그림이었지. 처녀들은 아름다운 옷을 입고 머리에 화환을 썼으며, 총각들은 은 허리띠에 황금 단검을 꽂고 있었네. 그들 주위에 많은 사람들이 모여 있었는데, 그 한가운데서 방랑 시인이 하프를 연주하고 있었네.

절름발이 신 헤파이스토스는 방패의 둘레에 바다를 그렸네. 바닷물은 세계의 둘레를 휘감았지. 오래지 않아 헤파이스토스는 방패와 더불어 다른 훌륭한 갑옷 부품들을 만들었네. 테티스는 갑옷이 준비되자마자 집어 들고는 매처럼 올림포스를 날아 내려가, 아들 아킬레우스의 발치에 갖다 놓았지.

아킬레우스는 절름발이 신 헤파이스토스가 자신을 위해 만든 훌륭한 갑옷을 보자, 자리에서 일어나 두 손으로 그 아름다운 작품을 집어 들었네. 아킬레우스는 갑옷을 입기 시작했지. 주위에 있던 미르미돈들은 갑옷이 너무나도 밝게 빛났기 때문에, 또 그것이 어느 모로 보나 신의 작품이라는 것을 분명히 알 수 있었기 때문에, 아킬레우스의 모습을 똑바로 볼 수가 없었다네."

17

"아킬레우스는 빛나는 갑옷을 입어 보고, 옷이 날개처럼 자신의 몸에 꼭 맞다는 것을 알았네. 이어 그는 멋진 방패를 들고, 켄타우로스 케이론이 아버지 펠레우스에게 준 훌륭한 창을 거머쥐었네. 아킬레우스 외에는 그 누구도 휘두를 수 없는 창이었지. 아킬레우스는 전차병에게 신마 크산토스와 발리오스를 전차에 묶으라고 명령했네. 아킬레우스는 전차에 타면서 두 말에게 말했네. '크산토스와 발리오스여, 이번에는 그대들과 함께 가는 영웅을 무사히 선단이 있는 곳까지 다시 데려와 다오. 영웅 파트로클로스를 내버렸던 것처럼 주검으로 들판에 버려두지 말아 다오.'

그러자 신마 크산토스가 두 말을 대표하여 대답했지. '아킬레우스여.' 크산토스가 고개를 깊이 숙이자 말갈기가 땅바닥에 닿았네. '이번에는 그대를 전장으로부터 무사히 모셔 오겠습니다. 하지만 우리

가 그대를 모셔 오지 못하는 날, 그대도 트로이 성벽 앞에 주검으로 눕게 될 날이 올 것입니다.'●

그러자 아킬레우스는 어찌할 바를 모르며 대꾸했네. '나의 말 크산토스여, 그대는 왜 내가 이미 알고 있는 예언을 나에게 다시 말하는가? 나도 이미 나의 죽음이 정해졌다는 것, 내가 아버지와 어머니로부터, 나의 조국으로부터 멀리 떨어진 이곳에서 죽게 될 것을 알고 있다.'

아킬레우스는 싸움에 나서기 전 오디세우스의 말에 따라 아가멤논의 선물을 받아들이고 화해했다네. 마침내 아킬레우스는 불멸의 말들을 몰아 전장으로 들어갔네. 트로이군은 아킬레우스가 헤파이스토스의 갑옷을 환히 빛내며 싸움터에 나타나자 겁을 집어먹었지. 아킬레우스가 공격하자 트로이군은 뒤로 물러섰네. 아킬레우스는 그리스군 장수들에게 소리쳤지. '트로이군에게서 떨어져 서 있지 마라. 나와 함께 싸움터에 뛰어들어, 모두 온 영혼을 다 바쳐 싸우자.'

그러자 트로이 진영에서는 헥토르가 장수들에게 소리를 질렀네. '아킬레우스에게 밀려나지 마라. 비록 그의 손이 불처럼 뜨겁고, 그의 용맹이 번쩍이는 강철처럼 무시무시하다고 하나, 내가 내 창으로 그

●크산토스는 헤라에게 인간의 말을 할 수 있는 능력을 받았으나, 아킬레우스에게 인간의 운명을 발설한 죄로 다시는 말을 못하게 되었다. 헤라가 크산토스에게 인간의 말을 딱 한 번 할 수 있는 기회를 주었다는 설도 있다.―옮긴이

와 맞서겠다.'

 그러나 아킬레우스는 계속 앞으로 나아갔고, 트로이의 장수들은 차례로 쓰러졌네. 트로이 전사들 가운데 헥토르의 동생이자 프리아모스 왕의 막내아들인 폴리도로스가 아킬레우스의 눈에 띄었네. 프리아모스는 마치 어린아이를 사랑하듯이 막내아들을 사랑했기 때문에 전투에 절대 나가지 못하게 했지. 그러나 폴리도로스는 자신의 빠른 발이 목숨을 구해 줄 것이라 믿고 이날은 싸움터에 나왔던 걸세. 아킬레우스는 폴리도로스를 발견하자마자 쫓아가 창으로 목숨을 끊었네. 헥토르는 자신의 동생이 죽는 모습을 보았지. 이제 옆에 물러서서 싸움을 지휘하고만 있을 수가 없었네. 헥토르는 아킬레우스가 커다란 창을 휘두르는 곳으로 곧장 다가갔네. 아킬레우스는 헥토르를 보자 소리쳤네. '여기 나의 영혼에 가장 깊은 상처를 준 사람, 나의 귀한 벗 파트로클로스를 죽인 사람이 있구나. 이제야 우리 둘이 맞붙게 되었구나. 파트로클로스의 복수를 할 기회가 왔도다.' 아킬레우스는 헥토르를 향해 큰 소리로 말했네. '자, 헥토르여, 그대의 승리의 날, 그대의 생명의 날은 이제 끝났다.'

 그러나 헥토르는 두려움 없이 대답했지. '아킬레우스여, 말로는 나에게 두려움을 줄 수 없다. 물론 나는 그대가 강한 사람이라는 것을 안다. 나보다 힘이 세다는 것도 안다. 그러나 우리 싸움의 승패는 신들의 뜻에 달린 것이다. 나는 최선을 다해 그대와 싸울 것이다. 나의 창도 위험하게 날이 서 있다는 것을 알아 두기 바란다!'

그리고는 헥토르는 창을 들어 올려 아킬레우스를 향해 던졌네. 순간 어떤 신*이 입으로 바람을 불어 헥토르의 창을 빗나가게 했네. 헥토르와 아킬레우스 둘 다 아직 죽을 때가 되지 않았기 때문이지. 아킬레우스는 창으로 헥토르를 죽이기 위해 달려 나갔네. 그러나 이번에는 다른 신**이 헥토르를 빽빽한 안개 속에 감추었네.

이에 화가 난 아킬레우스는 전차를 몰고 트로이군 진영 속으로 뛰어들어 훌륭한 장수들을 여럿 베었네. 아킬레우스는 트로이 앞의 들판을 가로질러 흐르는 스카만드로스 강에 이르렀네. 아킬레우스가 너무 많은 사람을 죽였기 때문에 강이 전사들 주검들로 막혀 물이 흐르지 못할 정도였지. 강은 분노하여 높이 솟구쳤다네.

아킬레우스는 들불이 햇볕에 바짝 마른 좁은 골짜기를 태워 나가듯이 도시를 향하여 나아갔네. 트로이 성벽의 탑에는 늙은 왕 프리아모스가 서 있었지. 왕은 트로이군이 참패하여 도시로 돌아오는 것을 보았네. 갑옷을 입은 아킬레우스는 추수 때 보이는 시리우스라는 이

---

*이 신은 아테나였다.—옮긴이
**이 신은 아폴론이었다.—옮긴이

름의 별, 모든 별들 가운데 가장 밝지만 동시에 악의 전조이기도 한 시리우스처럼 밝게 빛나고 있었네. 늙은 프리아모스 왕은 탑에 서서 몹시 슬퍼하며 아킬레우스를 지켜보았네. 이 사람이 누구를 죽일지 마음속으로 이미 알고 있었기 때문이지. 아킬레우스의 손에 죽을 사람은 바로 그의 아들, 그의 도시의 수호자 헥토르였네."

18

오디세우스의 아들 텔레마코스는 친구 페이시스트라토스와 함께 연회장에 앉아, 메넬라오스 왕이 전하는 아킬레우스의 이야기를 듣고 있었다. 메넬라오스는 계속 말을 이어 나가려다가 부인 헬레네가 우는 것을 보고 입을 다물고 말았다.

"왜 우는 것이오, 헬레네? 아, 물론 나는 그 이유를 알지. 헥토르의 죽음이 그대에게 너무 슬퍼서 그런 것 아니오?"

메넬라오스가 물었다. 그러자 아름다운 헬레네가 대답했다.

"제가 그의 아버지 집에 있는 동안 헥토르 왕자는 저에게 무례한 말 한마디, 심한 말 한마디 한 적이 없었어요. 누가 저를 비난하면, 헥토르 왕자는 부드러운 말로 위로해 주곤 했어요. 아, 저는 고귀한 헥토르가 죽었을 때 마음이 무척 아팠어요! 그의 부인과 어머니 다음으로는 제가 가장 많이 울었을 거예요! 지금도 누가 헥토르의 죽음에 대해 이야기하면 눈물이 흐르는 것을 막을 수가 없어요."

메넬라오스가 말했다.

"그러면 이 젊은이에게 헥토르를 칭찬하고, 그대가 기억하는 헥토르 이야기를 해 주어 슬픈 마음을 달래도록 하시오, 헬레네."

"내일 그렇게 하도록 하지요."

그녀는 시녀들과 함께 연회장을 나갔고, 하인들은 텔레마코스와 페이시스트라토스를 잠자리로 안내했다.

다음 날 그들은 다시 연회장에 앉았다. 메넬라오스 왕, 텔레마코스, 페이시스트라토스가 앉아 있는 곳에 헬레네가 나타났다. 시녀들이 은으로 만든 실패와 실이 든 바구니를 가져왔다. 바구니 밑에는 금테를 두른 바퀴들이 달려 있었다. 실패와 바구니는 이집트 왕비가 준 선물이었다. 헬레네는 의자에 앉아 실패를 들더니 바구니에 있는 보라색 양모를 꺼내 일을 시작했다. 그녀는 일을 하면서 텔레마코스에게 트로이와 그 도시의 수호자 헥토르 이야기를 해 주었다.

"노인들은 도시의 성문 근처에서 이런저런 이야기를 하고 있었어요. 프리아모스 왕도 그 가운데 하나였죠. 아킬레우스가 아가멤논 왕과 사이가 틀어지던 즈음에 있었던 일이에요. '이리 가까이 오너라, 애야.' 프리아모스 왕이 저에게 말했어요. '내 옆에 앉아 들판에 나온 전사들이 누구인지 말해 주렴. 너는 저 사람들을 다 만나 보았으니,

누가 누구인지 알 거 아니냐. 저기 저 힘이 아주 세 보이는 영웅이 누구냐? 저 사람보다 머리 하나가 더 큰 사람은 봤지만, 저 사람만큼 당당한 사람은 본 적이 없구나.'

나는 프리아모스 왕에게 말했어요. '지금 보시는 영웅은 그리스군의 지도자입니다. 이름 높은 아가멤논 왕이지요.'

'정말 왕답게 생겼구나. 아가멤논보다 키는 머리 하나가 작지만, 가슴과 어깨는 더 넓은, 그 옆의 전사는 누구냐?'

'그 사람은 오디세우스입니다. 거친 이타카에서 자랐지만, 어느 왕보다도 지혜롭습니다.'

그러자 우리 옆에 앉아 있던 노인 안테노르가 말했어요. '맞습니다, 저 사람이 오디세우스입니다. 오디세우스와 메넬라오스가 트로이 사람들의 집회에 사절로 왔던 때가 기억나는군요. 둘 다 서 있을 때에는 메넬라오스가 더 위대한 사람 같더니, 앉으니까 오디세우스가 훨씬 더 당당해 보였습니다. 집회에서 하는 이야기를 들으니, 메넬라오스는 차분하고 능숙하게 말을 하더군요. 오디세우스는 손에 지팡이를 꽉 움켜쥐고 시선은 땅에 박은 채 이야기를 했습니다. 우리는 그 모습을 보고 그가 머리가 모자란 사람이라고 생각했지요. 그러나 일단 입을 열자 이 세상에서 오디세우스에게 비길 자가 없다는 것을 알았습니다. 그의 말은 겨울의 눈송이 같았고, 목소리는 아주 우

렁찼지요.'

그러자 프리아모스가 말했어요. '저 거대한 전사는 누구냐? 저 사람은 다른 누구보다 키도 크고 어깨도 넓은 것 같구나.'

'저 사람이 위대한 아이아스입니다.' 내가 대답했어요. '저 사람이 그리스군의 보루이지요. 그 옆에 서 있는 사람이 크레타 섬에서 온 이도메네우스입니다. 그 주위에 크레타의 장수들이 서 있네요.'

내 입은 그렇게 말하고 있었지만, 내 마음은 두 오라버니를 찾고 있었어요. 어느 부대에도 모습이 보이지 않았기 때문이지요. 오라버니들이 그리스군과 함께 왔을까? 나는 궁금했어요. 나의 잘못 때문에 다른 전사들과 함께 있기가 창피한 걸까? 나는 오라버니들의 모습을 찾으며 그런 의문을 품었어요. 아, 그때에는 두 오라버니가 이미 죽어, 조국의 땅에 묻혀 있다는 사실을 미처 모르고 있었지요.●

헥토르가 성문에 이르자, 트로이 전사들의 부인과 딸들은 그에게

● 헬레네의 두 오빠는 카스토르와 폴리데우케스라는 쌍둥이 형제다. 스파르타 왕 틴다레오스의 왕비인 레다는 백조로 변신한 제우스의 유혹에 넘어가 백조의 알을 낳게 되었는데, 거기서 카스토르와 폴리데우케스, 헬레네, 아가멤논의 아내가 된 클리타임네스트라가 태어났다. 카스토르와 폴리데우케스 쌍둥이 형제는 숙부 레우키포스의 딸들을 사랑하였는데, 이 자매는 사촌인 이다스와 린케우스의 약혼녀였다. 네 사람은 서로 싸우다 불사의 몸인 폴리데우케스만 남기고 모두 죽었다. 폴리데우케스는 카스토르 없이 혼자 살 수 없다고 제우스에게 죽음을 간청하였고, 형제의 우애에 감동한 제우스는 그 청을 받아들여, 이 형제를 하늘의 쌍둥이자리로 만들었다. —옮긴이

달려와 남편이나 아들이나 오라버니의 소식을 물었어요. 전사했는지, 싸움터에서 무사히 돌아왔는지 궁금했기 때문이지요. 헥토르는 그들과 이야기를 나눈 뒤에 자기 집으로 갔어요. 그러나 부인 안드로마케는 집에 없었어요. 가정부는 부인이 전투를 구경하러 성벽의 큰 탑에 갔다고 말해 주었어요. 유모와 갓난아기도 함께 갔다는 것이었지요.

헥토르는 거리를 따라 걸어 내려와 우리가 있는 성문까지 왔어요. 그의 부인 안드로마케는 그를 맞으러 나왔죠. 옆의 유모는 갓난아기 아스티아낙스를 안고 있었어요. 도시의 백성들은 이 아기를 "도시의 왕"이라고 불렀어요. 아기의 아버지가 도시의 수호자였기 때문이지요. 헥토르는 유모가 안고 있는 어린 아들을 향해 두 팔을 벌렸어요. 그러나 아기는 몸을 움츠렸어요. 말총 장식이 달린 커다란 투구에 겁을 먹었기 때문이지요. 그러자 헥토르는 웃음을 터뜨렸고, 안드로마케도 그와 함께 웃음을 터뜨렸어요. 헥토르는 커다란 투구를 벗어 땅에 내려놓더니 어린 아들을 받아 들고 어르다가 기도했어요. '오, 제우스여, 신들 가운데 가장 위대한 신이여, 저의 아들이 용감한 사나이가 되게 해 주소서. 저와 마찬가지로 이 도시의 수호자가 되고, 그다음에는 위대한 왕이 되게 해 주소서. 그래서 이 아이가 전투를 마치고 돌아오면 사람들이 그의 아버지 헥토르보다 훨씬 더 위대하다고 말

하게 해 주소서.'

　헥토르는 아이를 다시 유모의 품에 맡겼어요. 그는 그날따라 몹시 불안해하는 안드로마케에게 말했어요. '여보, 너무 슬퍼 마시오. 당신은 나더러 전투에 날마다 나가지는 말고, 가끔은 성안에서 쉬라고 하지. 그러나 나는 도저히 전투에 빠질 수가 없다오. 나 자신에게 늘 용감해야 한다고, 맨 앞에서 싸워야 한다고 다그쳐 왔기 때문이오.'

　헥토르는 투구를 다시 쓰고 부하들에게 명령을 내리러 갔어요. 그의 부인은 집으로 가다가, 자꾸 뒤를 돌아보며 눈물을 흘렸어요. 그대도 메넬라오스에게 이야기를 들어, 그 이후 헥토르가 많은 승리를 거두었다는 것을 알고 있겠지요. 그리스군을 그들의 선단이 있는 곳까지 몰아붙인 일, 들판에 모닥불 천 개를 피워 그들에게 겁을 준 일, 아가멤논이 이끄는 그리스군을 몰아내면서 디오메데스, 오디세우스, 의사 마카온에게 상처를 입힌 일, 그리스군이 쌓은 방벽을 뚫고 그들의 배에 불을 지르려 했던 일, 아킬레우스의 갑옷을 입은 파트로클로스를 쓰러뜨린 일."

19

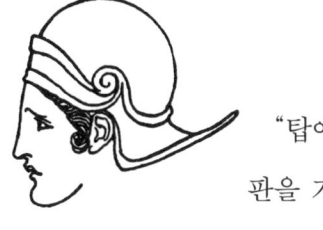

"탑에 있던 프리아모스 왕은 아킬레우스가 들판을 가로질러 사납게 달려오는 것을 보았어요. 왕은 헥토르에게 소리쳤죠. '헥토르, 사랑하는 아들아, 저자의 공격을 기다리지 말고 도시의 성벽 안으로 들어오너라. 네가 안으로 들어와야 목숨을 살려 트로이 사람들을 보호할 수 있고, 네 아비를 구할 수 있다. 나는 네가 죽으면 살아갈 수가 없구나.'

그러나 헥토르는 도시의 성벽 안으로 들어오려 하지 않았어요. 그는 성벽 밖으로 툭 튀어나온 탑에 방패를 기대어 놓은 채 꺼질 줄 모르는 용기를 불태우며 서 있었지요. 주위에는 트로이군이 모여 있었어요. 병사들은 누가 살고 누가 죽었는지 서로 물어보지도 못한 채 황급히 성문으로 쏟아져 들어왔지요. 헥토르는 그곳에 서서 괴로워하며 속으로 말했어요. '들판에서 트로이군이 패한 것은 내 잘못이다.

나는 어젯밤 지혜로운 분이 나에게 충고했는데도 전사들이 도시로 들어가지 못하게 했다. 내가 자만하여 아킬레우스와 그리스군을 쉽게 몰아낼 수 있다고 생각했기 때문이다. 그들을 완전히 무너뜨리고, 고향으로 돌아가고자 하는 그들의 희망마저 없애 버릴 수 있을 거라고 생각했기 때문이다. 내 자만심 때문에 트로이군은 패했고, 수모를 겪었고, 많은 전사들이 목숨을 잃었다. 이제 트로이 여자들은 헥토르가 자신의 힘만 믿는 바람에 군대 전체가 큰 피해를 보았다고, 자기들의 남편과 아들과 형제들이 헥토르 때문에 죽었다고 말할 것이다. 그런 소리를 들으니 차라리 아킬레우스와 대결하여 그를 죽이고 도시를 구하겠다. 피할 수 없는 일이라면, 그의 창에 죽어도 할 수 없다.'

그러나 막상 아킬레우스가 다가오자 헥토르는 겁이 나 온몸에서 힘이 쭉 빠져나갔어요. 헥토르는 비둘기처럼 달아났고 아킬레우스는 매처럼 쫓아왔지요. 그렇게 트로이 성 둘레를 세 번이나 돌고 나서야 헥토르는 비로소 아킬레우스와 맞설 용기를 낼 수 있었어요. 헥토르는 쫓아오는 아킬레우스를 보고 말했지요. '그대가 나보다 강하지만, 나는 내 마음의 명령에 따라 그대와 맞서기로 했다. 그러나 싸우기 전에 신들을 증인으로 삼아 서약을 하자. 만일 내가 그대를 베면 그대의 갑옷은 벗기겠지만 그대의 주검은 도시 안으로 가져가지 않고 그대 벗들에게 주어 장례를 치르도록 하겠다. 만일 그대가 나를 베면 그대

도 내 주검을 내 벗들에게 넘기겠다고 약속해라.'

그러나 아킬레우스는 대답했어요. '너와 나 사이에 서약 따위는 있을 수 없다. 싸워라. 군인답게 싸워라. 이제 너는 나의 벗 파트로클로스를 죽여 나에게 슬픔을 안겨 준 대가를 치르게 될 것이다.'

아킬레우스는 창을 들어 힘껏 던졌지요. 그러나 헥토르는 재빨리 아킬레우스의 창을 피했어요. 헥토르는 자신의 창을 들어 올리며 말했어요. '그대가 나를 맞히지 못한 것을 보니, 아직 내 운명의 시간이 다가오지 않은 모양이구나. 이제 그대가 내 창을 받을 차례다.'

헥토르도 창을 던졌지만, 창은 아킬레우스의 훌륭한 방패에 맞고 땅에 떨어지고 말았어요. 헥토르는 낙심했지요. 남은 창이 없었으니까요. 헥토르는 검을 뽑아 들고 아킬레우스에게 달려들었어요. 그러나 투구와 방패 때문에 헥토르의 강한 검도 아킬레우스의 몸은 건드리지 못했어요. 아킬레우스는 다시 커다란 창을 거머쥐었어요. 그는 방패로 몸을 가리고 서서, 헥토르의 몸에서 공격할 만한 곳이 어디인지 살폈어요. 헥토르가 입고 있는 갑옷, 파트로클로스에게서 벗겨 낸 갑옷에는 목에 틈이 있었어요. 헥토르가 다가올 때 아킬레우스는 그의 목에 창을 꽂았고, 헥토르는 흙먼지 속에 쓰러지고 말았지요.

아킬레우스는 헥토르의 몸에서 파트로클로스가 입었던 갑옷을 벗겨 냈어요. 그리스의 다른 장수들이 다가와 헥토르의 주검을 보며, 몸의 크기와 힘과 아름다움에 감탄했죠. 잠시 후 아킬레우스는 전차에 주검을 묶어, 그리스군 선단이 있는 곳으로 끌고 가 버렸어요.

성벽의 탑에 서 있던 헥토르의 어머니는 그 광경을 죽 지켜보다가 큰 소리로 울음을 터뜨렸어요. 그 소리를 듣고 트로이의 모든 여자들이 자신과 가족을 적에게서 보호해 주던 헥토르 왕자를 생각하며 함께 울었지요. 부인 안드로마케는 그 끔찍한 일을 까맣게 모르고 있었어요. 안드로마케는 집 안에서, 커다란 베 위에 꽃무늬를 수놓고 있다가 하녀들에게 목욕물을 준비하라고 일렀지요. 헥토르가 싸움터에서 돌아오면 씻을 물이었어요. 그러나 이제 그녀의 귀에도 트로이 여자들이 흐느끼는 소리가 들리기 시작했어요. 안드로마케는 두려움을 느꼈어요. 그런 울음소리는 최고의 전사가 죽었을 때에만 들을 수 있는 것이었기 때문이지요.

안드로마케는 거리로 나가, 사람들이 구경하며 서 있는 성벽으로 달려갔어요. 안드로마케는 아킬레우스의 전차가 그리스군 선단이 있는 곳을 향해 달려가는 것을 보았어요. 그 전차에 헥토르의 주검이 매달려 있다는 것을 알았지요. 순간 안드로마케는 눈앞이 캄캄해졌는지, 까무러쳐 버리고 말았어요. 남편의 누이들과 제수들이 안드로마케 주위로 몰려와 그녀의 몸을 일으켰죠. 마침내 안드로마케는 정신을 차렸지만, 헥토르를 생각하며 울기 시작했어요. 안드로마케는 소리쳤지요. '아, 나의 남편이여, 우리 두 사람은 이런 비참한 꼴을 당하려고 태어난 것인가요! 이제 그대는 아킬레우스에게 죽었고, 저는 남편 없는 여자가 되었습니다! 아, 우리의 어린 아기는 어쩔 것인가요! 그 아이는 우리 가족을 좋아하지 않는 사람들 사이에 살면서, 그 낯설고 비정한 사람들에게 업신여김을 받게 될 것입니다. 그러면 그 아이는 울면서 과부가 된 제 어미를 찾아오겠지요. 그대를 죽인 자들의 선단 옆을, 헥토르 그대가 누운 곳을 생각하며 늘 시름에 잠겨 살아가는 저를 찾아오겠지요.'

안드로마케의 통곡을 들은 트로이 여자들 모두가 함께 슬퍼하며, 그들의 도시를 수호하던 위대한 헥토르를 애도했어요."

20

"이제 헥토르가 죽었으니 그의 아버지 프리아모스 왕에게는 한 가지 생각밖에 없었어요. 바로 아킬레우스에게서 헥토르의 시신을 돌려받아 도시 안으로 가지고 들어오는 것이었지요. 트로이의 수호자에게 어울리는 명예로운 장례를 치러 주려고 말이지요. 프리아모스가 애도하는 사람들로부터 멀리 떨어진 곳에 누워 있는 고귀한 아들을 생각하며 슬픔에 잠겨 있을 때, 그의 앞에 가장 위대한 신 제우스의 사자 이리스가 나타났어요. 그에 앞서 아킬레우스는 열이틀 동안이나 전차에 헥토르의 주검을 매달고 파트로클로스의 무덤을 돌았지요. 그것을 본 신들은 아킬레우스가 제정신이 아니라고 생각하여 그를 막으려고 이리스를 프리아모스에게 보내기로 했던 거예요. 이리스는 프리아모스 왕에게 말했죠. '왕이여, 그대가 몸값을 치르면 아킬레우스에게서 그대의 고귀한 아들 헥토르의 주검을 가져올 수 있다. 좋은 선물을 들고, 헥토르의 주검을 싣고 돌아올 수레를 끌고, 아킬레우스의 막사에 직접 찾아가라. 노새를 몰 늙은 하인 하나만 데려가라.'

프리아모스는 그 말을 듣고 보물 창고로 들어가 궤에서 아름답고 긴 겉옷 열두 벌, 밝은 색 망토 열두 벌, 부드러운 이불 열두 채, 금 십 텔런트를 꺼냈어요. 또 큰솥 네 개, 세발솥 두 개, 트로이에 사절로 왔던 트라키아 사람들이 주고 간 훌륭한 술잔도 꺼냈지요. 프리아모스는 아들들을 불러, 수레를 준비하고 보물 창고에서 꺼낸 물건들을 실으라고 명령했어요.

수레에 짐을 싣고 노새를 수레에 묶은 뒤 프리아모스와 왕의 하인이 자리에 앉았어요. 그러자 프리아모스의 부인이자 헥토르의 어머니인 헤카베 왕비가 포도주와 황금 잔을 내왔어요. 길을 떠나기 전에 신들에게 바치라는 뜻이었지요. 그래야 이것이 신들이 진정으로 원하는 일인지, 아니면 프리아모스가 제멋대로 결정한 위험한 행동인지 알 수 있을 것 같았기 때문이에요. 프리아모스는 아내에게서 잔을 받아 들고는 안에 든 포도주를 땅에 부으며 하늘을 우러러 기도했어요. '오, 아버지 제우스여, 제가 아킬레우스의 지붕 밑에서 환영을 받도록 해 주소서. 당신의 뜻이 그러하다면, 그 증표로 새를 보내 주소서. 그 새를 보면 저에게 해가 없을 것으로 믿고 갈 길을 가겠습니다.'

프리아모스가 기도를 하자마자 넓은 날개를 활짝 편 커다란 독수리가 도시 위 하늘에 나타났어요. 사람들은 그 새를 보고 기뻐했어요. 그들의 왕이 트로이의 수호자 헥토르 왕자의 주검을 수레에 싣고 무사히 돌아올 것이라는 확신을 가질 수 있었으니까요.

프리아모스와 그의 심복은 트로이 들판을 가로질러 강에 이르자 그곳에서 노새들에게 물을 먹였어요. 그들은 당황했어요. 날이 곧 어두워질 텐데 아킬레우스의 막사로 가는 길을 몰랐거든요. 무장한 사람들이 나타나 수레에 실린 보물을 보고 그들을 죽이지나 않을까 걱정도 되었지요.

그때 프리아모스의 심복이 젊은 남자가 가까이 다가오는 것을 보았어요. 그는 두 사람이 있는 곳에 이르자 친절한 목소리로 그들을 그리스군 진영에 있는 아킬레우스의 막사로 안내했지요. 젊은 남자는 수레에 올라 고삐를 받아 들고는 노새들을 몰기 시작했어요. 그는 두 사람을 아킬레우스의 막사로 안내하더니, 프리아모스가 수레에서 내리는 것을 도와주고, 가져온 선물을 막사 안으로 날라 주었어요. 그 남자가 말했어요. '알아두시오, 프리아모스 왕이여, 나는 인간이 아니라, 제우스가 그대의 길동무를 하라고 보낸 심부름꾼이오. 이제 막사 안으로 들어가서 아킬레우스와 이야기를 하시오. 아버지를 봐서 그대의 아들 헥토르의 주검을 돌려 달라고 청하시오.'

그는 그렇게 말하고 나서 자리를 떴어요. 프리아모스 왕은 막사 안으로 들어갔지요. 위대한 아킬레우스는 그 안에 앉아 있었어요. 프리아모스 왕은 아킬레우스에게 다가가 무릎을 꿇고, 아들을 죽인 자의 두 손을 꼭 잡았어요. 아킬레우스는 프리아모스를 보고 놀랐어요. 어떻게 눈에 띄지도 않고 자신의 막사를 찾아 안에까지 들어왔는지 궁금했기 때문이지요. 순간 아킬레우스는 신들 가운데 하나가 프리아모스를 안내했다는 것을 알았어요. 프리아모스가 아킬레우스에게 말했어요. '아킬레우스여, 그대의 아버지를 생각해 보시오. 그분도 이제 내 나이가 되었을 것이오. 어쩌면 지금 그대의 머나먼 고향에는 그분에게 고통과 슬픔을 주는 자들이 있을지도 모르오. 그러나 그분의 고통과 슬픔이 아무리 크다 해도, 그분은 나에 비하면 행복한 사람이오. 자신의 아들이 살아 있다는 것을 알 것이기 때문이오. 하지만 나에게는 이제 가장 훌륭한 아들이 옆에 없소. 나는 그대 아킬레우스에게, 그대의 아버지를 생각해서라도 내 아들 헥토르의 주검을 내 달라고 청하러 왔소. 나는 그대의 아버지는 물론, 다른 어떤 사람보다도 가련한 사람이오. 내 아들을 죽인 두 손을 잡고 애원하기 위해 위험을 뚫고 여기까지 왔으니 말이오.'

아킬레우스는 아버지를 떠올리자, 자기 앞에 무릎을 꿇은 노인의 모습에 마음이 아팠지요. 그는 프리아모스 왕의 손을 잡아 일으켜 옆

의 의자에 앉히고, 자신의 아버지 늙은 펠레우스를 생각하며 눈물을 흘렸지요.

아킬레우스는 하녀 둘을 불러, 헥토르의 주검을 가져다 깨끗이 씻긴 뒤 프리아모스가 가져온 겉옷 두 벌로 잘 싸라고 명령했어요. 하녀들이 일을 마치자, 아킬레우스는 직접 헥토르의 주검을 들어 수레에 옮겼어요.

아킬레우스는 프리아모스 왕에게 다가가 말했어요. '이제 당신의 아들은 관을 옮기는 수레에 누웠습니다. 여기서 식사를 하고 편히 쉬며 밤을 보낸 뒤, 동이 틀 때 아들을 도시로 데려가도록 하십시오.'

프리아모스 왕은 식사를 한 뒤 아킬레우스를 자세히 살폈어요. 아킬레우스가 얼마나 위대하고, 얼마나 아름다운 사람인지 알 수 있었지요. 아킬레우스도 프리아모스를 살폈어요. 프리아모스가 얼마나 고귀하고, 얼마나 당당한 사람인지 알 수 있었죠. 아킬레우스와 트로이의 왕 프리아모스가 서로를 제대로 본 것은 이번이 처음이었지요.

두 사람이 서로 마주 보게 되자, 프리아모스 왕이 말했어요. '아킬레우스여, 그대가 자리에 누울 때 나도 눕게 해 주시오. 내 아들 헥토르가 목숨을 잃은 뒤 나는 한숨도 잔 적이 없소. 그때 이후로 빵과 고기와 포도주도 처음 먹은 것이라오. 이제 잠도 잘 수 있을 것 같소.'

아킬레우스는 기둥을 세운 현관의 객실에 프리아모스 왕과 하인의 잠자리를 마련하라고 명령했어요. 잠자리에 들기 전에 아킬레우스가 말했어요. '왕이여, 말씀해 주십시오, 솔직하게 말씀해 주십시오. 헥토르의 장례를 며칠이나 치를 생각입니까? 말씀해 주시는 기간 동안 왕의 도시로부터 군대를 물려, 평화롭게 장례를 치르도록 해 드리겠습니다.' 그러자 프리아모스가 대답했어요. '아흐레 동안 헥토르의 주검 옆에서 애도한 뒤, 열흘째 되는 날 장례식을 치르겠소. 열하루째 되는 날 땅에 묻고, 열이틀째 되는 날 다시 싸우겠소.' 그 말에 아킬레우스가 말했어요. '열이틀째 되는 날도 군대를 도시에 가까이 가지 못하게 하겠습니다.'

프리아모스와 부하는 쉬러 갔어요. 그러나 그들을 아킬레우스에게 안내했던 젊은 남자, 바로 헤르메스 신이 한밤중에 그들의 침대 앞에 나타났지요. 헤르메스는 그들에게 일어나서 수레에 노새를 묶고, 헥토르의 주검과 함께 도시로 돌아가라고 명령했어요. 프리아모스는 부하를 깨운 다음, 밖으로 나가 노새를 묶고 수레에 올라탔어요. 헤르메스는 그들을 도시로 안내했어요.

그때 아킬레우스는 침대에서 자신의 운명에 대해 생각하고 있었어요. '나도 전투에서 죽을 터인데, 나에게는 나를 위해 슬퍼해 줄 아버지가 여기에 없구나. 나는 친구들에게 부탁한 곳, 즉 파트로클로스 옆에 눕게 되겠지. 그리스군은 나와 파트로클로스의 주검 위에 후세 사

람들이 놀랄 만큼 큰 무덤을 만들어 주겠지.'

　아킬레우스는 그렇게 생각했어요. 나중에 파리스의 화살이 성문 앞에서 싸우던 아킬레우스의 유일한 급소인 발꿈치를 맞혔을 때,* 아킬레우스는 헥토르를 죽였던 바로 그 자리에서 죽게 되었지요. 아킬레우스의 어머니 테티스는 아들을 불사신으로 만들려고 스틱스 강물에 아들의 몸을 담갔는데, 그녀가 손으로 붙잡고 있던 발뒤꿈치만은 강물에 젖지 않았던 거예요. 그리스군은 아킬레우스의 주검과 갑옷을 배로 가져갔어요. 비록 아버지 펠레우스는 없었지만, 많은 사람들이 아킬레우스를 애도했지요. 바다 깊은 곳에서는 여신인 그의 어머니 테티스와 함께 바다의 처녀들이 나왔어요. 그들은 아킬레우스의 몸을 아름다운 옷으로 덮어 주고, 열이레 낮과 밤 동안 애도했어요. 열여드레째 되는 날 아킬레우스는 친한 친구 파트로클로스와 함께 땅속에 누웠고, 그리스군은 후세 사람들이 놀랄 만큼 커다란 무덤을 세워 주었지요."

---

*'아킬레스 힘줄'이라는 이름이 여기서 나왔다. 파리스의 화살은 이 급소를 맞혔다.—옮긴이

21

"프리아모스가 새벽에 헥토르의 주검이 실린 수레와 함께 들판을 가로질러 오는 것을 처음 본 사람은 헥토르의 누이 카산드라였어요. 그녀는 도시로 내려와 소리치면서 거리를 돌아다녔어요. '오, 트로이 사람들이여, 승리하고 돌아오는 헥토르를 맞으러 성문으로 달려갔던 사람들이여, 이제 성문으로 나와 죽은 헥토르를 맞이하라.'

그러자 도시의 모든 사람들이 성문 밖으로 나왔어요. 그들은 헥토르가 누운 수레를 성문 안으로 들여와, 새벽부터 해가 질 때까지 하루 종일 그들의 도시의 수호자였던 사람을 생각하며 울었어요.

프리아모스는 헥토르의 주검을 헥토르가 살던 집으로 가져가 침대에 누였어요. 그러자 헥토르의 부인 안드로마케가 남편의 주검을 굽어보며 울었지요. 안드로마케는 소리쳤어요. '남편이여, 당신은 삶을 떠났군요. 당신은 저를 당신 집에 과부로 남겨 놓고 떠났군요. 아직 어린 우리 아이는 당신 집에서 어른이 될 수 없을 거예요. 오래지 않아 이 도시가 점령당하고 파괴당할 것이기 때문이지요. 아, 이 도시의 최고 수호자인 당신이 이렇게 쓰러졌는데, 이 도시가 어떻게 버틸 수 있겠어요? 백성들은 애도하고 있어요, 헥토르. 이제 나와 당신의 어린 아들, 낯선 사람과 불친절한 사람들 사이에서 자라날 운명인 당신의 아들에게는 당신의 죽음으로 인한 고통이 사라지지 않을 거예요.'●

이번에는 헥토르의 어머니 헤카베가 침대로 가서 울부짖었어요. '내 모든 자식들 가운데 헥토르, 네가 가장 귀했다. 네가 죽은 것은 네가 겁쟁이의 길을 가지 않았기 때문이다. 너는 피하거나 달아나지 않고, 트로이 사람들을 수호했다. 내 아들아, 너는 그래서 죽은 것이다.'

나 헬레네도 침대로 가서 고귀한 헥토르를 애도했어요. '내가 트로이에서 만난 친구들 가운데, 그대가 나에게 가장 귀했어요, 헥토르. 그대는 그대의 도시에 전쟁과 고통을 안겨 준 나에게 단 한 마디도 심한 말을 하지 않았어요. 모든 면에서 그대는 나에게 오라버니와 같았어요. 따라서 나는 마음에 큰 고통을 느끼며 그대를 애도하고 있어

●헥토르의 아들 아스티아낙스는 트로이가 무너진 뒤에 그리스군에게 죽는다. 안드로마케는 포로가 되어 아킬레우스의 아들 네오프톨레모스의 첩이 되었다. ─옮긴이

요. 이제 트로이 어디에도 나에게 다정한 사람이 없기 때문이에요.'

왕과 도시의 백성들은 헥토르의 장례식 준비를 했어요. 그들은 열흘째 되는 날, 슬피 울며 용감한 헥토르를 땅에 묻었어요. 그 위에 돌을 빽빽하게 올려놓은 다음 커다란 무덤을 만들었어요. 열하루째 되는 날 그들은 프리아모스 왕의 집에서 잔치를 열었어요. 그리고 열이틀째 되는 날 다시 전투가 시작되었지요. 전투가 다시 시작된 뒤 트로이군은 아마존 여군 부대의 지원을 받기도 하고, 흑인들로 이루어진 멤논 왕의 부대의 지원을 받기도 했어요. 그러나 매번 아킬레우스의 활약 때문에 그리스군에게 패했죠. 결국 아킬레우스는 멤논을 죽인 뒤 트로이 성벽에 가까이 접근했다가 파리스의 화살에 맞아 죽지요."

22

텔레마코스와 그의 동지 페이시스트라토스는 메넬라오스 왕의 집에 오랫동안 머물렀다. 그들이 떠나기 전날 저녁, 메넬라오스는 텔레마코스에게 아버지 오디세우스가 세운 유명한 업적에 대해 이야기해 주었다.

"이제 아킬레우스는 죽었고, 그의 화려한 갑옷은 그리스군이 가장 높이 평가하는 전사에게 상으로 주기로 했네. 이 상의 후보자는 오디세우스와 그의 친구 아이아스였네. 그리스군은 스스로 판단하면 문제가 있다고 생각하여 트로이 포로들에게 판결을 맡겼네. 아이아스와 오디세우스는 트로이 포로들 앞에서 연설을 하였네. 아이아스는 디오니소스의 장난으로 술에 취해 그만 실수를 하고 말았지. 결국 아킬레우스의 갑옷은 오디세우스에게 주어졌네. 하지만 그는 이 상을 받고도 전혀 기뻐하지 않았네. 자신이 이 상을 탔기 때문에 위대한 아이아스의 자부심에 상처가 났다는 것을 알았으니까. 아니나 다를까 오디세우스에게 갑옷을 빼앗긴 아이아스는 광기에 사로잡혀 오디세우스를 죽이러 가다가 양 떼를 병사들로 잘못 알고 모두 죽여 버렸다네. 아침에 제정신이 든 아이아스는 자신이 광기에 사로잡혀 저지른 짓을 보고는 괴로워하다, 결국 전리품으로 얻은 헥토르의 칼로 자결했다네.

 물론 아킬레우스의 갑옷은 오디세우스가 받는 것이 적당했네. 그리스군에서 그보다 활약이 뛰어난 용사는 없었기 때문이지. 오디세우스는 헥토르가 죽은 뒤 거지로 변장하여 트로이에 몰래 들어간 뒤, 아테나 신전에 있는 트로이의 보물 팔라디온을 훔쳐 와 트로이군의 사기를 떨어뜨렸네. 또 아킬레우스가 죽은 뒤 그의 주검을 둘러싼 쟁탈전이 벌어졌을 때 그 주검을 끌고 온 용사도 오디세우스였다네. 그러나 오디세우스는 우리를 위해 훨씬 더 큰일을 해 주었네. 그는 파리스, 화살 하나로 아킬레우스를 죽이고 그 뒤에도 수많은 그리스군 장수를 죽인 파리스보다 활을 더 잘 쏘는 사람이 세상에 딱 하나뿐이라는 사실을 알고 있었네. 그 사람은 필록테테스였지. 필록테테스는 원래 아가멤논의 군대와 함께 트로이 원정에 참가했었네. 그러나 트로이로 오던 길에 물뱀에 물렸는데, 그 상처가 너무 끔찍하여 어떤 전사도 곁에 가까이 갈 수가 없었지. 그래서 그는 렘노스 섬에 남겨졌고,

그리스군은 그를 잊었지. 하지만 오디세우스는 잊지 않았네. 예언자 칼카스가 필록테테스 없이는 트로이를 점령할 수 없다고 예언했으니까. 그는 배를 타고 렘노스로 가서 필록테테스를 데려왔고, 의사 마카온이 필록테테스의 상처를 치료해 주었다네. 결국 헤라클레스의 큰 활과 화살을 사용하던 필록테테스는 화살 한 방으로 트로이 성벽 위에 있던 파리스를 쏘아 죽였네.

그러자 오디세우스는 프리아모스의 도시를 차지할 수 있는 꾀를 냈네. 오디세우스는 우리에게 나무로 된 큰 말을 만들게 했네. 우리는 목마를 만들어 트로이 들판에 놓아두었지. 트로이군은 목마를 보며 몹시 궁금해했네. 그사이 오디세우스는 배를 물로 내리고 진지를 불태우라고 명령했네. 지쳐서 트로이를 떠나는 것처럼 보이게 하려는 작전이었지. 결국 트로이군은 그리스 대군이 배를 타고 자기들의 도시를 떠나는 모습을 보게 되었네. 그러나 그들은 그리스 최고의 전사들이 목마의 텅 빈 배 속에 들어가 있다는 사실을 까맣게 모르고 있었지. 또한 우리에게 돌아오라는 신호를 보낼 첩자를 남겨 두고 떠났다는 사실도 모르고 있었네.

트로이군은 왜 우리가 커다란 목마를 두고 떠났는지 궁금해했네. 어떤 사람들은 그 목마가 여신 팔라스 아테나에게 바치고 간 제물이라고 생각하여, 도시 안으로 끌고 들어가려 했네. 또 어떤 사람들은

지혜롭게도, 목마를 그대로 내버려 두자고 말했지. 그러나 그것을 성 안으로 들여야 한다고 생각하는 사람들이 이겼네. 목마는 너무 커서 성문을 통해 안으로 들일 수 없었지. 그래서 성벽을 일부 헐고 들여와야 했네. 트로이 사람들은 목마를 성벽 안으로 들여 거리에 놔두었고, 이내 어둠이 깔리기 시작했네.

그러자 나의 아내 헬레네가 목마 있는 곳으로 내려왔네. 그녀는 안에 무장한 사람들이 있을 거라고 생각하고, 그 주위를 세 번 돌며 안에 있을 만한 그리스군 장수들의 이름을 그들의 부인 목소리를 흉내 내어 불러 보았다네. 오랫동안 들어 보지 못한 목소리가 들려오자 모든 장수들이 대답을 하려 했네. 그러나 오디세우스가 그때마다 장수의 입을 손으로 막아 우리는 들키지 않을 수 있었네.

우리는 해변과 도시 사이에 첩자를 숨겨 두었네. 목마가 트로이의 성벽 안으로 들어간 뒤 밤이 찾아오자 첩자는 큰 모닥불을 피웠네. 멀리 나간 배들에게 보내는 신호였지. 배들은 날이 밝기 전에 군대를 싣고 돌아왔네. 목마 안에 있던 용사들은 판자를 부순 뒤, 손에 창과 검을 들고 도시로 뛰쳐나왔네. 그들은 성문 옆의 경비병들을 죽이고, 목마를 성채로 삼아 그 주위에서 싸웠지. 배를 탔던 전사들은 부서진 성벽을 건너와 거리를 휩쓸고 왕의 성채까지 들이닥쳤네. 우리는 그렇게 프리아모스의 도시와 그 안의 보물들을 차지했고, 나도 아름다운

아내 헬레네를 다시 찾을 수 있었네.●

그러나 프리아모스 왕●●의 도시를 차지하고 약탈한 뒤에 우리한테 많은 문제가 생겼네. 일부는 배를 타고 떠났고, 일부는 아가멤논 왕의 명령에 따라 해안에 남아 신들에게 제사를 드렸네. 우리는 그곳에서 흩어졌지만, 얼마 후에 많은 사람들이 죽음을 맞이했네. 네스토르는 레스보스에서 보았지만, 다른 벗들은 그 이후로 보지 못했네. 나의 형 아가멤논은 자신의 땅으로 돌아가기는 했네. 그러나 차라리 트로이 들판에서 죽었으면 좋았을 것을. 그랬다면 우리가 그의 주검 위에 커다란 무덤이라도 만들어 주었을 것 아니겠나! 아가멤논은 자신의 집에서 자신이 두고 떠난 아내와 정을 통한 남자의 손에 죽고 말았다네. 바다의 늙은 신이 나에게 형의 운명을 이야기해 주었을 때 나는 모래밭에 주저앉아 울었네. 나는 더 살고 싶은 마음도 없었고, 햇빛을 보고 싶은 마음도 없었지.

● 이 이야기를 전하는 메넬라오스는 목마 속에 오디세우스와 함께 있었다. 그는 목마 속에 들어가기 전에 오디세우스의 소원 한 가지를 들어주겠다고 약속했다. 메넬라오스는 나중에 목마에서 나와 자신을 배신한 아내 헬레네를 찾아 단칼에 죽이려 하였으나, 옆에 있던 오디세우스가 그녀의 목숨을 살려 주는 것이 자신의 소원이라고 말했다. 오디세우스는 전에 트로이의 보물을 훔치러 들어갔을 때 헬레네가 자신의 목숨을 구해 준 일에 보답한 것이다. 트로이 전쟁의 씨앗이었던 헬레네는 메넬라오스의 왕비로서 당당하게 그리스로 돌아갔다.─옮긴이
●● 트로이의 왕 프리아모스는 제단에서 아킬레우스의 아들 네오프톨레모스의 손에 죽었다.─옮긴이

텔레마코스여, 이제 그대의 아버지에 대해서 내가 아는 것은 다 이야기해 주었네. 그리고 바다의 늙은 신이 나에게 해 준 이야기도 다 전해 주었지. 오디세우스가 어떤 섬에서 요정 칼립소에게 붙들려 꼼짝도 못 하고 있다는 이야기 말일세. 그러나 그 섬이 어디에 있는지 나는 모르네. 오디세우스는 거기에 살아 있지만, 바다를 건널 배나 그를 도와줄 벗들이 없어 자기 땅으로 돌아올 수가 없네. 그러나 오디세우스야말로 지략이 넘치는 사람 아닌가. 게다가 여신 팔라스 아테나의 큰 사랑을 받고 있지 않나. 그러니 텔레마코스여, 그대의 아버지가 자신의 조국으로 돌아올 것이라는 희망을 버리지 말게나."

23

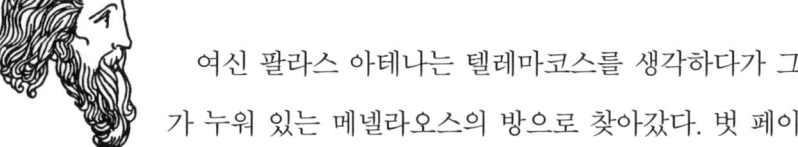
여신 팔라스 아테나는 텔레마코스를 생각하다가 그가 누워 있는 메넬라오스의 방으로 찾아갔다. 벗 페이시스트라토스는 잠들었지만, 텔레마코스는 아버지를 생각하며 깨어 있었다.

아테나는 그의 침대 앞에 서서 말했다.

"텔레마코스여, 이제 나라 밖을 떠도는 일을 그만두어라. 그대가 돌아갈 때가 왔다. 가자. 메넬라오스를 깨워라. 그와 작별하고 갈 길을 가라."

그러자 텔레마코스는 페이시스트라토스를 깨워, 길을 떠나는 것이 좋겠다고 말했다. 그러나 페이시스트라토스는 말했다.

"새벽에 메넬라오스가 와서 보내 줄 때까지 기다립시다, 텔레마코스여."

날이 밝자 메넬라오스 왕이 그들에게 왔다. 그는 두 청년이 떠난다는 말을 듣자, 시녀들을 시켜 식사를 준비하라고 헬레네에게 말했다. 메넬라오스는 부인 헬레네, 아들 메가펜테스와 함께 보물 창고로 내려가, 손잡이가 둘 달린 잔과 은으로 만든 커다란 사발을 꺼내 왔다. 텔레마코스에게 줄 선물이었다. 헬레네는 궤에서 자신이 직접 만들고 수를 놓은 길고 아름다운 겉옷을 한 벌 꺼냈다. 텔레마코스는 떠날 준비를 마치고 페이시스트라토스와 함께 마차 옆에 서 있었다. 메넬라오스는 그에게 시돈의 왕이 선물로 주었던, 손잡이가 두 개 달린 아름다운 컵을 주었다. 메가펜테스는 은으로 만든 커다란 사발을 마차에 실어 주었다. 아름다운 헬레네는 수가 놓인 겉옷을 들고 텔레마코스에게 다가왔다.

"나도 그대에게 줄 선물이 있어요."

헬레네가 말했다.

"이 겉옷을 집에 가져가서 그대의 어머니에게 맡기세요. 그대가 신부를 그대 아버지의 집으로 데려올 때, 신부에게 이 겉옷을 주었으면 좋겠어요."

말이 마차에 묶이자, 텔레마코스와 페이시스트라토스는 자신들을 친절하게 맞아 주었던 메넬라오스와 헬레네에게 작별 인사를 했다. 그들이 떠나려 하자, 메넬라오스는 황금 잔에 든 포도주를 신들에게 바치는 뜻으로 땅에 쏟았다. 텔레마코스는 아버지 오디세우스를 집에서 만나게 해 달라고 기도했다.

텔레마코스가 기도를 할 때 오른쪽에서 새 한 마리가 날아와 말들의 머리 위를 지나갔다. 독수리였다. 발톱에는 농장에 있던 거위를 움켜쥐고 있었다. 텔레마코스는 메넬라오스에게, 이것이 가장 위대한 신 제우스가 보낸 징조가 아니냐고 물었다.

그러자 헬레네가 말했다.

"내 말을 잘 들어요. 내가 이 징조를 가지고 예언하겠어요. 저 독수리가 산으로부터 날아와 농장의 거위를 죽였듯이, 오디세우스도 먼 곳으로부터 고향에 돌아와 거기에 있던 구혼자들을 죽일 거예요."

"제우스가 그렇게 이루어 주시기를."

텔레마코스가 답했다. 그는 말에게 채찍질을 했다. 그들을 태운 마차는 빠른 속도로 들판을 가로질렀다.

필로스 근처에 이르자 텔레마코스가 벗 페이시스트라토스에게 말했다.

"나는 내 배로 가겠습니다, 네스토르의 아들이여. 그대의 아버지는 내가 자신의 집으로 돌아오기를 바라지만, 만일 그렇게 되면 그가 좋은 마음에서 나를 며칠 더 붙잡아 두시려 할 것 같습니다. 하지만 나는 이제 이타카로 돌아가야 합니다."

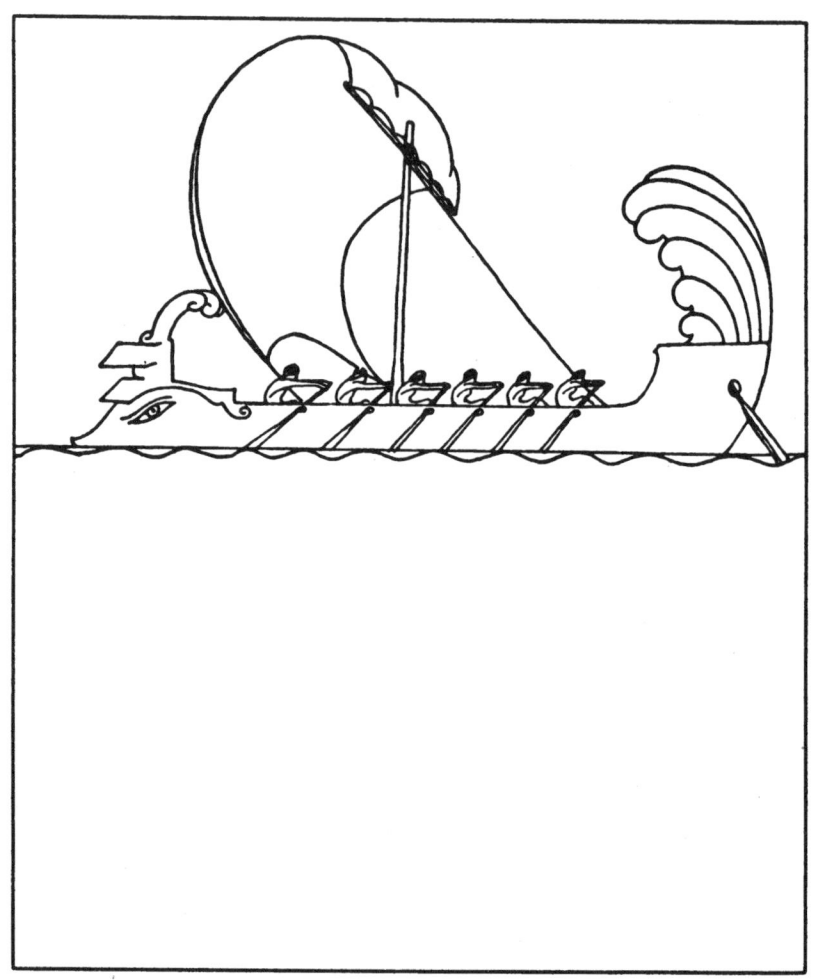

네스토르의 아들은 말을 바다 쪽으로 돌려, 텔레마코스의 배가 정박한 곳으로 마차를 몰았다. 그곳에 이르자 텔레마코스는 동료들을 모아, 메넬라오스와 헬레네가 준 선물을 배에 싣게 했다.

텔레마코스의 동료들은 짐 싣는 일을 마치자 닻을 올리고, 자리에 앉아 노를 젓기 시작했다. 돛은 불어온 산들바람을 받아 배를 앞으로 밀었다. 텔레마코스와 그의 동료들은 고향으로 향했다. 이 젊은이들은 모르고 있었지만, 텔레마코스의 아버지 오디세우스도 그때 고향으로 돌아오고 있었다.

2부

오디세우스가 칼립소의 섬을 떠나 파이아케스 사람들의 땅에 이르다.
키클롭스, 무시무시한 스킬라와 카리브디스를 지나,
태양의 소 떼를 죽인 이야기를 하다.
결국 파이아케스 사람들에게 배를 받아 고향으로 돌아오다.
자신의 재산을 축내는 구혼자들을 쓸어 버리고,
다시 이타카의 왕으로서 나라를 다스리다.

I

팔라스 아테나는 오디세우스가 바다의 신 포세이돈에게 저지른 잘못, 바로 포세이돈의 아들 키클롭스를 해친 일 때문에 그를 드러내 놓고 돕지는 못했지만, 그에게 늘 신경을 쓰고 있었다. 아테나는 신들의 회의에서 이야기하여, 제우스에게 오디세우스가 고향으로 돌아갈 수 있도록 허락한다는 약속을 받아 냈다. 그날 아테나는 바로 이타카로 가서, 앞에서 이야기한 대로 텔레마코스에게 나타나 그의 마음을 움직여 아버지를 찾는 항해에 나서게 했다. 그날 또 헤르메스는 제우스의 뜻에 따라 오기기아로 갔다. 그곳은, 바다의 늙은 신이 메넬라오스에게 말한 대로, 오디세우스가 요정 칼립소에게 붙들려 있는 섬이었다.

그 섬은 정말 아름다웠다. 칼립소가 사는 동굴 주위에는 꽃이 피는 나무들이 울창했다. 그곳에는 오리나무, 포플러, 삼나무가 자랐으며,

매와 부엉이와 시끄러운 바다오리가 둥지를 틀고 있었다. 동굴 앞의 부드러운 풀밭에는 제비꽃 수천 송이가 피어 있었다. 네 개의 샘에서 솟은 물은 풀 사이로 흐르며 맑은 내를 이루었다. 동굴을 가로지르며 퍼져 나간 포도 덩굴에는 포도송이들이 묵직하게 달려 있었다. 칼립소는 동굴 안에 있었다. 헤르메스는 동굴로 다가가다 그녀가 부르는 마법의 노래를 들었다.

칼립소는 베틀 앞에 앉아, 황금 북으로 실을 잣고 있었다. 헤르메스를 알고 있던 칼립소는 자신의 섬에서 그를 보게 되자 무척 반가워하였다. 그러나 오디세우스가 칼립소의 섬을 떠나도 좋다고 제우스가 허락했다는 이야기를 듣자, 그녀의 노래는 그치고 손에서 황금 북이 떨어졌다.

"슬프다."

칼립소가 말했다.

"인간을 사랑하는 신에게는 슬픔이 찾아오는구나. 다른 신들이 늘 그런 사랑을 질투하기 때문이다. 내가 오디세우스를 여기에 붙들어 둔 것은 미워하기 때문이 아니라, 사랑하여 여기에서 영원히 나와 함께 살기를 바랐기 때문인데……. 그것만이 아니에요, 헤르메스. 나는 오디세우스를 늙는 것도 죽는 것도 모르는 불멸의 존재로 만들고 싶어요."

그러자 헤르메스가 말했다.

"오디세우스는 늙음과 죽음에서 벗어나고 싶어 하지 않소. 그는 고향으로 돌아가 사랑하는 아내 페넬로페와 아들 텔레마코스와 함께 살고 싶어 하오. 신들 가운데 가장 위대한 제우스도 그대에게 오디세우스를 보내 주라고 명령했소."

칼립소가 대답했다.

"나한테는 오디세우스에게 줄 배가 없어요. 그리고 오디세우스가 바다를 건너도록 도와줄 사람들을 데려올 수도 없어요."

헤르메스가 말했다.

"어쨌든 오디세우스는 이 섬을 떠나 바다를 건너야 하오. 그것이 제우스의 명령이오."

"어쩔 수 없는 일이라면 오디세우스가 바다를 건너도록 도와야겠지요."

칼립소가 이렇게 말하고 고개를 숙이자 헤르메스는 그 자리를 떠났다.

칼립소는 바로 동굴을 떠나 바다로 내려갔다. 오디세우스는 바닷가에서 눈에 눈물이 그렁그렁한 채 바다 저 먼 곳을 바라보고 있었다.

칼립소는 오디세우스에게 다가가 말했다.

"이제 슬퍼하지 마세요, 오디세우스. 그대가 나의 섬을 떠날 때가 되었어요. 이리 와요. 그대가 여기를 떠날 수 있는 방법을 알려 줄 테니까."

칼립소는 오디세우스를 섬의 한쪽 옆으로 데려갔다. 키 큰 나무들이 자라는 곳이었다. 그녀는 오디세우스의 손에 양날도끼와 까뀌를 쥐어 주었다. 오디세우스는 나무를 베기 시작했다. 청동 도끼로 나무 스무 그루를 벤 다음, 구부러진 곳을 깎아 내고 부드럽게 다듬었다. 칼립소는 다음 날 새벽 오디세우스에게 왔다. 그녀는 구멍을 뚫을 수 있는 송곳을 가져왔고, 오디세우스는 뗏목을 지탱할 가로 들보들을 날랜 솜씨로 만들었다. 오디세우스는 아주 널찍한 뗏목을 만들고 돛대를 세운 다음, 방향을 조정할 수 있는 키를 붙였다. 또 뗏목을 더 튼튼하게 만들기 위해 버드나무 막대를 이용해 이물에서 고물까지 파도를 막는 담장을 세워 놓고, 이 방벽 뒤에 나무를 붙여 힘을 보탰다. 칼립소는 돛을 만들 수 있는 천을 짜 주었고, 오디세우스는 그 천을 이용해 아주 능숙한 솜씨로 돛을 만들었다. 이어 버팀대와 마룻줄과 돛을 연결했으며, 지렛대를 이용하여 뗏목을 바다로 밀어 넣었다.

여기까지가 넷째 날의 일이었다. 닷새째가 되는 날 칼립소는 여행을 위한 옷을 주었고, 먹을 것을 뗏목에 실었다. 포도주가 든 가죽 부대 두 개와 물이 든 커다란 가죽 부대 하나 그리고 낟알을 비롯해 여러 가지 맛있는 음식을 주었다. 칼립소는 오디세우스에게 어떤 사람들은 큰곰 별자리라고도 부르고 어떤 사람들은 북두칠성이라고도 부르는 별을 보고 항로를 잡는 법을 알려 주었다. 그녀는 마침내 오디세우스에게 작별 인사를 했다. 오디세우스는 뗏목에 자리를 잡고 돛을 올려 바람을 받았다. 뗏목은 오디세우스가 칼립소에게 오랫동안 붙들려 있던 섬 오기기아로부터 멀어져 갔다.

그러나 오디세우스는 쉽고 편안하게 바다를 가로지르지 못했다. 바람이 휘몰아치고, 파도가 넘실거렸다. 갑자기 세찬 바람이 불어오면서 돛대 가운데가 부러져 버렸다. 돛과 활대는 깊은 바닷속으로 사라졌다. 오디세우스는 뗏목 바닥에 나자빠졌다. 산처럼 밀려와 그를 덮치는 파도 때문에 오랫동안 꼼짝도 못 하고 누워 있었다. 바람은 뗏목을 마음대로 흔들어 댔다. 남풍은 뗏목을 북쪽으로 밀어붙였고, 동풍은 서쪽으로 밀어붙였다.

바다 깊은 곳에서 어떤 요정이 오디세우스의 고생과 고통을 보다 못해 그를 가엾게 여겼다. 그녀의 이름은 이노였다. 이노는 물 위로 올라와 갈매기 모양으로 뗏목에 앉더니 오디세우스에게 말했다.

"불운한 인간이여, 바다의 신 포세이돈이 여전히 그대에게 화나 있군요. 이러다가는 물이 그대가 타고 가는 뗏목을 부술지도 몰라요. 그러면 그대에게는 아무런 희망이 없어요. 그러니 내가 시키는 대로 해요. 그러면 빠져나갈 수 있을 거예요. 옷을 벗고 내가 주는 이 베일을

받아 가슴에 감아요. 이것을 두르고 있는 한, 물에 빠져 죽지는 않을 거예요. 뭍에 닿거든, 베일을 풀어 바다에 던져요. 그러면 베일이 나에게로 돌아올 거예요."

이노는 오디세우스에게 베일을 주고 난 뒤, 갈매기의 모습 그대로 바닷속으로 뛰어들었다. 파도가 갈매기를 덮었다. 오디세우스는 베일을 받아 들어 가슴에 둘렀다. 그러나 뗏목의 나무들이 함께 붙어 있는 한, 뗏목을 떠날 생각은 없었다.

이윽고 커다란 파도가 다가와 뗏목을 박살 냈다. 그는 말을 타고 앉듯이 들보 하나에 걸터앉았다. 그리고 가슴에 베일을 감은 채, 파도 속으로 뛰어들었다.

오디세우스는 이틀 밤 이틀 낮 동안 파도에 휩쓸려 떠돌았다. 사흘째 되는 날 동틀 무렵, 바람이 잦아들자 아주 가까운 곳에 육지가 보였다. 오디세우스는 뭍을 향해 열심히 헤엄쳐 갔다. 그러나 가까이 다가가자, 파도가 거품이 뒤덮인 바위들에 부딪혀 부서지는 소리가 들렸다. 오디세우스는 더럭 겁이 났다.

커다란 파도가 밀려와 오디세우스를 낚아채더니 해안 쪽으로 내던졌다. 마음의 준비를 하고 있다가 바위로 달려들어 파도가 지나갈 때까지 두 손으로 바위를 꽉 붙들고 있었기에 망정이지, 그렇게 하지 않았다면 뼈가 바위에 부딪혀 박살났을 것이다. 그러나 파도가 뒤로 밀려나면서 다시 그를 깊은 물속으로 끌고 갔다. 그 바람에 손에서 살갗이 벗겨져 나갔다. 파도가 다시 그의 몸을 덮었다. 그는 몸을 일으키게 되자, 바위 쪽을 포기하고 뭍으로 가까이 갈 수 있는 다른 틈을 찾아 두리번거리며 헤엄쳤다.

마침내 오디세우스는 강어귀를 보고 헤엄쳐 갔다. 바다로 흘러나오는 물줄기의 힘이 느껴졌다. 오디세우스는 마음속으로 강에게 기도했다.

"내 이야기를 들으소서, 오, 강이여. 나는 바다의 신 포세이돈의 분노를 피해 도망 다니는 탄원자로서 당신에게 왔습니다. 탄원하는 불운한 방랑자들은 신들도 동정한다고 합니다. 나는 당신의 탄원자입니다. 오, 강이여, 어려움에 처한 저를 가엾이 여겨 도와주소서."

이제 물살은 헤엄치기 편할 만큼 부드러워졌다. 오디세우스는 무사히 강어귀에 이르러, 뭍으로 오를 수 있는 곳까지 다가갔다. 그의 몸은 퉁퉁 불었고, 입과 코에서는 짠물이 쏟아져 나왔다. 오디세우스는 숨을 쉬지도 말을 하지도 못한 채 땅바닥에 드러누웠다. 무시무시한 피로감이 몰려오면서 그는 정신을 잃고 말았다. 그러나 이내 숨이 돌아오면서 용기도 솟았다. 오디세우스는 바다의 요정이 준 베일을 기억하고는 풀어서 흘러가는 강물에 던졌다. 파도가 다가오더니 베일을 이노 쪽으로 실어다 주었다. 이노는 두 손으로 베일을 잡았다.

그러나 오디세우스는 여전히 두려움에서 헤어 나오지 못했다. 그는 마음속으로 말했다.

"아, 불쌍하구나! 이제 나에게 무슨 일이 일어날까? 도대체 누가 사는 땅에 왔는지도 모르면서 벌거벗은 채 홀로 있다니. 밤이 오면 어찌할까? 강가에서 서리와 이슬을 맞으며 자면 추워서 얼어 죽을지도 모르는데. 그렇다고 저쪽 숲으로 가서 덤불 속에 몸을 감추면 짐승의 밥이 될지도 모르지."

오디세우스는 추운 강가에서 숲으로 올라갔다. 올리브나무 두 그루가 나란히 자라며 서로 엉켜 바람을 막아 주는 곳이었다. 오디세우스는 그곳으로 가서, 나무 사이의 낙엽들 위에 누워 낙엽으로 몸을 덮었다. 따뜻한 낙엽 속에 누워 있으니 잠이 솔솔 왔다. 마침내 오디세우스는 위험과 고통에서 벗어나 편안히 쉴 수 있었다.

2

 오디세우스가 쉬는 동안, 팔라스 아테나 여신은 파이아케스 사람들의 도시로 갔다. 오디세우스가 도착한 곳이 그들의 땅이었다.

아테나는 왕궁으로 가서 모든 문들을 다 지나 왕의 딸 나우시카아가 자고 있는 방에 이르렀다. 그녀는 나우시카아의 꿈속으로 들어가, 나우시카아의 여자 친구 가운데 한 사람으로 나타났다. 여신은 꿈속에서 공주에게 말했다.

"나우시카아, 네 집의 옷들을 모두 제대로 챙기지 않았더구나. 이제 너한테 그 어느 때보다 아름다운 옷이 많이 필요한 때가 되었어. 너는 곧 결혼하게 될 거야. 그때까지 옷을 많이 준비해야 해. 남편 집으로 가져갈 옷, 네 결혼식에 오는 사람들에게 줄 옷. 할 일이 참 많구나, 나우시카아. 날이 밝으면 시녀들과 함께 집 안의 옷을 강으로 가지고 가서 빨도록 해. 나도 일을 거들게. 아버지한테 우리가 빨아야 할 옷을 싣도록 수레와 노새를 달라고 해."

팔라스 아테나는 공주의 꿈에서 친구의 모습으로 그렇게 말했다. 여신은 공주에게 세탁의 과제를 남기고는 왕궁을 나와 파이아케스 사람들의 나라를 떠났다.

나우시카아는 잠에서 깨자 꿈에서 들은 이야기를 생각했다. 그녀는 왕궁을 돌아다니며 아버지를 찾았다. 아버지는 파이아케스 사람들의 회의에 가는 중이었다. 공주는 아버지에게 다가갔으나, 자신이 꿈에서 들은 이야기, 자신의 결혼에 대한 이야기를 꺼내기가 쑥스러웠다. 아직 부모가 그런 이야기를 한 적이 없었기 때문이다. 공주는 옷을 빨러 강에 가겠다고 말한 다음, 수레와 노새를 청했다.

"아무렇게나 내팽개쳐 놓은 더러운 옷들이 너무 많아요."

나우시카아가 말했다.

"아버지도 파이아케스 사람들의 회의에 나가실 때 깨끗한 옷을 입고 가셔야 해요. 또 우리 집에는 결혼하지 않은 청년이 둘이나 있어요. 오빠들 말이에요. 오빠들은 춤을 추러 갈 때마다 깨끗하게 새로 빤 옷을 입고 싶어 해요."

아버지는 딸을 보며 웃음을 지었다.

"노새와 수레를 가져가도록 해라, 나우시카아. 하인들이 곧 준비를

해 줄 게다."

왕은 하인들을 불러 노새와 수레를 준비하게 했다. 나우시카아는 시녀들을 모아 집 안의 더러운 옷들을 모두 수레에 실으라고 명령했다. 왕비는 나우시카아와 시녀들이 강에서 먹을 수 있게끔, 맛있는 음식이 든 바구니와 포도주가 든 가죽 부대를 수레에 실어 주었다. 또 강에서 미역을 감을 때 몸에 바르라고 올리브기름이 든 단지도 실어 주었다.

젊은 나우시카아는 수레를 직접 몰기로 했다. 그녀는 수레에 타서 채찍을 들고 노새를 움직였다. 밭을 가로질러 농장들 옆을 지나 강둑에 이르렀다.

여자들은 옷을 물가로 가져가, 얕은 물에 담그고 맨발로 밟았다. 수레에서 풀어 준 노새들은 강가에서 풀을 뜯었다. 여자들은 옷을 다 빨자 해변의 깨끗한 자갈들 위에 올려놓고 햇볕에 말렸다. 나우시카아와 시녀들은 강에서 미역을 감으며 놀았다.

미역을 감은 뒤에는 자리에 앉아서 수레에 싣고 온 음식을 먹었다. 빨래가 아직 마르지 않았기 때문에 나우시카아는 시녀들과 함께 놀았다. 그들은 노래를 부르며 공을 던지고 받았다. 풀밭에서 노는 처녀들의 모습은 사랑스러웠다. 그 가운데서도 나우시카아 공주가 가장 크고, 가장 아름답고, 가장 고상해 보였다.

처녀들은 빨래를 걷으러 강둑을 떠나기 전에 마지막으로 한 번 더 놀이를 했다. 그러나 공주가 공을 던졌을 때 공을 받아야 할 처녀가 그만 놓치고 말았다. 공은 강에 빠져, 물을 타고 흘러갔다. 그것을 보고 모두 소리를 질렀다. 그 소리에 올리브나무 두 그루 사이에서 낙엽을 덮고 잠을 자던 오디세우스가 눈을 떴다.

그는 덤불에서 기어 나와, 잎이 무성한 가지를 하나 꺾어 벗은 몸을 가렸다. 풀밭의 처녀들을 보자, 가까이 다가가 도움을 청하고 싶었다. 그러나 처녀들은 오디세우스를 보고 깜짝 놀라 사방으로 흩어져 몸을 숨겼다. 오직 나우시카아만이 그 자리에 가만히 서 있었다. 팔라스 아테나가 그녀의 마음에서 두려움을 없애 버렸기 때문이다.

오디세우스는 그녀한테서 약간 떨어진 곳에서 간절한 목소리로 입을 열었다.

"여인이여, 제발 부탁하니, 심한 어려움에 빠진 이 사람을 도와주십시오. 그대 앞에 무릎을 꿇고 그대의 무릎을 두 손으로 잡고 부탁하고 싶지만, 그대가 화낼까 두려워 그렇게 하지 못할 뿐입니다. 나를 가엾게 여겨 주십시오. 어제까지 스무 날째 바다 위에서 파도와 바람에 이리저리 쓸려 다니던 몸입니다."

나우시카아는 여전히 가만히 서 있었다. 그녀를 바라보던 오디세우스는 감탄했다. 그녀가 몹시 고귀해 보였기 때문이다.

"그대를 보니, 그대가 여신인지 아니면 인간인지 잘 모르겠습니다. 그대가 인간이라면, 그대의 아버지와 어머니와 오라버니는 행복하겠습니다. 그대가 춤을 추는 것을 보면 자랑스럽고 기쁠 것입니다. 그대는 처녀들 가운데서도 가장 아름다운 꽃일 테니까요. 그대를 신부로 자기 집으로 데려가는 사람이야말로 누구보다 행복하겠군요. 그대처럼 아름답고 고귀한 사람은 여태껏 본 적이 없습니다. 그대는 델로스에 있는 아폴론의 제단 옆에서 자라던 어린 종려나무 같습니다. 모두가 그 나무를 보고 감탄했지요. 오, 여인이여, 나는 길고 고된 시련 끝에 하고많은 사람들 가운데서도 바로 그대를 만나게 되었습니다. 그대는 나에게 자비를 베풀 사람이로군요. 나에게 도시로 가는 길을 가르쳐 주십시오. 그리고 낡은 옷이 있거든 한 벌만 주십시오. 신들이 그대가 원하는 일을 이루어 주시기를 빌겠습니다. 그대를 소중하게 사랑할 고귀한 남편을 만나기를 바랍니다."

나우시카아는 자신의 앞에 있는 남자가 심한 어려움에 빠지기는 했지만 바탕이 훌륭한 인물이라는 것을 알아보고 공주답게 대답했다.

"나그네여, 그대는 우리의 땅에 오셨으니, 옷은 물론이요, 탄원하는 이에게 줄 수 있는 모든 것을 그대에게 드릴 것입니다. 도시로 가는 길도 가르쳐 드리겠습니다."

오디세우스는 자신이 어느 땅에 와 있느냐고 물었다. 그녀가 대답했다.

"나그네여, 여기는 파이아케스 사람들의 땅 스케리아 섬이며, 이 땅의 왕은 알키노오스입니다. 그리고 나는 왕의 딸 나우시카아입니다."

이렇게 말하고 나서 공주는 시녀들을 불렀다.

"숨지 마라. 이 사람은 적이 아니라, 도움과 친구가 필요한 사람이다. 우리가 이 사람의 친구가 되어 주어야 한다. 나그네와 거지는 신이 보낸 사람이기 때문이다."

처녀들은 돌아와, 오디세우스를 아늑한 곳으로 데려가 앉히고는 옆에 옷을 놓아 주었다. 한 처녀는 오디세우스가 강에서 목욕할 때 몸을 닦을 수 있도록 올리브기름 단지를 갖다 주었다. 오디세우스는 기름을 보자 몹시 반가웠다. 등과 어깨에 바닷물이 말라붙어 눈송이 같은 더께들이 앉았기 때문이다. 오디세우스는 강으로 들어가 기름으로 몸을 문질렀다. 이윽고 물에서 나와 처녀들이 준 옷을 입었다. 다시 나타난 오디세우스는 매우 늠름해 보였다. 그를 본 공주가 처녀들에게 말했다.

"조금 전만 해도 무시무시해 보이던 사람이 지금 어떠한지 한번 보아라! 아주 당당하게 잘생기지 않았느냐. 자꾸 더 보고 싶은 마음이 생기지 않느냐. 자, 나의 처녀들아, 이 나그네에게 먹을 것과 마실 것

을 가져다주어라."

처녀들은 고기와 포도주를 오디세우스에게 가져다주었다. 오디세우스는 허겁지겁 먹고 마셨다. 아주 오랜만에 보는 음식이었기 때문이다. 오디세우스가 먹는 동안, 나우시카아와 처녀들은 해변으로 가서 노래를 부르며 마른 빨래를 거두었다. 그들은 노새를 수레에 묶고, 옷을 개어 수레에 실었다.

떠날 준비가 끝나자 나우시카아는 오디세우스에게 가서 말했다.

"나그네여, 도시로 들어가고 싶다면, 지금 우리와 함께 가시지요. 우리가 안내하겠습니다. 그러나 그 전에 먼저 내 이야기를 들으세요. 우리가 들판을 가로지르고 농장 옆을 지날 때는, 수레에 바짝 붙어 따라오시면 돼요. 하지만 도시 안으로 들어가면, 우리와 함께 다닐 수 없어요. 내가 그대 같은 나그네와 함께 있는 것을 알면 사람들이 안 좋게 이야기할 거예요. 사람들은 이러겠죠. '나우시카아가 아버지의 집에 누구를 데려가는가? 아마 자기 남편으로 삼고 싶은 사람일 것이다.' 그런 무례한 말을 듣고 싶지는 않으니, 그대는 혼자 내 아버지의 집으로 오세요. 이제 내 말을 잘 들으면, 내 아버지의 집으로 쉽게 들어올 수 있을 거예요.

도시에서 얼마 떨어지지 않은 곳에 팔라스 아테나 여신에게 바친 숲이 있어요. 그 숲에는 샘이 있으니, 우리가 근처에 이르면 그대는 거기 가서 쉬도록 하세요. 우리가 아버지의 집에 도착했다고 여겨질 때쯤, 도시로 들어와 왕궁으로 가는 길을 물어보세요. 왕궁에 이르거든, 뜰과 큰 방을 얼른 지나, 내 어머니가 불빛 옆에서 베를 짜고 있는 곳으로 가세요. 아버지는 저녁이면 그 근처에서 포도주를 마시고 계세요. 아버지가 앉아 있는 곳을 지나, 바로 어머니에게로 가세요. 어머니의 무릎을 두 손으로 잡고 도움을 청하세요. 만일 어머니가 그대에게 호의를 보이면, 우리 땅의 사람들이 그대를 도울 것이고, 그대가 그대의 땅으로 돌아가게 해 줄 거예요."

나우시카아가 노새에게 채찍을 휘두르자 수레가 움직이기 시작했다. 오디세우스는 시녀들과 함께 수레 뒤에서 걸었다. 그들은 해 질 녘에 도시 바깥에 있는 작은 숲에 이르렀다. 팔라스 아테나의 숲이었다. 오디세우스는 숲속으로 들어가 샘 옆에 앉아 여신에게 기도를 드렸다.

"제 말을 들어 주소서, 팔라스 아테나여. 제가 이 땅의 왕 앞에 나아갈 때, 왕의 동정과 도움을 받도록 해 주소서."

3

 나우시카아가 아버지의 집에 이르렀을 즈음, 오디세우스는 팔라스 아테나의 숲에 있는 샘 가에서 몸을 일으켜 도시로 들어갔다. 그는 도시에서 알키노오스 왕의 궁으로 가는 길을 안내해 주는 사람을 만났다. 처녀로 변장한 아테나 여신이었다. 왕궁의 문은 황금이었으며, 문설주는 은이었다. 커다란 문 옆 밭에는 배나무, 석류나무, 사과나무, 무화과나무, 올리브나무 등 열매를 맺는 나무들이 가득했다. 그 아래는 포도송이들이 주렁주렁 달린 포도밭이었다. 이 과수원과 포도밭은 놀라운 곳이었다. 이곳에서는 열매가 땅에 떨어져도, 사람들이 열매를 거두어들여도, 늘 어디에선가 새로운 열매들이 맺혀 빈자리를 메웠기 때문이다. 따라서 왕궁에서는 어떤 모임이 열리든 철마다 맛있는 열매를 맛볼 수 있었다.

청동 문지방 앞에 서자 오디세우스의 마음에 여러 가지 생각이 오

갔다. 그러나 마지막으로 제우스에게 기도를 드리고, 문지방을 넘어 큰 방으로 들어갔다. 그날 저녁 파이아케스의 장수들과 원로들은 왕과 함께 앉아 포도주를 마시고 있었다. 오디세우스는 그들을 지나갔다. 왕의 의자 옆에서 발을 멈추지 않고, 왕비 아레테가 있는 곳으로 바로 갔다. 오디세우스는 왕비 앞에 무릎을 꿇고, 왕비의 무릎을 두 손으로 잡으며 탄원했다.

"왕비 아레테여! 나는 수많은 시련과 위험을 겪은 끝에 당신과 당신의 남편, 당신의 손님들이 있는 이곳에 오게 되었습니다! 신들께서 여기 있는 모든 사람에게 행복한 삶을 주시기를 바라며, 모든 사람의 자녀가 안전하게 자신의 집에서 살게 해 주시기를 바랍니다. 나는 당신에게 나를 내 땅으로 보내 달라고 간청하러 왔습니다. 나의 벗들로부터 멀리 떨어져 오랫동안 많은 시련을 겪었기 때문입니다."

오디세우스는 그렇게 말하고 나서 화로의 잿더미에 앉아 머리를 숙였다. 오랫동안 아무도 입을 열지 않았다. 이윽고 나이 든 원로가 왕에게 말했다.

"오, 알키노오스여, 나그네가 왕의 화로 옆에 놓인 재에 앉는 것은 옳지 않습니다. 나그네에게 일어나라고 하십시오. 그에게 의자를 주고, 먹을 것을 주어야 합니다."

알키노오스는 오디세우스의 손을 잡아 일으키고, 아들 라오다마스에게 자리를 양보하라고 일렀다. 오디세우스는 은을 아로새겨 장식한 의자에 앉았다. 시녀가 빵과 포도주와 맛있는 음식을 내왔다. 오디세우스가 식사하는 동안 왕이 모인 사람들에게 말했다.

"내일 여러분을 다시 부르겠소. 잔치를 열어 이 나그네를 환영하도록 합시다. 그리고 이 나그네를 그의 땅으로 보내 줄 방법에 대해 이야기해 봅시다."

장수들과 원로들은 그 말에 동의하고 일어서서 집으로 돌아갔다. 연회장에는 왕과 왕비만 남았다. 아레테는 오디세우스의 모습을 살피다가, 옷이 눈에 익다고 생각했다. 아무래도 자신이 시녀들과 함께 만든 옷 같았다. 모두 자리를 뜬 뒤 아레테는 오디세우스에게 물었다.

"나그네여, 그대는 누구인가요? 그대는 깊은 바다로부터 우리에게 왔다고 하지 않았나요? 그랬다면 그대가 입고 있는 옷은 누가 준 것이죠?"

오디세우스가 대답했다.

"왕비여, 나는 깊은 바다를 열이레 동안 돌아다니다가, 열여드레째 되는 날 당신들의 땅의 산들을 보았습니다. 그러나 나의 고난은 끝나지 않았습니다. 폭풍이 내 뗏목을 박살 내고 말았습니다. 내가 뭍으로 기어오르려고 애를 쓰자, 파도가 나를 덮쳐 황량한 해변의 큰 바위에다 내동댕이쳤습니다. 그러다 마침내 나는 강에 이르렀습니다. 강의 어귀에서 헤엄을 치다가, 바람을 피할 곳을 찾았습니다. 밤새도록 그리고 새벽에서 한낮까지 거기에서 나뭇잎을 덮고 누워 있었습니다. 그때 당신의 딸이 강으로 왔습니다. 나는 공주가 친구들과 노는 것을 보고, 공주에게 간절히 부탁했습니다. 공주는 나에게 빵과 포도주를 주었습니다. 그리고 지금 입고 있는 옷도 주었습니다. 공주는 어린 나이가 믿어지지 않을 정도로 큰 이해심을 보여 주었습니다."

그 말을 듣고 알키노오스 왕이 말했다.

"그대를 바로 우리 집으로 데려오다니, 우리 딸아이가 잘못한 것이오."

"왕이여, 공주를 꾸짖지 마십시오. 공주는 저더러 시녀들의 무리와 함께 뒤에서 따라오라고 했습니다. 그리고 공주는 나그네를 데려오는 것에 대해 사람들이 오해하거나 이상한 말을 하지 않도록 매우 조심했습니다."

알키노오스 왕은 오디세우스를 칭찬하며, 오디세우스와 같은 사람이 자신의 집에 머물기를 바란다고 말했다. 또 그에게 파이아케스 사람들의 땅에서 살 수 있도록 땅과 재산을 주겠다고 했다.

"그러나 그대의 뜻이 우리와 함께 있는 것이 아니라면, 그대가 고향에 갈 수 있도록 배와 사람들을 내주겠소."

왕은 한마디 덧붙였다.

"그대의 땅이 사람들이 말하는 세상에서 가장 먼 땅 에우보이아라 해도 상관없소."

오디세우스는 그 말을 들으며 속으로 기도했다.

"오, 아버지 제우스여, 알키노오스 왕이 자신의 약속을 지키게 해 주소서. 그리고 그 일로 왕의 이름이 영원히 빛나게 해 주시고, 저는 제 고향에 돌아가게 해 주소서."

아레테가 시녀들에게 오디세우스의 잠자리를 준비하라고 했다. 시녀들은 따뜻한 이불과 자주색 담요로 잠자리를 마련했다. 오디세우스는 자리에 들었다. 오랫동안 파도에 시달린 뒤라 여간 아늑한 것이 아니었다.

새벽에 오디세우스는 왕과 함께 파이아케스 사람들의 회의에 갔다. 제후와 장수와 원로 들이 모두 모이자 알키노오스가 입을 열었다.

"파이아케스의 제후와 장수와 원로 들이여! 이 나그네는 이리저리 떠돌다 나의 집에 이르렀으며, 바다를 건너 집에 돌아갈 수 있도록 배와 사람들을 달라고 합니다. 과거에 우리가 다른 사람들을 도왔던 것처럼●, 이 사람의 여행길도 돕도록 합시다. 당장 검은 배 한 척을 바

●아이에테스의 황금 양털을 훔쳐 달아나던 메데이아와 이아손이 이들의 땅에 온 적이 있다. 아레테와 알키노오스는 그들을 따뜻하게 맞아 주었다.—옮긴이

다로 끌어내, 우리의 훌륭한 청년 쉰두 명에게 항해를 준비하게 합시다. 나는 이 나그네가 여기를 떠나기 전, 집에서 이 사람을 위한 잔치를 열 터이니 모두 참석하도록 하십시오. 잔치에는 우리 땅의 장님 방랑 시인 데모도코스도 불러 그의 노래를 듣도록 합시다."

왕이 말을 마치자, 파이아케스의 지주, 장수, 원로 들은 모두 왕과 함께 왕궁으로 갔다. 청년 쉰두 명은 바닷가로 가서, 배를 물로 끌어내 돛대를 세우고 돛을 달았다. 가죽고리에는 노를 꽂았다. 청년들은 일을 마치고 많은 사람들이 모여 잔치를 열고 있는 왕궁으로 갔다.

왕의 하인이 장님 방랑 시인 데모도코스를 데려왔다. 신들은 이 시인에게 좋은 운과 나쁜 운을 동시에 주었다. 노래의 재능을 주면서 앞을 볼 수 있는 눈은 빼앗아 버린 것이다. 왕의 하인은 시인을 사람들 사이로 데려가 은을 아로새긴 자리에 앉히고, 시인의 자리 위에 있는 기둥에 그의 하프를 걸었다. 손님들과 시인이 배불리 먹고 나자, 데모도코스는 하프를 꺼내 이미 유명해진 이야기를 노래로 전하기 시작했다. 아킬레우스와 오디세우스의 위대한 무용담이었다.

오디세우스는 시인의 이야기를 듣자, 자주색 겉옷을 들어 올려 머리 위로 뒤집어썼다. 두 뺨으로 눈물이 흘러내려 사람들 눈에 띨까 창피했기 때문이다. 왕 이외에는 아무도 오디세우스가 우는 것을 보지 못했다. 왕은 자신의 손님이 시인의 이야기에 왜 그렇게 감동을 받는지 궁금했다.

모두 식사를 끝내고 방랑 시인의 노래까지 듣고 나자 알키노오스가 말했다.

"이제 밖으로 나가 시합을 벌입시다. 그래야 우리의 손님이 친구들에게로 돌아갔을 때 우리 젊은이들이 얼마나 뛰어난지 이야기할 수 있지 않겠소."

모두 왕궁 밖의 운동장으로 나갔다. 달리기, 권투, 씨름, 원반던지기 등의 시합이 벌어졌다. 잔치에 참석한 젊은이들은 모두 시합에 참가했다. 경기가 끝나자 왕 알키노오스의 아들 라오다마스가 친구들에게 말했다.

"자, 친구들이여, 저 나그네에게 할 줄 아는 운동이 있는지 물어보세."

그는 오디세우스에게 다가가서 물었다.

"나그네 친구여, 나가서 그대의 운동 솜씨를 보여 주시기 바랍니다. 곧 여행을 하게 될 터이니, 이제 근심은 떨쳐 버리십시오. 지금 배는 바다에 띄워 놓았습니다. 그리고 그대가 고향으로 돌아가도록 도울 청년들도 떠날 준비가 다 끝났습니다."

오디세우스가 말했다.

"그리 멀지 않은 과거에 내가 견디어야 했던 많은 일들 때문에, 내 마음은 즐거움보다는 슬픔에 더 가까이 가 있군요."

그러자 라오다마스 옆에 있던 청년, 씨름에서 승리했던 에우리알로스가 무례하게 말했다.

"라오다마스는 당신이 운동에 능숙할 거라고 생각하던데, 아마 그 생각이 잘못되었나 봅니다. 가만히 보니 당신은 무언가를 얻기 위해 항해하는 사람인 것 같군요. 무엇을 얻고 얼마나 벌지만 생각하는 장사꾼인 것 같습니다."

그러자 오디세우스는 화가 나서 말했다.

"그대는 잘못 말한 것이오, 젊은이. 그대는 아름답기는 하지만, 태도와 말은 형편없소. 그대의 말을 들으니 내 가슴이 벌떡거리는구려."

오디세우스는 겉옷을 입은 채로 자리에서 벌떡 일어나더니, 누구도 들지 못했던 커다란 원반을 들었다. 그러고는 팔을 한 번 휘두르고 공을 던졌다. 공은 거리를 재기 위해 표시해 놓은 모든 선들을 넘어 날아갔다. 멀리 서 있던 사람이 소리쳤다.

"나그네여, 그대의 공이 다른 사람들의 공과 헷갈릴 염려 없이 단연 가장 먼 곳까지 날아갔다는 것은 장님이라도 알아볼 것입니다. 이 경기에서는 어느 파이아케스 사람도 그대보다 뛰어나지 못할 것입니다."

그러자 오디세우스는 젊은이들을 돌아보며 말했다.

"나보다 멀리 던질 자신이 있는 자는 나와 보시오. 그리고 권투든, 씨름이든, 달리기든, 나와 겨루어 볼 생각이 있는 사람은 앞으로 나서시오. 다만 라오다마스만은 참아 주시오. 나를 반갑게 맞아 준 집안의 사람이니. 주인과 겨룬 무례한 사람이라는 소리는 듣고 싶지 않소."

모두 입을 다물고 있었다. 그러자 알키노오스 왕이 말했다.

"그대가 고향에 돌아갔을 때 친구들에게 해 줄 이야기를 마련해 드리기 위해 우리가 가장 잘하는 운동을 보여 드리겠소. 우리 파이아케스 사람들은 권투나 씨름에는 서툴지 몰라도, 달리기와 춤추기와 노 젓기에는 뛰어나다오. 자, 거기 춤추는 사람들아, 앞으로 나와 그대들의 재빠른 모습을 보여 주어라! 그래야 이 나그네가 친구들에게 돌아갔을 때 우리가 노 젓기와 달리기만이 아니라 춤을 추는 데에도 뛰어나다는 이야기를 해 줄 수 있을 것이 아니냐."

곧 춤을 출 수 있도록 평평한 무대가 마련되었다. 눈먼 시인 데모도코스가 손에 하프를 들고 음악을 연주했다. 춤에 능숙한 젊은이들이 발로 땅을 차기 시작했다. 오디세우스는 그들의 우아하고 활기찬 모습에 감탄했다. 춤이 끝나자 오디세우스가 왕에게 말했다.

"알키노오스 왕이여, 당신은 저 사람들이 세상에서 춤을 가장 잘 춘다고 자랑하셨는데, 그 누구도 아니라고 말할 수 없겠습니다. 나는 저 사람들을 보고 크게 감탄했습니다."

날이 저물자 알키노오스는 사람들에게 말했다.

"이 나그네는 행동과 말로 자신이 지혜롭고 강한 사람임을 보여 주었소. 이제 우리 모두 나그네에게 선물을 줍시다. 여기 파이아케스에는 나 외에 지주가 열두 명 있소. 우리 모두 이 나그네에게 좋은 선물을 줍시다. 그런 뒤에 나의 집으로 가서 저녁을 먹읍시다. 에우리알로스도 선물을 준비해 아까 했던 무례한 말에 대해 사과하시오."

모두 왕의 말에 동의했다. 에우리알로스는 오디세우스에게 다가가서 말했다.

"나그네여, 내 말이 당신을 조금이라도 불쾌하게 했다면, 폭풍우가 그 말을 낚아채 날려 버리기를 빌겠습니다. 당신이 고향에 돌아가 부인을 만나기를 신들에게 기원하겠습니다. 당신은 벗들로부터 멀리 떨어진 곳에서 너무 오래 시련을 겪었습니다."

에우리알로스는 그렇게 말하면서 오디세우스에게 청동 검을 주었다. 손잡이는 은이었고, 칼집은 상아였다. 오디세우스는 검을 받아 들며 말했다.

"친구여, 신들이 그대에게 모든 행복을 내리시기를 빕니다. 또 나에게 준 이 검을 그대가 아쉬워하게 될 일이 없기를 바랍니다. 그대의 정중한 말로 나는 이미 충분히 사과를 받았습니다."

열두 명의 지주도 오디세우스에게 선물을 주었다. 그들은 선물을 왕궁으로 가져와 왕비 옆에 놓고 갔다. 아레테도 오디세우스에게 옷과 금이 든 아름다운 궤를 주었다. 알키노오스 왕은 순금으로 만든 아름다운 잔을 주었다.

왕궁에는 오디세우스를 위한 목욕물이 준비되었다. 오디세우스는 따뜻한 물이 몹시 반가웠다. 칼립소의 섬을 떠난 이후로 뜨거운 물에 목욕해 본 적이 없었기 때문이다. 오디세우스는 목욕물에서 나와 아름다운 옷을 걸치고, 왕을 찾아 궁 안을 돌아다녔다.

나우시카아는 기둥 옆에 서 있다가 오디세우스가 지나가는 것을 보았다. 그녀는 오디세우스보다 훌륭한 남자를 본 적이 없었다. 나우시카아는 자신이 구해 준 나그네가 아버지의 집에 머물다가, 언젠가는 자신의 남편이 될 것이라고 생각했다. 그러나 이제 오디세우스가 파이아케스 사람들의 땅에서 살 생각이 없다는 것을 알게 되었다. 나우시카아는 지나가는 오디세우스에게 말했다.

"잘 가요, 나그네여! 고향에 돌아가도 가끔 내 생각을 해 주세요. 그대를 도와준 나우시카아를 생각해 주세요."

오디세우스가 그녀의 손을 잡으며 말했다.

"안녕히 계십시오, 알키노오스 왕의 딸이여! 제우스가 나를 고향에 돌아가게 해 주시기를 빕니다. 거기에 가면 날마다 존경하는 마음으로 내 생명을 구해 준 그대를 기억하겠습니다."

오디세우스는 파이아케스의 지주와 장수와 원로 들이 있는 곳으로 갔다. 그의 자리는 왕의 옆자리였다. 이윽고 왕의 하인이 방랑 시인 데모도코스를 데려와 기둥 옆자리에 앉혔다. 저녁이 나오자 오디세우스는 데모도코스에게 자기가 먹을 고기 가운데 일부를 보냈다. 오디세우스는 데모도코스를 찬양했다.

"그리스 사람들의 싸움과 고생을 노래로 잘도 전하는구려. 마치 트로이 전쟁에 참가했던 사람처럼 잘합니다. 혹시 트로이를 함락시킨 목마에 대한 노래도 할 수 있나요? 만약 할 수 있다면, 나는 신들이 그대에게 노래의 재능을 주었다는 사실을 반드시 널리 알리겠습니다."

데모도코스는 하프를 내려 노래했다. 그리스군의 일부는 배를 타고 떠나는 척했다. 오디세우스가 이끄는 다른 일부는 트로이 사람들이 스스로 성벽을 부수고 도시 안으로 가지고 들어간 커다란 목마 속에 숨어 있었다. 트로이 사람들은 목마 주위에 모여, 이 놀라운 물건을 어떻게 할지 이야기했다. 뜯어서 안을 볼까? 높은 산으로 가져가 바위들을 향해 던질까? 신들에게 바치는 제물로 그대로 놓아둘까? 마침내 신들에게 바치는 제물로 그대로 놓아두기로 결정되었다. 이어 시인은 오디세우스와 그의 동지들이 말의 배 부분에서 쏟아져 나와 도시를 점령한 사건을 노래로 이야기했다.

시인의 노래를 듣자 오디세우스의 마음이 누그러지며 두 뺨에 눈물이 흘러내렸다. 그러나 알키노오스 왕 외에는 아무도 오디세우스가 우는 것을 보지 못했다. 왕은 사람들에게 소리쳤다.

"시인의 노래는 그만 들읍시다. 그의 노래가 즐겁지 않은 사람이 한 명 있기 때문이오. 노래가 시작된 뒤로 여기 나그네의 두 뺨에는 눈물이 계속 흘러내리고 있소."

시인은 노래를 멈추었다. 사람들은 놀라서 오디세우스를 보았다. 오디세우스는 겉옷으로 머리를 싼 채 고개를 숙이고 앉아 있었다. 저 사람이 왜 울까? 사람들은 궁금해했다. 그때까지 아무도 그의 이름을 묻지 않았다. 이름을 모른 채 나그네를 섬기는 것을 더 훌륭한 일로 쳤기 때문이다.

왕이 다시 말했다.

"그대는 형제의 집에 나그네이자 탄원자로 머물고 있소. 미지의 길손이여, 그대는 우리에게 형제나 마찬가지요. 하지만 그대는 우리를 형제로 여기지 않을 생각이오? 그대의 땅에서는 사람들이 그대를 어떤 이름으로 불렀는지 말해 주면 좋겠소. 그대의 땅과 그대의 도시에 대해서도 이야기해 주시오. 또 방랑하던 중에 어디를 지나쳤으며, 어느 땅 어떤 사람들에게 갔는지도 말해 주시오. 그리고 그리스 사람들이 트로이 전쟁에 나선 이야기를 들으며 왜 울고 슬퍼하는지도 형제로서 말해 주면 좋겠소. 그대 친척 가운데 프리아모스의 도시 앞에서 쓰러져 죽은 자가 있소? 사위요, 아니면 장인이오? 아니면 그보다 더 가까운 핏줄이오? 아니면 사랑하는 벗이 거기에서 죽은 거요? 형제나 다름없이 그대를 이해해 주던 사람이 죽은 것이오?"

왕이 그런 질문을 하자, 오디세우스는 머리에서 겉옷을 걷어 내고 사람들을 둘러보았다.

4

오디세우스는 사람들 앞에서 입을 열었다.

"오, 알키노오스, 유명한 왕이여, 데모도코스 같은 시인의 노래를 들을 수 있다니 기분이 좋습니다. 나는 이렇게 사람들이 함께 모여 마음을 열고 잔치를 할 때, 탁자에는 음식이 풍성하고, 포도주를 나르는 사람들이 잔에 좋은 포도주를 따라 주고, 시인이 사람들에게 고상한 노래를 불러 줄 때가 가장 즐겁습니다. 이것이야말로 행복이라고 생각합니다. 그러나 왕은 나에게 나의 방랑과 시련에 대해 말해 보라고 청하셨습니다. 아, 그 이야기를 어디에서부터 시작해야 할까요? 신들이 그동안 나에게 인간의 말로 표현할 수 없을 만큼 큰 슬픔을 주셨으니 말입니다!

그러나 우선 여러분에게 내 이름과 내 나라부터 밝히는 것이 순서겠지요. 나는 라에르테스의 아들 오디세우스이며, 나의 나라는 이타카입니다. 많은 섬들에 둘러싸인 섬이지요. 이타카는 험한 땅이지만, 강인한 남자들을 많이 길러 냈으며, 나는 세상에 자기 고향보다 아름다운 곳은 없다고 생각하는 사람입니다. 이제 왕을 비롯하여 파이아케스의 지주와 장수와 원로 들에게 내가 떠돌아다니게 된 이야기를 해 드리겠습니다.

나의 배들은 바람을 받아 트로이 해안을 떠났습니다.● 우리는 돛을 높이 올리고 말리아라고 불리는 곳에 이르렀습니다. 우리가 이 곳을 제대로 돌기만 했다면, 모두 금방 고향에 무사히 이르렀을 것입니다. 그러나 북풍이 불어와 배가 침로를 벗어나는 바람에, 우리는 키티라를 지나 떠돌게 되었지요.

우리는 아흐레 동안 무시무시한 바람에 밀려다니며, 우리가 아는 땅에서 멀리 떨어진 곳을 떠돌았습니다. 아흐레째 되는 날 이상한 땅에 이르렀지요. 내 부하들 가운데 여럿이 그곳에 상륙했습니다. 그 땅 사람들은 우리에게 아무런 해도 입히지 않았고 다정하게 우리를 대했습니다. 그러나 그 땅은 사실 매우 위험했습니다. 그 땅에는 로터스라는 이름의 꿀처럼 달콤한 열매가 열렸는데, 이것을 먹으면 과거는

● 오디세우스 함대는 말리아 곶에 이르기 전, 트라키아의 도시 이스라모스에 이르렀다. 트라키아는 전쟁 중에 트로이와 한편이었으므로, 오디세우스 일행은 그들을 적으로 여겨 마음껏 약탈했다. 그러나 술에 취한 상태에서 역습을 당해 쫓기듯이 떠나야 했다.―옮긴이

까맣게 잊게 되고 앞날에는 무관심하게 됩니다. 그 땅 사람들이 준 로터스 열매를 먹은 내 부하들은 자신의 나라는 물론 자신이 전에 걸었던 길에 대해서도 모두 잊고 말았습니다. 그들은 로터스의 땅에서 영원히 살고 싶어 했지요. 그들은 전에 있었던 모든 어려움과 또 그때까지 겪었던 모든 일들을 생각하며 울음을 터뜨렸습니다. 나는 그들을 이끌고 다시 배로 돌아왔습니다. 그들을 의자 밑에 밀어 넣고 묶어 두어야 했지요. 나는 나머지 부하들에게 당장 배에 타라고 명령했습니다. 부하들이 모두 배에 오르자, 나는 빨리 그곳을 떠났습니다.

얼마 후 우리는 거인 키클롭스들의 땅에 이르렀습니다. 그들 땅의 포구 근처에는 무인도가 하나 있었습니다. 이 섬에는 맑은 물이 나오는 우물이 있고, 그 주위에는 포플러들이 우거져 있었습니다. 우리는 그 무인도의 해변에 배를 대고 돛을 접었습니다.

동이 트자마자 우리는 빈 섬을 돌아다니기 시작했습니다. 야생 염소들이 놀라 떼를 지어 달아났고, 우리는 활로 염소들을 사냥했지요. 야생 염소들을 많이 잡았기 때문에, 배마다 아홉 마리씩 나눌 수 있었습니다. 잠시 후 우리는 키클롭스들의 땅을 건너다보았습니다. 목소리가 들리고, 연기가 보이고, 양과 염소 떼가 우는 소리가 들렸습니다.

나는 부하들을 불러 모아 놓고 말했습니다. '우리 가운데 몇 사람은 저 섬에 가 보는 것이 좋겠다. 나와 같은 배를 탄 자들과 함께 내

가 건너편 섬에 가 보마. 나머지는 여기에 있어라. 내가 가서 저기에 어떤 사람들이 사는지, 그들이 우리를 친절하게 대접하고 나그네에게 주어야 할 선물, 즉 우리가 항해하면서 먹을 양식을 주는지 알아보겠다.'

우리는 배를 움직여 그 땅으로 갔습니다. 바다 근처에 동굴이 있고, 동굴 주위에는 힘센 양과 염소 떼가 있었습니다. 나는 함께 갔던 부하 가운데 열두 명을 데리고 뭍에 올랐고, 나머지는 배를 지키게 했습니다. 우리는 동굴 안으로 들어갔지만 거기에는 아무도 없었습니다. 그러나 치즈가 담긴 바구니, 유장이 담긴 그릇, 우유가 담긴 들통과 사발은 있었지요. 부하들은 치즈를 가져가고 싶어 했습니다. 더불어 새끼 양과 염소도 몇 마리 몰고 가고 싶어 했지요. 그러나 나는 허락하지 않았습니다. 주인이 먼저 나서서 그것을 우리에게 주기를 바랐기 때문입니다. 나그네에게 주는 선물로 말입니다.

우리가 동굴에 있을 때 주인이 돌아왔습니다. 불을 피울 땔감을 어깨에다 잔뜩 지고 왔지요. 우리는 그때까지 키클롭스만큼 무시무시한 괴물은 본 적이 없었습니다. 덩치도 엄청났지만, 눈이 하나밖에 없었기 때문에 정말 무서워 보였습니다. 그 외눈은 이마에 박혀 있었지요. 키클롭스는 지고 온 장작들을 바닥에 내려놓았습니다. 나무들이 떨어지면서 큰 소리가 났기 때문에 우리는 겁에 질려 동굴 구석 우묵

한 곳으로 달아났습니다. 키클롭스는 암양과 암염소의 젖을 짜기 위해 가축 떼를 동굴 안으로 몰고 왔습니다. 가축 떼가 동굴 안으로 다 들어오자, 키클롭스는 바위를 들어 동굴 입구를 막았습니다. 우리 모두가 힘을 합쳐도 움직일 수 없는 바위였지요.

키클롭스는 장작에 불을 붙였습니다. 불이 활활 타오르자, 후미진 구석에 박혀 있는 우리의 모습이 드러났습니다. 그는 우리에게 말을 걸었습니다. 우리는 그의 말을 제대로 알아듣지는 못했지만, 그 낮게 깔려 나오는 목소리만 듣고도 겁에 질려 가슴이 떨렸습니다.

나는 키클롭스에게 우리는 아가멤논의 부하들로, 프리아모스의 도시를 점령하고 나서 고향으로 돌아가는 길이라고 말했습니다. 늘 나그네와 탄원자들의 벗이 되기를 바라는 제우스를 보아서라도 우리에게 친절한 마음씨를 베풀어 달라고 부탁했습니다. 그러나 키클롭스는 우리에게 말했습니다. '우리 키클롭스는 제우스에게 관심 없어. 너희 신들 누구에게도 관심 없어. 힘과 권세라면 우리가 그런 신들보다 낫다고 생각해. 나는 제우스를 봐서 너희를 살려 주거나 너희에게 선물을 주거나 하지 않을 것이야. 오로지 내 기분 내키는 대로 할 것이야. 우선 어떻게 우리 땅에 오게 되었는지 그 이야기를 해 봐.'

나는 키클롭스에게 나의 배와 부하들이 섬의 포구에 있다는 사실을 알리지 않는 게 좋겠다고 판단했습니다. 그래서 거짓말을 했지요.

내 배가 암초에 부딪혀 부서졌고, 동굴 안에 있는 사람들이 그 배에서 살아남은 전부라고 말입니다.

나는 그에게 다시, 의로운 사람들이 나그네와 탄원자를 대하듯이 우리를 대접해 달라고 간청했습니다. 그러나 키클롭스는 아무런 대꾸 없이 내 부하 두 사람을 잡더니, 다리를 잡고 흔들다가 땅에 패대기쳐 머리를 부수어 버렸습니다. 이어 그들의 몸을 조각조각 찢더니, 우리가 보는 앞에서 입에 넣고 씹기 시작했습니다. 우리는 그 무시무시한 광경을 지켜보다가, 제우스에게 울며 기도했습니다.

이윽고 키클롭스는 양 떼 사이에 몸을 쭉 뻗더니 모닥불 옆에서 잠들었습니다. 나는 날카로운 검을 빼 들고, 손으로 그의 심장이 있는 곳을 더듬어 찔러 버릴까 고민했습니다. 그러나 잠시 생각해 보고 나서 포기하고 말았습니다. 잠든 동안 그를 죽일 수 있을지는 모르지만, 그런 뒤에 나와 부하들은 동굴 입구를 막고 있는 커다란 바위를 굴릴 방법이 없었기 때문이지요.

동이 트자 키클롭스는 잠에서 깨어나 불을 피우고 젖을 짰습니다. 그는 다시 내 부하 두 사람을 붙들더니, 점심거리로 준비해 놓았습니다. 이어 입구를 막은 커다란 바위를 굴리더니, 동굴 밖으로 가축을 내몰았습니다.

나는 내내 탈출할 방법을 고민하다가, 키클롭스의 허를 찌를 수 있

는 계략을 생각해 냈습니다. 나에게는 달콤한 포도주가 든 큰 가죽 가방이 있었습니다.* 키클롭스가 포도주에 취한다면, 나와 부하들이 그와 싸울 수도 있을 거라는 생각이 들었습니다. 그러나 우선 다른 준비부터 해야 했습니다. 동굴 바닥에는 커다란 올리브나무 줄기가 있었습니다. 키클롭스는 나무가 마르면 몽둥이를 만들 생각이었나 봅니다. 그러나 아직은 덜 말라 나무는 초록색이었습니다. 나는 부하들과 함께 나무를 한 길 길이로 잘라 내, 끝을 날카롭게 깎아 낸 뒤 불에 달구어 단단하게 만들었습니다. 그런 다음 이 말뚝을 구석진 곳에 감추었습니다.

키클롭스는 저녁에 돌아와 동굴 입구를 막았던 바위를 굴려 옆으로 치우고는 가축을 들여보냈습니다. 그는 다시 바위로 동굴 입구를 막고, 암양과 암염소의 젖을 짜기 시작했습니다. 그리고 다시 내 부하 두 명을 붙들어 죽였습니다. 나는 손에 포도주 사발을 들고 그 무시무시한 괴물에게 다가갔습니다. 그는 그것을 받아 들더니 바로 잔을 비우고 소리를 질렀습니다. '이런 것을 한 사발 더 내놔. 그런 다음 네 이름을 말해 주면, 이런 꿀맛 나는 음료를 내게 준 데 대한 보답으로

● 이 섬에 오기 전에 이스라모스에 갔을 때 오디세우스가 보호해 주었던 아폴론의 사제 마론이 준 독한 포도주이다. ─옮긴이

선물을 줄게.'

나는 그에게 다시 거짓말을 했습니다. '내 이름은 아무도 아니다입니다. 나의 아버지와 어머니는 나의 이름을 아무도 아니다라고 지었습니다.'

'아까 그걸 더 내놔, 아무도 아니다.' 키클롭스가 소리쳤습니다. '내가 너에게 주는 보답은 너를 맨 마지막에 잡아먹는 거야.'

나는 키클롭스에게 포도주를 또 주었습니다. 그는 세 번째 사발을 들이켜더니, 뒤로 벌렁 누워 잠들었습니다. 나는 부하 네 명과 함께 올리브나무로 만든 단단하고 뾰족한 말뚝을 집어 들어, 모닥불의 재 속으로 밀어 넣었습니다. 끝이 발갛게 달아오르자 우리는 말뚝을 불에서 꺼냈습니다. 나는 부하들과 함께 커다란 말뚝을 들고 키클롭스에게 달려가, 말뚝을 키클롭스의 눈에 박아 넣었습니다. 키클롭스는 바위들이 쩌렁쩌렁 울릴 정도로 무시무시한 비명을 지르더니 동굴의 후미진 곳으로 달려갔습니다.

키클롭스가 내지르는 비명을 듣고 다른 키클롭스들이 동굴 입구로 왔습니다. 그들은 동굴 안에 있는 키클롭스를 폴리페모스라고 부르며, 누가 아프게 하기에 그렇게 소리를 지르는 것이냐고 큰 소리로 물었습니다. 그러자 폴리페모스가 소리쳤습니다. '아무도 아니다. 나를 아프게 하는 것은 아무도 아니다.' 이 말을 듣고 밖에 있던 키클롭스들이 대답했습니다. '너를 아프게 하는 것이 아무도 아니면, 우리가 너를 위해 할 수 있는 일이 없지, 폴리페모스. 신들이 너를 아프게 했나 보다.' 동굴 밖에 있던 키클롭스들은 입구를 막고 있는 바위가 귀찮았는지 안을 들여다볼 생각도 하지 않았습니다. 그들은 곧 자리를 떴습니다.

그러자 폴리페모스는 신음을 토하며 바위를 굴리더니 동굴 입구에 앉아 두 손을 뻗었습니다. 우리가 뛰쳐나가면 붙잡을 생각이었지요. 나는 부하들에게 폴리페모스 옆을 지나가는 방법을 가르쳐 주었습니다. 나는 숫양을 세 마리 붙들어 부드러운 막대로 한데 묶었습니다. 그리고 가운데에 있는 숫양 배에 부하 한 사람을 묶었습니다. 이런 식으로 숫양 세 마리가 부하 한 명을 나르게 되었지요. 동이 트자마자 숫양들은 풀밭으로 서둘러 나갔습니다. 숫양들이 나갈 때 폴리페모스는 두 손을 뻗어 첫 번째와 세 번째 양을 손으로 더듬었습니다. 자신이 손을 대지 않은 숫양에 사람이 매달려 있으리라고는 짐작도 하지 못했기 때문에 부하들은 무사히 빠져나갈 수 있었습니다.

나는 양들 가운데 가장 강하고 털이 많은 숫양을 골라 털을 잡고 배에 달라붙었습니다. 자신의 가축 가운데 가장 훌륭한 양이 지나가자, 폴리페모스는 그 양을 두 손으로 어루만지며 말했습니다. '내 가축 가운데서도 가장 훌륭한 너에게 말하는 능력이 있다면, 나를 장님

으로 만든 아무도 아니다가 어디에 있는지 말해 줄 수 있을 텐데.' 숫양은 폴리페모스 옆을 무사히 지나갔습니다. 동굴에서 빠져나오자 나는 양에게서 떨어져, 부하들을 풀어 주었습니다.

우리는 폴리페모스의 양 떼를 모은 뒤 우리 배로 몰고 갔습니다. 배에 남아 있던 부하들은 우리 가운데 여섯 명에게 일어난 일을 듣고 울기 시작했습니다. 그러나 나는 그들에게 어서 우리가 몰고 온 양들을 배에 싣고 배를 움직이라고 명령했습니다. 배가 해안에서 어느 정도 떨어지자, 나는 폴리페모스를 놀리지 않을 수 없었습니다. 나는 소리쳤습니다. '키클롭스, 너는 네 동굴 안에 있던 사람들이 잡아먹기 좋은 바보나 약골들이라고 생각했겠지. 하지만 너는 나한테 당했다. 너의 악한 행동 때문에 벌을 받은 것이다.'

그러자 폴리페모스는 화가 잔뜩 나서 동굴 밖으로 나왔습니다. 바위를 집어 들어 우리 배를 향해 던지기 시작했습니다. 바위들은 배 앞에 떨어졌습니다. 부하들은 열심히 노를 저어 배를 빠르게 움직였습니다. 늑장을 부렸다가는 키클롭스가 던진 바위에 맞아 배가 부서질 판이었지요. 거리가 더 벌어지자 그때 나는 다시 키클롭스에게 소리쳤습니다.

'키클롭스, 누가 네 눈을 그렇게 망가뜨렸느냐고 묻거든, 라에르테스의 아들 오디세우스가 그랬다고 대답해라.'

그러자 폴리페모스가 외치는 소리가 들렸습니다. '나는 바다의 신 포세이돈의 아들이야. 이제 포세이돈에게 기도하여 내 복수를 해 달라고 할 거야, 오디세우스. 포세이돈에게 기도하여, 너 오디세우스가 절대로 고향에 돌아가지 못하게 해 달라고 빌겠어. 만일 신들이 네가 고향에 돌아가도록 정해 놓았다면, 어려운 처지에 빠지고 낯선 사람의 배를 타며 고생을 한참 하고 시련을 겪다가 가게 해 달라고 기도하겠어. 그리고 고향에 돌아가서도 네 집에서 쓰디쓴 슬픔을 맛보게 해 달라고 기도하겠어.'

폴리페모스는 기도했고, 운이 나쁘게도 포세이돈이 그 기도를 들었습니다. 그러나 우리는 그 섬에서 탈출했다는 것을 기뻐하며 즐거운 마음으로 계속 항해했습니다. 우리는 다른 배들이 기다리고 있는 무인도에 이르렀습니다. 다른 부하들은 우리를 보고 기뻐했지만, 폴리페모스에게 동료 여섯 명이 잡아먹혔다는 이야기를 듣고 슬픔에 잠기기도 했지요. 우리는 폴리페모스에게서 빼앗아 온 양들을 배마다 나누어 주고 신들에게 제사를 드렸습니다. 다음 날 날이 밝을 무렵 우리는 돛을 올리고 무인도를 떠났습니다."

5

"우리는 뱃사람들에게 좋은 바람과 나쁜 바람을 나누어 주는 바람의 왕 아이올로스가 사는 섬에 이르렀습니다. 아이올로스는 아들 여섯, 딸 여섯과 함께 물 위에 둥둥 떠 있는 섬에 살았지요. 섬은 청동 성벽으로 둘러싸여 있었습니다. 바람의 왕은 우리를 친절하게 맞아 주었고, 우리가 그의 섬에 한 달 동안 살게 해 주었습니다. 우리가 떠나려 하자, 아이올로스는 우리를 선선히 보내 주었습니다. 배로 내려갈 때 아이올로스는 나에게 황소 가죽으로 만든 자루를 주었습니다. 자루 안에는 온갖 바람이 다 들어 있었지요. 아이올로스는 은으로 된 끈으로 자루의 입구를 단단히 묶었습니다. 자루에서 새어 나온 바람 때문에 우리 배가 길을 벗어나는 일이 없도록 한 것이지요. 그뿐만 아니라 아이올로스는 우리 배가 가능한 한 빨리 고향에 이를 수 있도록 우리 돛에 서풍을 보내 주었습니다."

우리는 아흐레 동안 서풍을 안고 항해했습니다. 열흘째 되는 날 드디어 우리 고향 이타카가 눈에 보였습니다. 해안이 보이더니, 이어 해안의 봉화와 그 불을 관리하는 사람들의 모습까지 보였지요. 순간 나는 키클롭스의 저주가 먹히지 않아, 우리가 아무런 피해를 입지 않았다고 생각했습니다. 나는 아주 오랫동안 참아 왔던 잠이 밀려드는 것을 굳이 막으려 하지 않았습니다. 긴장을 완전히 풀었던 거지요.

그러나 내가 자는 사이, 그동안 경계해 왔던 불행이 찾아왔습니다. 내 부하들은 이런 이야기를 했지요. '이제 우리의 고향이 눈앞에 있다. 우리는 십 년간 고생을 하고 시련을 겪다가 빈손으로 돌아왔다. 그러나 우리의 주군 오디세우스는 다르다. 트로이의 프리아모스의 보물 창고에서 금과 은을 가져왔다. 아이올로스도 황소 가죽 자루에 보물을 담아 주었다. 오디세우스가 자는 동안 저 자루에서 보물을 꺼내 나누어 갖자.'

그들은 자루의 입구를 묶었던 끈을 풀었습니다. 그러자 자루 안에 갇혀 있던 바람이 모두 쏟아져 나오고 말았습니다! 그 바람은 우리 배를 고향으로부터 멀리 떨어진 넓은 바다로 밀고 나갔습니다. 우리 함대의 다른 배들은 어떻게 되었는지 나는 모릅니다. 내가 잠에서 깼을 때, 우리 배는 바람에 이리저리 쏠려 다니고 있었습니다. 바닷물에 뛰어들어 이 모든 고통을 단번에 끝내는 것이 좋을지, 아니면 이 무시무시한 불행을 계속 견디어야 하는 것인지 알 수가 없었지요. 나는 겉옷을 머리에 뒤집어쓰고 갑판에 드러눕고 말았습니다.

바람은 우리를 물 위에 둥둥 뜬 섬으로 다시 데려갔습니다. 우리는 섬에 발을 디뎠고, 나는 바람의 왕이 사는 곳으로 가서 문간의 기둥들 옆에 주저앉았습니다. 아이올로스가 나오더니 나에게 말했습니다. '어쩐 일이시오, 오디세우스여? 어쩌다 이렇게 빨리 돌아온 거요? 내가 그대를 고향에 데려다줄 좋은 바람을 주고, 그대에게 해가 될 바람은 모두 묶어 두지 않았소?'

나는 대답했습니다. '나의 사악한 부하들이 파멸을 가져왔습니다. 오, 바람의 왕이여, 당신이 나를 위해 베풀어 준 모든 좋은 일을 그들이 물거품으로 만들어 버렸습니다. 내 부하들이 자루를 열어, 바람이 모두 튀어나오고 말았습니다. 오, 아이올로스 왕이여, 나를 한 번만 더 도와주십시오.'

그러나 아이올로스는 말했습니다. '그대는 신들의 저주를 받은 사람이 분명하구려. 나는 그런 사람은 도와줄 수가 없소. 이제 그대에게 해 줄 수 있는 일이 없으니, 내 섬을 떠나시오.' 결국 나는 그의 집을 떠나 배로 내려갔습니다.

우리는 무거운 마음으로 아이올로스의 섬을 떠났습니다. 우리는 아이아이아 섬에 이르러, 거기에서 여자 마법사 키르케를 만났습니다. 처음 그 섬에 갔을 때에는 이틀 낮 이틀 밤 동안 사람이 사는 흔적을 찾을 수가 없었습니다. 그러다 사흘째 되는 날 나는 어느 집 화로에서 연기가 피어오르는 것을 보았습니다. 나는 내가 본 것을 부하들에게 말했습니다. 부하들은 정찰대를 보내 우리를 도와줄 사람이 있는지 알아보기로 했습니다. 우리는 누가 갈지 제비를 뽑아 정했습니다. 에우릴로코스●가 부하들을 데리고 가고, 나는 다른 부하들과 남아 있는 것으로 결정이 났지요.

에우릴로코스는 부하 스물두 명을 데리고 갔습니다. 그들은 숲속 빈터에서 반짝이는 돌로 지은 집을 발견했습니다. 집 주위에서는 이리와 사자 같은 들짐승들이 어슬렁거리고 있었습니다. 그러나 이 짐승들은 그다지 사납지 않았습니다. 에우릴로코스와 부하들이 집으로 다가가자, 사자와 이리들은 집에서 기르는 개마냥 꼬리를 살랑살랑 흔들었지요.

그러나 내 부하들은 겁을 먹고 집의 바깥문 앞에 멈추어 섰습니다. 집 안에서 노랫소리가 들렸습니다. 여자의 목소리였지요. 베틀에서 베를 짜면서 그 앞에서 왔다 갔다 하며 부르는 노래 같았습니다. 부하들이 소리쳐 부르자, 노래를 부르던 여자가 번쩍번쩍 윤이 나는 문을

●이타카 섬 근처, 사메 섬 출신의 귀족으로 오디세우스의 매부이다.—옮긴이

열고 집에서 나왔습니다. 매우 아름다운 여자였습니다. 여자는 문을 열면서, 부하들에게 안으로 들어오라고 청했습니다.

그러나 에우릴로코스는 뒤에 남았습니다. 그가 지켜보는 가운데 여자는 부하들에게 음식을 나누어 주었습니다. 그러나 에우릴로코스는 그녀가 부하들에게 먹을 것과 마실 포도주를 나누어 주면서 약을 섞는 것을 보았습니다. 부하들이 음식을 먹고 포도주를 마시자, 여자는 그들을 지팡이로 때렸습니다.

그러자 이럴 수가! 부하들은 돼지 떼로 변해 버렸습니다. 여자는 돼지 떼를 몰고 집 안으로 들어가 우리에 가둔 다음, 도토리와 너도밤나무 열매와 산딸기나무 열매를 주었습니다.

에우릴로코스는 이 일을 보고 나서 숲을 헤치고 달려와 우리에게 자기가 본 것을 이야기해 주었습니다. 나는 어깨에 청동 검을 차고, 에우릴로코스에게 배 옆에 있으라고 명령한 뒤 숲을 헤치고 여자 마법사의 집으로 갔습니다.

나는 마당 앞에 서서 주인을 소리쳐 불렀습니다. 그러자 여자 마법사 키르케가 빛나는 문을 활짝 열고 나에게 안으로 들어오라고 말했습니다. 나는 여자의 집으로 들어갔습니다. 여자는 의자와 발판을 가져와 앉으라고 권하더니, 곧 해로운 약이 든 포도주를 황금 잔에 내왔습니다.

여자가 나에게 잔을 내밀 때 나는 검을 뽑아 들고 여자를 죽이려고 달려들었습니다.• 여자는 나에게서 물러나며 소리쳤습니다. '나의 마법을 짐작할 수 있다니, 그대는 누구인가요? 진실로 그대는 헤르메스가 말하던 오디세우스가 틀림없군요. 자, 검을 거두고 우리 둘이 한번 사귀어 봐요. 내가 그대를 잘 모실게요.'

그러나 나는 말했습니다. '아니오, 키르케. 그대는 먼저 나를 속이지 않겠다고 맹세해야 하오.'

키르케는 신들 앞에서 나를 속이지 않겠다고 맹세했고 나는 검을 거두었습니다. 그러자 키르케의 하녀들이 목욕물을 준비했습니다. 나는 목욕하고 올리브기름으로 몸을 문질렀습니다. 키르케는 새 옷을 내주었습니다.

하녀들은 은 탁자를 가져오고, 그 위에 빵과 고기가 든 금 바구니를 올려놓았습니다. 다른 하녀들은 꿀맛이 나는 포도주가 담긴 잔을 내왔습니다. 나는 은 탁자 앞에 앉았으나, 앞에 놓인 음식을 보고도 마음이 기쁘지 않았습니다.

키르케는 내가 말없이 앉아 있는 것을 보더니 어리둥절한 표정으

• 오디세우스가 키르케의 집으로 가던 도중 헤르메스를 만나 약초를 건네받았고, 그 덕분에 키르케의 마법의 약이 든 포도주를 마셔도 끄떡없었다는 이야기도 있다. ― 옮긴이

로 물었습니다. '오디세우스여, 왜 할 말을 잃은 사람처럼 앉아 있나요? 이 음식에도 약이 들어 있다고 생각하나요? 하지만 나는 그대를 속이지 않겠다고 맹세했고, 그 맹세를 지킬 거예요.'

나는 키르케에게 말했습니다. '오, 여자 마법사 키르케여, 마음이 선한 사람이라면 자신의 동료들이 돼지가 되어 돼지우리에 들어가 있는데 홀로 고기를 먹고 포도주를 마실 수 있겠소? 내가 먹고 마시는 모습을 보고 싶거든, 우선 내 동료들을 원래 모습대로 볼 수 있게 해 주시오.'

키르케는 이 이야기를 듣자 돼지우리로 가서, 돼지 한 마리 한 마리마다 주문을 외우며 기름을 발라 주었습니다. 그러자 돼지의 털들이 빠지면서, 사람의 팔다리가 나타나기 시작했지요. 부하들은 다시 사람으로 돌아왔을 뿐 아니라, 전보다 키도 훨씬 커진 것 같았고 얼굴도 더 잘생겨 보였습니다.

그 뒤로 우리는 키르케의 섬에서 이 여자 마법사와 친하게 지냈습니다. 그녀는 우리를 다시 속이지 않았고, 우리는 그녀의 집에서 일 년 동안 잔치를 벌이며 살았습니다.

그러나 우리는 모두 마음속으로 우리 땅으로 돌아가고 싶어 했습니다. 부하들이 나에게 와서 키르케에게 말하라고 조르더군요. 우리를 고향으로 보내 달라고 간청하라는 것이었습니다.

결국 키르케는 우리가 떠나는 것을 허락하면서, 우리가 항해 중에 만나게 될 많은 위험에 대해 말해 주었습니다."●

●오디세우스는 키르케의 섬을 떠나기 전에 하데스가 다스리는 죽은 자들의 나라에 가서 장님 예언자 티레시아스를 만나 자신의 앞길에 대한 예언을 듣는다. 오디세우스는 죽은 자들의 나라에서 티레시아스만이 아니라, 트로이 전쟁 중에 자신을 기다리다 슬픔을 견디지 못하고 죽은 어머니의 혼령을 비롯하여, 아가멤논, 아이아스, 아킬레우스의 혼령도 만난다. ―옮긴이

6

"해가 지고 어둠이 깔리자 내 부하들은 배의 닻줄 구멍 옆에 누웠습니다. 그러자 여자 마법사 키르케는 내 손을 잡더니, 나를 옆에 앉히고 우리에게 앞으로 펼쳐질 뱃길에 대해 이야기해 주었습니다.

'당신은 먼저 세이렌들이 사는 곳에 이를 거예요. 세이렌들은 꽃밭에 앉아 가까이 다가오는 남자들을 홀리지요. 남자들은 어디로 가는지도 모르고, 그저 목소리만 듣고 세이렌들에게 가까이 다가가는데, 그랬다가는 두 번 다시 아내나 자식을 볼 수도, 고향에 돌아갈 수도 없어요. 세이렌들이 앉아 있는 곳 주위에는 죽은 남자들의 뼈가 잔뜩 쌓여 있지요. 하지만 오디세우스여, 그대가 그곳을 벗어날 수 있는 방법을 알려 드리도록 하지요.

세이렌들에게 가까이 다가가거든 부하들이 그 노래를 듣지 못하도록 귀에 밀랍을 넣으세요. 하지만 그대가 그 노래를 듣고 싶다면, 부하들에게 그대의 손과 발을 돛대에 묶어 달라고 하세요. 만일 노래를 듣다가 그대가 풀어 달라고 애원하면 더 꼭 묶으라고 부하들에게 미리 말해 놓아야 해요. 배가 세이렌들이 노래하는 곳을 지나간 뒤에는 줄을 풀어도 돼요.

세이렌들이 앉아 있는 곳을 지나면 정말 위험한 곳이 나와요. 한쪽에는 신들이 떠도는 바위들이라고 부르는 큰 암초가 있어요. 그쪽으로 가면 어떤 배도 빠져나올 수가 없어요. 이 암초 주위에는 부서진 배의 판자와 사람들의 주검이 바다의 파도와 불의 폭풍에 이리저리 떠밀리고 있지요. 이 길로 통과한 배는 딱 한 척뿐이에요. 이아손의 배 아르고 호지요. 만일 여신 헤라가 영웅 이아손을 사랑하여 돕지 않았다면, 그 배 역시 암초에 부딪히고 말았을 거예요.●

떠도는 바위들 반대편에는 봉우리 두 개가 있는데, 그대는 그 사이로 배를 몰고 가야 해요. 한 봉우리는 반질반질하게 깎아지른 절벽이 구름까지 솟아 있어요. 그 절벽 한가운데 동굴이 있고, 그 동굴에는 스킬라라고 불리는 괴물이 살지요. 이 괴물은 목이 여섯 개이고, 목마다 무시무시한 머리가 달려 있어요. 스킬라는 두 봉우리 사이의 물 위

●이아손이 콜키스에서 아이에테스 왕에게 황금 양털을 얻어 돌아오는 길에 이곳을 통과했다.—옮긴이

로 머리들을 쑥 내밀고 먹이를 찾으며 무시무시하게 울어 대지요. 그러다가 여기를 지나는 배에 머리를 처박고 아가리마다 사람을 하나씩 물어 올려요.

또 하나의 봉우리는 스킬라가 사는 봉우리에서 가까워요. 스킬라의 동굴에서 화살을 쏘면 닿을 수 있는 거리지요. 이 봉우리에서는 무화과나무가 자라고, 이 무화과나무 아래 카리브디스의 굴이 있어요. 카리브디스는 거기에 앉아 물을 빨아들였다가 뿜어내지요. 카리브디스가 물을 빨아들일 때에는 가까이 가지 말도록 하세요. 도저히 헤어 나올 수 없으니까요. 카리브디스의 바위보다는 스킬라의 바위에 가까이 붙으세요. 배와 함께 동료를 모두 잃는 것보다는 동료 여섯 명만 잃는 게 더 나으니까요. 그러니까 스킬라의 바위 쪽에 가깝게 붙어서 앞으로 죽 나아가도록 해요.

스킬라와 카리브디스가 지키는 죽음의 바위들을 무사히 빠져나가면 트리나키아 섬에 이를 거예요. 그 섬에는 태양신 헬리오스의 소들인 '태양의 소 떼'가 요정들의 보호를 받으며 풀을 뜯고 있어요. 그 섬에 가더라도 소 떼는 해치지 마세요. 만일 소 떼를 해치면, 그대 한 사람은 탈출한다 해도 그대의 배와 부하들은 무사하지 못할 거예요.'

키르케는 나에게 그런 일들을 이야기해 준 다음에 섬 위로 올라갔습니다. 나는 배로 돌아가 부하들을 깨웠습니다. 부하들은 곧 배에 올랐으며, 자기 자리에 앉아 노를 젓기 시작했습니다. 잠시 후 돛을 올리자 미풍이 불어왔습니다. 우리는 여자 마법사 키르케의 섬에서 점점 멀어지게 되었지요.

나는 부하들에게 꽃밭의 세이렌들에 대해 이야기해 주었습니다. 그러고는 커다란 밀랍 덩어리를 가져다가 부순 다음 부드러워질 때까지 손으로 주물렀습니다. 그 밀랍 조각으로 부하들의 귀를 막았고, 부하들은 나를 배의 돛대에 묶었습니다. 바람이 가라앉으면서 바다가 잔잔해졌습니다. 마치 어떤 신이 바다를 잠잠하게 한 것 같았습니다. 부하들은 노를 저어 배를 움직였습니다. 소리를 지르면 들릴 정도로 가까이 다가가자, 세이렌들은 우리를 발견하고 노래를 부르기 시작했습니다.

'이리로 오세요, 이리로 오세요, 아, 오디세우스여.' 세이렌들은 노래를 불렀습니다. '배를 멈추고 우리 노래를 들으세요. 여기에 오는 이들은 모두 우리의 입술에서 나오는 꿀처럼 달콤한 목소리를 듣고 기뻐했어요. 모두 더 지혜로운 사람이 되어 이곳을 떠나갔죠. 우리는 모든 일을 알고 있어요. 그리스군이 트로이 전쟁에서 겪었던 고통도 다 알고 있어요. 앞으로 이 땅에 무슨 일이 생길지도 다 알고 있어요. 오디세우스여, 오디세우스여, 우리 꽃밭으로 오세요. 우리가 그대에게 불러 드리는 노래를 들으세요.'

나는 세이렌들의 노래를 듣고 싶어 미칠 것 같았습니다. 나는 부하들에게 고개를 끄덕여 나를 풀어 달라고 명령했습니다. 그러나 부하들은 오히려 더 꽉 묶고, 허리를 굽혀 노를 계속 힘차게 저었습니다. 마침내 세이렌들의 땅에서 벗어나자, 부하들은 귀에서 밀랍을 빼고 나를 돛대에서 풀어 주었습니다.

그러나 세이렌의 섬을 벗어나자마자 연기가 피어오르는 것이 보이고 바다가 으르렁거리는 소리가 들렸습니다. 부하들은 겁이 나서 노를 내던졌습니다. 나는 부하들 사이를 돌아다니며 용기를 북돋워 주었습니다. 나의 지혜 덕분에 키클롭스의 동굴에서도 탈출하지 않았느냐고 말했습니다. 그러나 괴물 스킬라 이야기는 하지 않았습니다. 부하들이 두려움에 사로잡혀 완전히 낙심할 것 같았기 때문이지요. 이윽고 우리는 좁은 해협을 지나가게 되었습니다. 한쪽에는 스킬라가 있었고, 다른 쪽에는 카리브디스가 있었습니다. 부하들은 카리브디스가 바다를 삼키는 것을 보고 공포에 사로잡혔습니다. 우리가 그 사이를 지나갈 때, 괴물 스킬라가 내 부하들 가운데 여섯 명, 나와 함께 있던 부하들 가운데 가장 강한 여섯 명을 낚아챘습니다. 그들은 스킬라의 여섯 개의 아가리에 물려 공중에 끌려 올라가면서 내 이름을 불러 댔습니다. 그러나 나는 괴로워하는 그들에게 아무런 도움을 줄 수 없었습니다. 그들은 굴로 들어가 괴물의 먹이가 되고 말았지요. 바

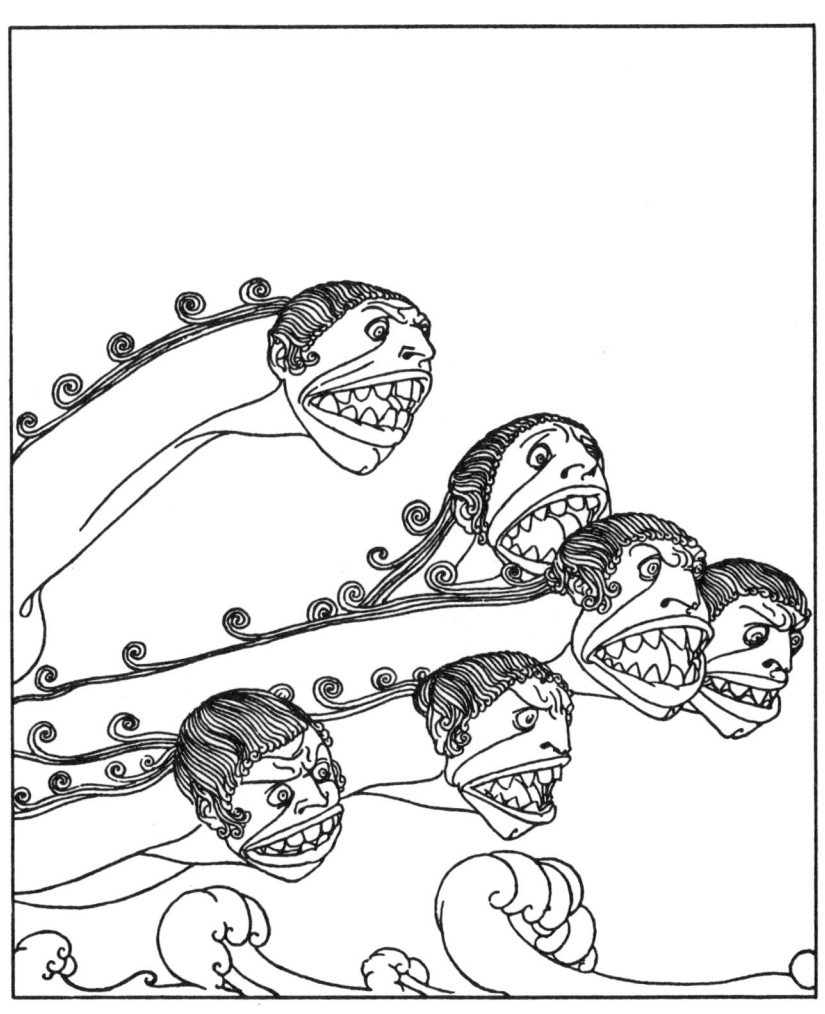

다를 다니며 여러 가지를 보았지만, 그런 애처로운 광경은 처음이었습니다.

우리는 스킬라와 카리브디스의 바위들을 통과하여 트리나키아 섬에 이르렀습니다. 배에서 내리지도 않았는데 벌써 태양의 소 떼가 우는 소리가 들렸습니다. 나는 부하들에게 섬에 올라가지 말고 그냥 지나가야 한다고 말했습니다.

그 말을 듣자 부하들은 크게 낙담했습니다. 에우릴로코스가 서글픈 목소리로 말했습니다. '오, 오디세우스, 그대야 쉽게 그렇게 말할 수 있겠지. 그대의 힘은 바닥나는 법이 없어 결코 지치지 않으니까. 그러나 그대의 심장마저도 쇠로 만들었는가? 그래서 그대는 부하들이 바다에 시달리지 않고 편안히 저녁 준비를 할 수 있는 해안에 발도 들여놓지 못하게 하는 것인가?'

에우릴로코스가 그렇게 말하자 나머지 부하들도 거들고 나섰습니다. 그들의 힘은 내 힘보다 컸습니다. 결국 나는 이렇게 말했습니다. '너희들 모두 나한테 반드시 맹세해야 할 것이 있다. 이 섬에 가더라도 소는 절대 죽이지 말아야 한다.'

그들은 내 요구대로 맹세를 했습니다. 우리는 배를 포구에 대고, 민물이 나오는 샘 근처에 상륙했습니다. 부하들은 저녁을 준비했지요. 그들은 저녁을 먹고 나자, 스킬라가 잡아먹은 동지들이 생각나는

지 슬피 울다가 잠이 들었습니다.

새벽이 되었지만 우리는 배를 포구에서 끌어낼 수 없었습니다. 북풍과 동풍이 아주 강하게 불었기 때문입니다. 우리는 어쩔 수 없이 그 섬에 머물렀습니다. 며칠이 가고 몇 주가 흘렀지요. 우리가 배에서 가져간 곡식이 다 떨어지자, 부하들은 섬을 돌아다니며 낚시와 사냥을 하기 시작했습니다. 그러나 주린 배를 채울 만한 것은 거의 잡지 못했습니다.

어느 날 내가 잠이 들었을 때 에우릴로코스는 부하들에게 아주 나쁜 이야기를 했습니다. '인간은 어떤 종류든 죽음은 다 싫어한다. 그러나 굶어 죽는 것이야말로 가장 견디기 힘든 것이다. 굶어 죽느니 차라리 태양의 소 떼 가운데 가장 좋은 소들을 잡아먹고 죽자. 만일 그 때문에 신들이 우리 배를 바다에서 난파시킨다 하더라도 어쩔 수 없는 일이다. 나는 굶주림의 고통 속에서 죽느니 차라리 파도 위에서 죽겠다.'

그러자 부하들도 모두 그의 말에 찬성했습니다. 그들은 소를 잡아 그 고기를 구웠지요. 그때 나는 잠에서 깨어났습니다. 배에서 내려가자 고기를 굽는 냄새가 났습니다. 순간 나는 부하들이 끔찍한 짓을 저질렀고, 그 때문에 이제 우리에게 무시무시한 일이 닥칠 것임을 알았습니다.

내 부하들은 엿새 동안 가장 좋은 소들의 고기로 배를 채웠습니다. 이레째 되는 날 바람이 잦아들었습니다. 우리는 배로 가서 돛대를 세우고 돛을 펼친 다음, 깊은 물로 다시 나아갔습니다.

그러나 섬을 떠난 뒤로 다른 육지는 나타나지 않았습니다. 보이는 것은 하늘과 바다뿐이었지요. 늘 우리 배 위에는 구름이 머물렀고, 그 구름 밑의 바다는 어두컴컴했습니다. 어느 때인가 서풍이 빠르게 불어오더니 돛대가 부러지고 말았습니다. 돛대는 부러지면서 키잡이의 머리를 쳤고, 키잡이는 바로 바다에 떨어졌습니다. 번개가 배를 때리자 부하들은 갑판에서 쓸려 나갔습니다. 나는 그 후로 내 부하들을 다시는 보지 못했습니다.

서풍이 그치자, 남풍이 불어와 배를 다시 왔던 길로 되몰고 갔습니다. 배는 스킬라와 카리브디스의 무시무시한 바위들을 향해 쏜살같이 달려갔습니다. 배는 밤새 바람에 밀려갔습니다. 해 뜰 무렵에 나는 카리브디스 근처에 왔다는 것을 알았습니다. 배는 바다 저 밑으로 빨려 내려가기 시작했습니다. 나는 바위에 자란 무화과나무의 가지를 붙들고 박쥐처럼 매달렸습니다. 나는 카리브디스가 배의 널빤지들을 다시 토해 낼 때까지 나뭇가지를 붙들고 있다가, 널빤지들이 올라오는 것을 보고 그 위로 뛰어내렸지요. 널빤지 위에 앉아 두 손으로 노를 저어, 괴물이 보지 못하는 사이에 스킬라의 바위를 지나갔습니다.

나는 그다음 아흐레 동안 파도에 떠밀려 다녔습니다. 그리고 열흘째 되는 날 요정 칼립소가 사는 오기기아에 이르렀지요. 칼립소는 나를 자기 집으로 데려가 잘 대접해 주었습니다. 그다음에 고생한 이야기는 되풀이할 필요가 없겠지요. 오, 왕이여, 나는 이미 당신과 당신의 고귀한 부인에게 내가 어떻게 하다 칼립소의 섬에서 여기까지 왔는지 다 이야기했습니다. 이미 분명하게 이야기를 다 했으니 다시 말하지 않아도 되겠지요."

7

오디세우스는 이야기를 마쳤다. 연회장에 앉은 사람들은 마법에 홀린 것처럼 입을 다물고 앉아 있었다. 이윽고 알키노오스 왕이 말했다.

"오디세우스여, 그대가 여기 파이아케스 사람들의 땅에 온 이상, 이제 고향으로 가는 길에서 벗어나는 일은 결코 없을 것이오. 내일 그대에게 배와 함께 선원을 드리겠소. 우리는 그대를 이타카에, 그대의 조국에 내려 드리겠소."

지주, 장수, 원로 들은 이름 높은 오디세우스를 만났다는 사실 때문에 놀란 가슴을 안고 집으로 돌아갔다. 그들은 날이 밝자 선물을 들고 오디세우스가 타고 갈 배로 찾아왔다.

해가 저물 무렵 그들은 오디세우스와 작별하러 왕의 연회장에 다시 모였다. 왕은 커다란 사발에 든 포도주를 부어 신들에게 제물로 바쳤다. 그러자 오디세우스는 일어서서 왕비의 두 손에 손잡이가 두 개 달린 잔을 올려놓으며 말했다.

"안녕히 계십시오, 왕비여! 당신의 집과 당신의 자녀 그리고 당신의 남편인 이름 높은 왕 알키노오스와 함께 오랫동안 기쁨을 누리시기를 바랍니다."

오디세우스는 왕의 집의 문지방을 넘어 배로 내려갔다. 그는 배에 올라타, 갑판에 그를 위해 깔아 놓은 이불과 깔개 위에 누웠다. 선원들은 곧 돛을 올려 노를 저었다. 배는 힘센 바닷새처럼 앞으로 나아갔다. 오디세우스는 잠이 들었다. 배는 전쟁과 험한 바다를 헤쳐 오는 동안 크고 많은 슬픔을 겪은 오디세우스를 싣고 가볍고 빠르게 나아갔다. 배는 계속 나아갔고, 오디세우스는 잠이 들어 자신이 겪은 모든 일을 잊고 있었다.

날이 밝을 무렵 배는 이타카 섬 근처에 이르렀다. 뱃사람들은 커다란 동굴 가까이에 있는 포구로 배를 몰았다. 그들은 배를 해안에 대고 아직 잠에서 깨지 않은 오디세우스를 이불과 깔개에 싸서 뭍에 내려놓았다. 그들은 오디세우스를 고향의 해안 모래밭에 눕혔다. 그들은 또 파이아케스의 왕과 왕비, 지주, 장수, 원로 들이 준 선물을 배에서 내려, 오디세우스가 깨기 전에 주위 사람의 눈에 띄는 일이 없도록 길에서 조금 떨어진 올리브나무 옆에 두었다. 뱃사람들은 일을 마치자 배에 올라타, 이타카를 떠나 자신의 땅으로 돌아갔다.

오디세우스는 고향의 해변에서 잠을 깼다. 그러나 안개가 자욱했기 때문에 자신이 어느 땅에 왔는지 알 수가 없었다. 파이아케스 사람들이 자신을 낯선 해안에 버려 두고 갔다는 생각이 들었다. 오디세우스는 어리둥절한 눈으로 두리번거리다가 왕의 아들처럼 생긴 사람이 다가오는 것을 보았다.

그러나 가까이 다가온 사람은 청년이 아니라, 청년의 모습으로 변장한 여신 팔라스 아테나였다. 오디세우스는 자리에서 일어나, 자신이 어느 땅에 와 있는지 물었다. 여신이 대답했다.

"여기는 이타카입니다. 염소와 소가 살기 좋은 땅이고, 숲과 우물이 많은 땅이지요."

여신은 말하면서 청년에서 키가 크고 아름다운 여인의 모습으로 바뀌었다. 그러고는 물었다.

"그대는 늘 그대를 도왔던 나, 제우스의 딸 팔라스 아테나를 알지 못하는가? 더 자주 그대를 곁에서 돕고 싶었지만, 나의 숙부●인 바다의 신 포세이돈, 바로 그대가 장님으로 만든 폴리페모스의 아버지와

●보통 포세이돈을 아테나의 아버지인 제우스의 동생으로 본다. 따라서 아테나에게는 숙부가 되는 셈이다.―옮긴이

드러내 놓고 싸우고 싶지 않아 그럴 수가 없었다."

여신이 말하는 동안 땅을 덮었던 안개가 흩어졌고, 오디세우스는 자신이 정말로 조국 이타카에 돌아왔다는 것을 확인하게 되었다. 그는 포구와 동굴, 숲으로 덮인 네리톤 산을 알아보았다. 순간 그는 무릎을 꿇고, 고향 땅에 입을 맞추었다.

여신은 오디세우스가 파이아케스 사람들한테서 받은 금과 청동과 옷을 동굴로 나르는 것을 도왔다. 이어 그녀는 올리브나무 밑에 앉아 오디세우스를 옆에 앉혀 놓고 그의 집에서 벌어지고 있는 일에 대해 이야기해 주었다.

"오디세우스여, 지금 그대의 집에는 문제가 있다. 따라서 당분간 그대의 정체를 드러내지 않는 것이 좋을 것이다. 앞으로 조금 더 사람들한테 푸대접을 받아야 할 터이니 마음을 단단히 먹도록 하라."

아테나는 오디세우스의 부인에게 구혼하러 온 사람들이 하루 종일 집을 차지하고 앉아 그의 재산을 축내고 있다는 이야기를 해 주었다. 또 오디세우스가 그동안 자신들이 저지른 무례를 벌할까 두려워, 그를 보면 먼저 죽이려 할 것이라고 덧붙였다.

"그러니 그대가 아가멤논과 같은 운명을 맞이하지 않도록, 다시 말해서 그대 자신의 집에서 다른 자의 손에 죽지 않도록, 아무도 그대를 알아보지 못하게 그대의 모습을 바꾸어 놓겠다."

여신은 오디세우스의 겉모습을 바꾸어 놓았다. 보기에 좋지는 않았지만, 얼마 동안만 견디면 되는 일이었다. 오디세우스의 살갗에는 주름이 잡혔고, 초롱초롱하던 눈은 흐릿해졌다. 노란 머리카락은 잿빛으로 변한 데다 듬성듬성 빠지기까지 했다. 옷도 연기에 그을리고 여기저기 찢어진 누더기로 바뀌었다. 어깨에는 사슴 가죽을 걸쳤고, 손에는 거지가 들고 다니는 지팡이를 들었다. 몸에 묶은 끈에는 낡은 동냥주머니가 달려 있었다. 여신은 그렇게 오디세우스의 겉모습을 바꾸어 놓고 이타카를 떠났다.

아테나는 스파르타의 텔레마코스에게 가서, 메넬라오스와 헬레네의 집을 떠날 때가 되었다고 알려 주었다. 그래서 앞서 말했던 바와 같이, 텔레마코스가 네스토르의 아들 페이시스트라토스와 함께 배로 간 것이다. 텔레마코스가 배에 올랐을 때, 자신을 죽이려는 사람들에게서 도망치던 사람 하나가 배를 향해 살려 달라고 소리쳤다. 텔레마코스는 그를 배에 태웠다. 그 사람의 이름은 테오클리메노스로 천리안을 가진 예언자였다.

이타카로 돌아온 텔레마코스는 목숨을 잃을 위험에 처하게 되었다. 그가 없는 동안 페넬로페의 구혼자들은 그가 배를 타고 이타카를 떠났다는 사실을 알게 되었다. 구혼자들 가운데 특히 안티노오스와 에우리마코스는 텔레마코스의 거침없는 행동에 몹시 화가 났다.

"그는 도움을 청하러 스파르타에 간 것이오."

안티노오스가 말했다.

"만일 텔레마코스를 도와줄 사람들이 생기면, 그의 자만심은 우리가 이겨 낼 수 없을 정도로 커질 것이오. 텔레마코스는 우리가 그의 집에서 재산을 축낸 것에 대해 보복하려 할 것이오. 따라서 우리도 뭔가 행동을 해야 합니다. 내가 사람 스무 명을 데리고 배를 타고 나가, 이타카와 사모스 사이의 해협에서 텔레마코스를 기다리겠소. 거기에서 앞으로는 아버지를 찾아 돌아다니는 일이 없도록 끝장내 버리겠소."

안티노오스는 부하 스무 명을 데리고 배로 가서, 돛대에 돛을 달고 바다로 나갔다. 이타카와 사모스 사이에는 아스테리스라고 불리는 작은 섬이 있었다. 안티노오스와 그의 부하들은 그곳에 숨어 텔레마코스를 기다렸다.

8

오디세우스가 배에서 내린 곳 가까이에 어떤 노인이 살고 있었다. 오디세우스의 집에서 일하던 충실한 하인인 돼지치기 에우마이오스였다. 에우마이오스는 섬에서 가장 험한 곳에 집을 한 채 지어 놓고, 집 주위에 담을 둘러치고 안의 마당에는 돼지우리를 만들어 놓고 살았다. 우리는 열두 개였으며, 우리마다 돼지가 쉰 마리였다. 늙은 에우마이오스는 젊은이 세 명의 도움을 받아 돼지를 치며 살았다. 돼지우리를 지키는 개도 네 마리 있었는데 모두 숲의 짐승처럼 사나웠다.

오디세우스가 가까이 다가가자 개들이 짖으며 주둥이를 벌리고 달려들었다. 만일 돼지치기가 마당에서 달려 나와 사나운 개들을 쫓지 않았다면, 오디세우스는 심한 상처를 입었을 것이다. 에우마이오스는 늙은 거지를 보고 말했다.

"늙은이여, 나의 개들이 그대를 찢어발기지 않은 게 다행이오. 자칫했다가는 수치스럽게도 내가 그대의 죽음에 대한 책임을 뒤집어쓸 뻔했소. 신들이 아시거니와, 그런 일이 없어도 나는 이미 많은 슬픔과 고통에 시달리고 있다오. 나의 고귀한 주인은 어딘가에서 배를 주리며 비정한 도시를 헤매고 있을지 모르는데, 나는 여기에 앉아 주인을 그리워하며 다른 사람들이 먹을 돼지나 살찌우고 있다니! 어쨌거나 들어오시오, 늙은이여. 내가 빵과 포도주를 드리리다."

돼지치기는 거지를 마당으로 들여, 장작더미 위에 낡은 염소 가죽을 펼쳐 놓고 앉게 했다. 오디세우스는 하인의 후한 대접에 기분이 좋아서 말했다.

"그대가 나를 이렇게 환영해 주니, 제우스와 다른 모든 신이 그대의 가장 간절한 소망을 이루어 주시기를 빌겠소."

돼지치기 에우마이오스가 대답했다.

"선량한 사람은 누구나 나그네와 거지들을 제우스가 보낸 사람으로 여기고 대접한다오. 나에게 가장 간절한 소망이 있다면, 그것은 나의 주인 오디세우스가 돌아오시는 거요. 아, 오디세우스가 여기 계시면, 나에게 내 것이라고 부를 만한 것을 주실 텐데. 경작할 땅 한 뙈기, 나를 위로해 줄 아내. 그러나 나의 주인은 돌아오시지 않을 거요. 우리 종들은 젊은 주인들이 우리를 다스리게 될 날을 두려워하며 살

수밖에 없게 되었소."

에우마이오스는 돼지우리로 가더니 새끼 돼지 두 마리를 꺼냈다. 그는 이 돼지들을 잡아, 잘게 잘라 고기를 구웠다. 고기가 다 구워지자 에우마이오스는 보릿가루를 뿌려 오디세우스에게 갖다 주고, 담쟁이덩굴로 만든 속이 깊은 사발에 포도주도 따라 주었다. 오디세우스가 먹고 마시자, 돼지치기 에우마이오스가 말했다.

"늙은이여, 이 땅에 방랑자가 나타나면 우리 여주인 페넬로페는 그를 불러 대접해 준다오. 혹시 우리 주인 오디세우스의 소식을 전해 줄까 해서지요. 그대도 여주인 앞에 가면 마찬가지겠지만, 그런 나그네들은 모두 여주인의 환심을 사기 위해 우리 주인을 보았다거나 그의 소식을 들었다는 이야기를 합디다. 그러나 방랑자나 나그네가 무슨 말을 하든 오디세우스는 절대 돌아오지 않을 거요. 이미 개나 새, 바다의 물고기가 그분의 주검을 뜯어 먹었겠지요. 나는 두 번 다시 그런 좋은 주인을 만나지 못할 거요. 설사 내가 내 고향에 돌아가서 내 부모의 얼굴을 뵌다 해도, 그 땅에서 그렇게 친절한 주인은 만날 수 없을 거요. 나는 내 부모들 생각이 날 때에도, 나의 주인을 잃은 것을 슬퍼할 때만큼 슬퍼하지는 않소."

그러자 오디세우스가 말했다.

"그대는 그대의 주인이 절대 돌아오지 않을 거라고 말하지만, 가만히 보니 그대 스스로 자신의 말을 믿지 않는 것 같구려. 내가 장담하는데, 오디세우스는 돌아올 거요. 그것도 올해 안에 돌아올 거요. 그리고 늙은 달이 이울고 젊은 달이 새로 태어나는 것처럼 확실하게, 오디세우스는 그대가 말한 사람들, 자신의 재산을 축내고 자신의 처자식에게 수치를 준 사람들에게 복수할 거요. 맹세해도 좋소."

돼지치기 에우마이오스가 말했다.

"그대의 맹세에는 관심이 없소. 어떤 나그네가 여기에 와서 꾸며낸 이야기로 우리를 속인 뒤로 나는 방랑자가 우리 주인에 대해 하는 이야기에는 귀를 기울이지 않소. 그 나그네는 크레타 땅에서 오디세우스를 봤다고 했소. 이도메네오스*라는 영웅의 집에서 폭풍우에 망가진 배를 고치고 있었는데, 많은 보물을 가지고 여름이나 추수 때에 돌아올 거라고 했소."

오디세우스와 에우마이오스가 이야기를 나누는 동안 젊은 돼지치기들이 숲에서 돌아와 돼지 떼를 마당에 몰아넣었다. 돼지가 우리에 들어가는 동안 큰 소란이 일었다. 저녁 시간이 되었다. 에우마이오스와 오디세우스와 젊은 돼지치기들은 식사를 하기 위해 자리에 앉았다. 에우마이오스는 돼지고기를 잘라, 가장 좋은 부분을 오디세우스

----

*트로이 전쟁에 참가했던 크레타의 영웅.—옮긴이

에게 주었다. 그를 귀한 손님으로 대접하는 것이었다. 그러자 오디세우스가 말했다.

"에우마이오스여, 나 같은 사람한테 가장 좋은 고기를 주는 것을 보니, 그대는 제우스의 말을 충실히 따르는 사람이 틀림없구려."

에우마이오스는 자신이 나그네를 친절하게 대접한 것을 칭찬하는 말이라고 생각하여 이렇게 대꾸했다.

"드시오, 나그네여. 여기 있는 음식을 마음껏 드시기 바라오."

밤이 되자 비가 내리면서 추워졌다. 그러자 오디세우스는 돼지치기가 얼마나 친절한지 시험하기 위해 말했다.

"아, 내가 이 추운 밤을 견딜 수 있을 만큼 젊기만 하다면! 아, 내가 부유하다면! 그러면 여기 있는 돼지치기들 가운데 한 사람이 나에게 바람과 비를 가릴 수 있도록 덮을 것을 줄 텐데! 하지만 이 초라한 옷 때문에 이제 정말 버림받은 사람이 되었구나."

그러자 에우마이오스가 벌떡 일어나, 불 옆에 오디세우스를 위한 잠자리를 마련해 주었다. 오디세우스는 자리에 누웠다. 돼지치기 에우마이오스는 큰 폭풍이 불 때 이불로 쓰기 위해 보관해 둔 두꺼운 외투를 꺼내 덮어 주었다. 이어 에우마이오스는 외투로 몸을 감싸더니 가까이 오는 들짐승들을 물리치기 위해 검과 창을 들고 돼지우리 옆 잠자리로 갔다. 돼지 떼를 잘 지키려는 것이었다.

아침이 되었을 때 오디세우스가 말했다.

"나는 동냥하러 도시로 가겠소. 이제 그대에게서 그만 얻어먹어야 하지 않겠소. 사람을 하나 붙여서 안내해 주시오. 오디세우스의 집에 가서, 거기에 있는 구혼자들한테서 뭘 좀 얻을 수 있는지 알아보고 싶소. 그들이 나를 써 준다면 나는 그들을 잘 섬길 수 있소. 장작을 패고, 불을 피우고, 고기를 써는 데 나보다 나은 사람은 없을 테니까."

에우마이오스가 말했다.

"아니, 아니오. 거기는 가지 마시오, 나그네여. 그대가 여기 있다고 해서 아무도 뭐랄 사람 없소. 오디세우스의 아들 텔레마코스가 돌아올 때까지 여기서 지내시오. 텔레마코스가 그대를 위해 뭔가 해 줄 거요. 구혼자들한테는 가까이 가지 마시오. 그 사람들이 그대 같은 사람을 고용해서 일을 시킬 것 같지도 않소. 오늘은 우리와 함께 여기서 지내시오."

오디세우스는 도시로 가지 않고 하루 종일 에우마이오스와 함께 있었다. 밤에 에우마이오스와 젊은 돼지치기들이 불 가에 앉자 오디세우스가 말했다.

"에우마이오스여, 그대도 먼 곳을 방랑하고, 많은 슬픔을 겪은 사람 같구려. 어쩌다 노예가 되어 돼지를 치고 있는지 말해 주시겠소?"

돼지치기 에우마이오스의 이야기

에우마이오스가 말했다.

"오르티기아 너머에는 섬이 하나 있소. 이 섬에는 도시가 둘 있는데, 나의 아버지는 그 두 도시를 다스리는 왕이었소.

내가 어렸을 때의 일이오. 어느 날 나의 아버지가 사는 도시에 페니키아 상인들을 태운 배가 왔소. 아버지의 집에는 나의 보모 노릇을 하던 페니키아 여자 노예가 있었소. 그 여자가 빨래를 하고 있는데, 페니키아 배를 타고 온 뱃사람 하나가 여자에게 그들과 함께 고향에 돌아가고 싶으냐고 물었소.

그러자 여자는 그 뱃사람에게 자신이 살아온 이야기를 들려주었소. '나는 페니키아 땅의 시돈 출신입니다. 내 아버지의 이름은 아르티바스이며, 부자로 유명한 분입니다. 어느 날 내가 들판을 가로질러 걷고 있을 때 바다의 강도들이 나를 납치하여 여기로 데려왔습니다.

그들은 나를 저 집 주인에게 팔았습니다.'

그러자 뱃사람이 여자에게 말했소. '그대의 아버지와 어머니는 지금도 살아 계시오. 지금도 여전히 부자요. 우리와 함께 돌아가서 부모님을 만나지 않겠소?'

그러자 여자는 뱃사람들한테서 자신을 안전하게 시돈으로 데려다 주겠다는 맹세를 받아 냈소. 여자는, 배가 떠날 준비가 되면 주인의 집에서 손에 닿는 대로 보물을 집어 들고 배로 가겠다고 말했소. 더불어 자신이 돌보던 아이도 함께 데려가겠다고 약속했소. 여자는 이렇게 말했소. '그 아이는 지혜로우니 외국 땅에 가면 노예로 팔 수 있을 거예요.'

페니키아 사람들은 떠날 준비를 갖추자 여자에게 알려 주었소. 소식을 전하러 온 뱃사람은 호박 구슬이 여기저기 박힌 금 목걸이를 가져와 나의 어머니에게 팔려고 했소. 어머니와 시녀들이 목걸이를 만지고 있는 동안 뱃사람은 여자에게 고갯짓을 했고, 여자는 금잔 세 개를 집어 든 다음 내 손을 잡고 밖으로 나갔소.

해가 져서 밖은 깜깜했소. 페니키아 여자는 포구로 가서 배에 올랐소. 우리 집으로 갔던 뱃사람이 돌아오자, 그들은 돛을 올리고 노를 저어 우리 땅에서 벗어났소. 배가 항해하는 동안 나는 비참한 기분이었소. 엿새 동안 바다를 가로지르고 나서 이레째 되는 날 여자가 죽었고, 그녀의 주검은 바다에 던져졌소. 우리는 바람과 파도에 떠밀려 이타카로 왔고, 여기에서 상인들은 나를 오디세우스의 아버지 라에르테스에게 팔았소.

라에르테스의 부인은 나를 아들처럼 길렀소. 나는 그녀의 딸들 가운데 막내인 어여쁜 크티메네와 함께 자랐소. 그러나 크티메네는 사메로 가서 그 섬의 지주와 결혼했소. 그 후로 라에르테스의 부인은 나를 밭에 내보내 일을 시켰소. 그러나 부인은 늘 나에게 잘해 주었소. 지금 라에르테스의 부인은 죽었소. 외아들 오디세우스에게서 아무런 소식이 없자 슬픔 때문에 몸이 쇠약해졌던 것이지요. 라에르테스는 살아 있지만, 고귀한 부인이 죽은 뒤로는 집 밖으로 나선 적이 없소. 하루 종일 불 가에 앉아 아들의 운명을 생각하고, 아들의 재산이 축나 손자에게 물려줄 재산이 크게 줄었다며 걱정한다고 하오."

에우마이오스는 그렇게 자신의 방랑과 슬픔을 이야기했고, 오디세우스는 그 이야기를 들으며 밤을 새웠다. 그들이 이야기를 나누는 동안, 오디세우스의 아들 텔레마코스는 좋은 배를 타고 이타카에 도착했다. 안티노오스는 텔레마코스를 기다리고 있었다. 텔레마코스가 탄 배가 오는지 감시하기 위해 보초까지 세워 놓았다. 그럼에도 텔레마코스는 적에게 들키지 않고 무사히 이타카로 왔다. 아테나 여신이 안티노오스가 기다리고 있으니 다른 뱃길로 가라고 말해 준 덕분이었다. 그는 뭍에 이르자 동료 한 사람에게 배를 도시의 부두에 대게 하고, 아테나의 말에 따라 배에서 내려 자신이 가장 믿는 하인의 집으로 갔다. 돼지치기 에우마이오스의 집으로 간 것이다.

9

오디세우스는 이타카에 도착한 지 나흘째 되는 아침에 돼지치기와 함께 식사를 하고 있었다. 그때 오두막으로 다가오는 발소리를 들었다. 바깥에 사나운 개들이 있었기 때문에 곧 개 짖는 소리가 들릴 것 같았다. 그러나 아무런 소리도 들리지 않았다. 이윽고 젊은 남자가 마당 입구로 들어서는 모습이 보였다. 돼지치기의 개들은 청년을 보고 꼬리를 흔들었다.

에우마이오스는 젊은이를 보자 손에 쥐고 나르던 그릇을 떨어뜨리고, 젊은이에게 달려가 머리와 눈과 손에 입을 맞추었다. 오디세우스는 돼지치기 에우마이오스가 입을 맞추고 눈물을 흘리면서 말하는 소리를 들었다.

"텔레마코스여, 우리에게 돌아오신 겁니까? 어둠 속의 빛처럼 나타나셨군요! 배를 타고 필로스로 갔다는 이야기를 듣고 두 번 다시 당신을 보지 못할 줄로 알았습니다! 들어오십시오, 귀한 아들이여, 안으로 드십시오. 그래야 내 집에서 당신의 얼굴을 한 번 더 보지 않겠습니까.”

오디세우스는 고개를 들어 아들을 보았다. 사자가 새끼 사자를 보듯이 텔레마코스를 건너다보고 있었다. 그러나 돼지치기도, 텔레마코스도 오디세우스의 눈길을 눈치채지 못했다.

텔레마코스가 말했다.

“그대를 만나러 왔습니다, 친구 에우마이오스여. 도시로 들어가기 전에, 나의 어머니가 지금도 아버지의 집에 계신지, 아니면 마침내 구혼자 가운데 하나가 어머니를 아내로 맞이하여 자기 집으로 데려갔는지 알고 싶었기 때문입니다.”

“당신의 어머니는 지금도 당신 아버지의 집에 계십니다.”

에우마이오스가 대답했다. 그러자 텔레마코스는 마당 안으로 들어섰다. 늙은 거지로 변장한 오디세우스가 자리에서 일어섰지만, 청년이 정중하게 말했다.

“앉으십시오, 친구여. 나는 다른 자리에 앉으면 됩니다.”

에우마이오스는 녹색 나뭇가지들을 펼치더니 그 위에 양털을 깔았다. 텔레마코스는 자리에 앉았다. 그러자 에우마이오스는 그에게 먹을 것을 갖다 주었다. 귀리떡과 돼지고기와 포도주였다. 식사를 하면

서 돼지치기가 말했다.

"여기는 여러 나라를 지켜 낼 나그네입니다. 탄원자로서 나의 집에 왔지요. 텔레마코스여, 이 나그네를 당신이 쓰시겠습니까?"

텔레마코스가 대답했다.

"나는 나 자신의 집도 지켜 낼 힘이 없는 사람인데 어떻게 다른 사람을 부릴 수 있겠습니까? 하지만 이 나그네에게 내가 해 드릴 수 있는 일이 무엇인지 알아보겠습니다. 우선 옷을 드리고, 발에 신을 신발과 자신을 보호할 검을 드리지요. 그리고 어디든 가고 싶어 하시는 곳으로 보내 드리겠습니다. 하지만 에우마이오스여, 이분을 나의 아버지의 집 근처로 모시고 가고 싶지는 않군요. 구혼자들은 날이 갈수록 무례해져서, 나그네가 오면 조롱하지 않을까 걱정됩니다."

그러자 오디세우스가 처음으로 입을 열었다.

"젊은이여, 방금 한 말은 이상하게 들리는구려. 당신은 당신 아버지의 집에서 다른 사람들의 무례한 행동을 그냥 보고만 있겠다는 것이오? 어쩌면 도시 사람들이 당신을 미워하여, 당신이 적과 싸우는 것을 돕지 않기 때문인지도 모르겠군요. 아, 내게 지금의 기백만큼 젊음도 있다면, 내가 오디세우스의 아들이라면, 오늘 당장 그들에게 가서 내가 그들 각각에게 무시무시한 재앙이 될 수 있다는 것을 보여 줄 텐데. 내가 들은 대로, 그 구혼자들이 나그네를 조롱하고, 하인들을 때리고, 포도주와 음식을 축낸다면, 나는 그런 수치를 받아들이느니 차라리 내 집에서 죽고 말겠소."

• 텔레마코스가 말했다.

"도시 사람들은 나를 미워하지 않습니다. 그들은 할 수만 있다면 나를 도울 것입니다. 그러나 어머니의 구혼자들은 강한 사람들입니다. 도시 주민들이 두려워하는 사람들이지요. 만일 내가 그들에게 맞선다면, 나는 틀림없이 아버지의 집에서 죽게 될 것입니다. 어떻게 그렇게 많은 사람들을 당해 낼 수 있겠습니까?"

그러자 돼지치기가 나서서 물었다.

"내가 당신을 위해 무슨 일을 하기를 바라십니까, 텔레마코스여?"

"내 어머니에게 가 주십시오, 친구 에우마이오스여. 가서 내가 필로스에서 무사히 돌아왔다고 전해 주십시오."

에우마이오스는 바로 발에 샌들을 신고 손에 지팡이를 쥐었다. 그는 텔레마코스에게 오두막에서 쉬라고 청하더니, 마당을 나가 도시를 향해 떠났다.

텔레마코스는 자리에 누워 지친 눈을 감았다. 그는 한 여자가 마당의 문으로 다가오는 것을 보았다. 그러나 꿈이라고 생각했다. 여자는 키가 크고 아름답고 당당했다. 개들은 낑낑대며 여자에게서 물러났다. 여자는 황금 지팡이로 거지를 건드렸다. 그러자 거지에게서 늙은 모습과 초라한 티가 사라지고, 큰 키에 고귀한 외모가 드러났다.

"당신은 누구십니까?"

텔레마코스가 깜짝 놀라 일어서며 소리쳤다.

"조금 전만 해도 당신은 나이 든 거지로 보였습니다! 그런데 이제는 사람들의 우두머리로 보이는군요! 당신은 신입니까?"

오디세우스는 텔레마코스를 굽어보며 말했다.

"아들아, 나에게 그렇게 말하지 마라. 나는 네 아버지 오디세우스다. 많은 고난과 방랑 끝에 이제야 조국에 돌아왔구나."

오디세우스는 뺨에 눈물을 흘리며 아들에게 입을 맞추었다. 텔레마코스는 두 팔로 아버지의 목을 끌어안았다. 그러나 그렇게 애타게 찾던 아버지가 자기 앞에 있다는 사실이 믿어지지 않았다.

그러나 오디세우스가 하는 말을 듣자 의심은 사라졌다. 오디세우스는 파이아케스 사람들이 준 배를 타고 이타카에 온 일, 선물로 받은 청동과 옷을 동굴에 감추어 둔 일, 팔라스 아테나가 그를 늙은 거지로 변신시킨 일을 이야기해 주었다.

오디세우스는 이야기가 끝나자 이렇게 덧붙였다.

"자, 아들아, 우리 집의 재산을 축내고 있는 구혼자들에 대해 이야기해 보렴. 그 수는 얼마이며, 어떤 사람들인지 이야기해 보아라. 그들을 처리할 방법을 생각해야 할 것 아니냐."

"아버지, 아버지가 위대한 전사이시기는 하지만, 아버지와 저만의 힘으로는 그들을 처리할 수 없습니다. 그들은 이타카에서만 온 게 아니라, 둘리키옴, 사메, 자킨토스 등 주위 여러 섬에서도 왔습니다. 우리 둘이서는 그 무리를 당해 낼 수 없습니다."

오디세우스가 대답했다.

"내가 그들을 처리할 계획을 짜겠다. 너는 집으로 가서 구혼자들과 함께 있어라. 나는 나중에 돼지치기의 안내를 받아 도시로 들어가, 늙은 거지의 모습으로 집에 가겠다. 구혼자 가운데 하나가 나를 모욕하더라도, 마음을 단단히 먹고 참아야 한다. 설사 내 발을 잡아끌어 문 밖으로 내친다 해도, 너는 가만히 있어야 한다. 그리고 아무도, 네 어머니 페넬로페도, 나의 아버지 라에르테스도 오디세우스가 돌아왔다는 사실을 알지 못하게 해야 한다."

그러자 텔레마코스가 말했다.

"아버지, 이제 곧 제 기백이 어느 정도이고, 제 지혜가 어디에 이르렀는지 아시게 될 겁니다."

그들이 이야기를 주고받는 동안 텔레마코스를 기다리기 위해 안티노오스가 타고 나갔던 배가 이타카로 돌아왔다. 구혼자들은 모여서 텔레마코스를 죽일 것인지 말 것인지 의논했다. 이제 텔레마코스가 사람들을 자기편으로 끌어모아 구혼자들을 이타카에서 몰아낼 가능성이 커졌기 때문이다. 그러나 텔레마코스를 죽이는 데 합의를 보지는 못했다. 그들 가운데 그 계획에 반대하는 사람이 있었기 때문이다. 바로 니소스 왕의 아들로, 마음이 착한 암피노모스였다.

에우마이오스는 오후에 오두막으로 돌아와서 안티노오스의 배가 돌아왔다는 소식을 텔레마코스와 오디세우스에게 전해 주었다. 팔라스 아테나는 다시 오디세우스를 늙은 거지로 변신시켰기 때문에, 돼지치기는 아무런 눈치도 채지 못했다.

10

이제 텔레마코스가 도시로 들어갈 때가 되었다. 그는 샌들을 신고 창을 든 다음 돼지치기에게 말했다.

"친구 에우마이오스여, 나는 이제 어머니를 만나 내 입으로 여행 이야기를 전하기 위해 도시로 들어갑니다. 가기 전에 한 가지 명령을 드리고 가겠습니다. 이 나그네를 도시로 데리고 가서, 이 나그네 마음대로 돌아다니며 사람들에게 자비를 구하도록 해 주십시오."

거지로 모습을 바꾼 오디세우스가 말했다.

"고맙소, 텔레마코스 왕자여. 사실 나도 여기에 머물고 싶지 않았소. 비록 집주인이 당신의 돼지치기처럼 선한 사람이라 해도, 내가 주인의 명령에 따르면서 오두막과 마당에서 잔일을 거들 나이는 아니기 때문이오. 어서 가십시오, 텔레마코스 왕자여. 에우마이오스가 당신 명령대로 나를 도시로 안내할 것이오."

그러자 텔레마코스는 마당을 나가 도시로 들어갔다. 그가 집 안에 들어섰을 때 처음 만난 사람은 늙은 유모 에우리클레이아였다. 그녀는 텔레마코스를 기쁘게 맞이하였다. 텔레마코스는 에우리클레이아에게 자신의 배에 탄 손님 테오클리메노스 이야기를 하면서, 그가 집에 올 테니 정중하게 잘 대접하라고 일렀다. 구혼자들이 연회장으로 들어오더니 입으로 좋은 말을 건네며 텔레마코스를 둘러쌌다. 이윽고 모두 식탁에 앉고, 에우리클레이아는 밀 빵과 포도주와 맛있는 음식을 내왔다.

그때 오디세우스와 에우마이오스는 도시를 향해 발을 옮기고 있었다. 거지로 변장한 오디세우스는 어깨에 너덜너덜한 동냥자루를 메고, 손에는 돼지치기가 미끄러운 땅을 걸을 때 의지하라고 준 지팡이를 들고 있었다. 그들은 험한 길을 걸어 샘에 이르렀다. 사람들이 물동이를 들고 와 물을 받는 이 샘에는 요정에게 제물을 바치는 제단이 있었다.

에우마이오스와 오디세우스가 샘물가에서 쉬고 있을 때, 오디세우스 집의 하인이 옆을 지나갔다. 염소치기 멜란티오스였다. 그는 구혼자들이 잡아먹을 염소들을 몰고 가다가, 거지와 함께 있는 돼지치기를 보자 소리쳤다.

"천한 자가 천한 자를 이끌고 있구나. 말해 보아라, 돼지치기야, 그대는 그 불쌍한 사람을 어디로 데려가는가? 그자가 어떤 사람인지는 금방 알아보겠구나! 그자는 여러 집 문설주에 어깨를 기대고 먹다 남은 음식을 구걸하는 자가 틀림없구나. 그 외에는 할 줄 아는 일이 없겠다. 하지만 돼지치기야, 그대가 그자를 나에게 넘겨준다면, 나는 그자에게 들판에서 망을 보고, 외양간을 치우고, 새끼 염소들에게 맑은 물을 갖다 주는 일을 시킬 수도 있겠구나. 내가 우유 찌꺼기는 조금 먹여 줄 수 있지. 하지만 어차피 그런 자는 정직하게 일하는 것을 원치 않아. 누가 먹을 것을 주어도 일할 생각은 하지도 않고, 그저 배를 채우며 여기저기 어슬렁거리기를 바랄 뿐이야. 혹시나 그자가 오디세우스의 집에 가거든, 문간에서 내던져지기를 기도해야겠다."

염소치기는 염소 떼를 이끌고 그들에게 다가오며 그런 말을 하였다. 지나가면서 오디세우스를 걷어차기까지 했다.

오디세우스는 염소치기를 지팡이로 때릴까, 아니면 땅에 메어꽂을까 생각했다. 그러나 결국 마음을 굳게 먹어 모욕을 참고 염소치기를 그대로 보내기로 결정했다. 대신 샘 옆의 제단을 향하여 기도했다.

"우물의 요정이여! 만일 오디세우스가 당신들에게 제물을 바친 적이 있다면, 나를 위해 이 소원을 이루어 주소서. 오디세우스가 자신의 집으로 가게 해 주시고, 또한 그의 집 주위에 모인 무례한 자들을 응징할 힘을 주소서."

에우마이오스와 오디세우스는 길을 계속 갔다. 그들이 집에 다가가자 집 안에서 하프 소리가 들려왔다. 구혼자들은 잔치를 벌이고 있었다. 방랑 시인은 그들을 위해 노래를 하고 있었다. 오디세우스는 자신의 집 앞에 이르자 갑자기 돼지치기의 손을 꽉 잡으며 말했다.

"자, 많은 나라를 방랑하고, 많은 도시들을 헤매며 고생하던 내가 마침내 오디세우스의 집에 이르렀구나. 옛날과 다름없이 건물 위에 건물이 서 있고, 성벽과 흉벽이 보이고, 마당과 문이 보이는구나. 진정 오디세우스의 집이로다! 그리고 보라! 그 안에서 초대받지 않은 자들이 흥청거리고 있구나. 그들이 벌이는 잔치의 연기가 피어오르고, 그들을 위해 하프를 타는 소리가 들리는구나."

에우마이오스가 말했다.

"그대는 내가 어떻게 해 주었으면 좋겠소, 친구여? 나는 여기에 그대로 있고 그대 혼자 안으로 들어가 구혼자들 앞으로 가겠소? 아니면 내가 먼저 들어가는 게 좋겠소?"

오디세우스가 대답했다.

"그대가 먼저 들어가는 것이 좋겠소."

마당을 지나가다 오디세우스는 눈물을 흘리고 말았다. 마당의 거름 더미에 누워 있는 사냥개, 아주 늙은 사냥개를 보았기 때문이다. 개는 늙고 약해졌지만, 전혀 보살핌을 받지 못한 채 거름 더미 위에 누워 있었다. 그러나 그 개는 원래 유명한 사냥개였으며, 트로이 전쟁에 나가기 전에 오디세우스 자신이 훈련을 시키기도 했다. 개의 이름은 아르고스였다. 오디세우스가 가까이 다가가자 사냥개 아르고스는 주인을 알아보았다. 아르고스는 일어서서 낑낑거리며 귀를 늘어뜨렸다. 그러나 가까이 다가갈 힘이 없었다. 오디세우스는 개를 알아보고 발을 멈춘 채 물끄러미 바라보았다.

오디세우스가 에우마이오스에게 말했다.

"저기 훌륭한 사냥개가 누워 있군요. 한때는 아주 빨라, 깊은 숲속의 어떤 짐승도 그를 피해 달아나지 못했을 것 같습니다."

오디세우스는 다시 걸음을 내디뎠다. 사냥개는 그대로 거름 더미 위에 누워 있었다. 아르고스는 그날 숨을 거두었다.

오디세우스는 돼지치기 에우마이오스를 뒤따라 자신의 집으로 들어갔다. 여전히 거지 행색으로, 옷은 남루했고 늙은 몸은 지팡이에 의지하고 있었다. 오디세우스는 자신의 아내에게 구혼하러 온 젊은 지주들을 보았다. 그는 문지방에 앉아 더 들어가지 않았다.

텔레마코스도 안에 있다가 에우마이오스를 보자 그를 불러 빵과 고기를 주며 말했다.

"이것을 가져가서 문간의 나그네에게 주고, 이리 들어와서 사람들에게 구걸해도 좋다고 전해 주십시오."

오디세우스가 음식을 먹는 동안 방랑 시인은 노래를 마쳤다. 그러자 오디세우스는 자리에서 일어나 연회장 안으로 들어가, 구혼자 한 사람 한 사람에게 구걸했다.

구혼자들 가운데 가장 무례한 안티노오스는 늙은 거지를 보자 소리쳤다.

"아, 악명 높은 돼지치기여, 그대는 왜 이런 자를 여기에 데려왔는가? 이제까지 들어왔던 방랑자들로는 부족하단 말인가? 그대는 저런 하잘것없는 인간들이 여기에 와서 그대 주인의 재산을 축내는 것이 아무렇지도 않단 말인가?"

안티노오스에게서 그런 이야기를 듣자 텔레마코스는 입을 다물고 있을 수가 없었다.

"안티노오스여, 이제 보니 당신은 나와 나에게 속한 것들을 잘도 아껴 주시는군요. 당신이 이렇게까지 내 집을 아껴 주시다니 정말 놀랍습니다. 그렇다 해도 당신은 내가 나그네를 문간에서 내쫓기를 바라는 겁니까? 신들은 내가 그런 일을 하는 것을 금지하셨습니다. 안 됩니다, 안티노오스여. 이 집을 위하여 나그네에게 먹을 것을 좀 주십시오."

"모든 사람이 내가 주려고 하는 만큼만 준다면, 저자는 석 달 동안 구걸하지 않아도 될 걸세."

그러더니 안티노오스는 발을 올려놓던 발판을 들어 거지에게 던지려고 했다.

그러자 오디세우스가 그의 앞에 나섰다.

"사람들은 당신이 구혼자들 가운데 가장 고귀하다 하오. 그렇다면 당신은 다른 사람들보다 나은 것을 주어야 할 것이오. 나를 보시오. 나에게도 내 집이 있었고, 사람들 사이에서 부자로 꼽히기도 했고, 나에게 시중드는 하인들도 있었소. 그 시절에 나는 자주 방랑자를 환영하여, 내가 가진 것을 나누어 주곤 하였소."

안티노오스가 참지 못하고 말했다.

"내 탁자에서 멀리 떨어져라, 그대 불쾌한 자여."

그러자 오디세우스가 말했다.

"안티노오스여, 그대는 아름답지만 지혜롭지는 못하구려. 그대는, 그대의 집에서는 탄원자에게 소금 한 알갱이도 주지 않겠구려. 심지어 남의 집에 와서 남의 식탁에 앉아 있는데도, 앞에 놓인 많은 것들 가운데서 조금도 떼어 줄 마음이 없으니 말이오."

안티노오스는 오디세우스의 말을 듣고 매우 화가 났다. 들고 있던 발판으로 오디세우스의 등, 그 가운데도 오른쪽 어깨 아래쪽을 때렸다. 다른 사람 같으면 그런 매질에 쓰러졌겠지만, 오디세우스는 그대로 서 있었다. 그는 안티노오스를 흘끗 보더니, 아무 말 없이 걸어가

다시 문지방에 앉았다.

텔레마코스는 안티노오스가 아버지를 때리는 것을 보고 엄청난 분노를 느꼈다. 그러나 눈에 고인 눈물을 떨어뜨리지 않으려고 애쓰며 가만히 앉아 있었다. 마음에는 구혼자들에 대한 복수심이 부글부글 끓고 있었다. 오디세우스는 잠시 후에 고개를 들고 입을 열었다.

"이름 높은 왕비의 구혼자들이여, 이제 내 안의 영혼의 명령에 따라 한마디 해야겠소. 남자가 전투에서 공격을 당한다면, 거기에는 고통도 없고 수치도 없소. 그러나 안티노오스가 나를 공격한 것, 거지를 공격한 것에는 고통도 있고 수치도 있소. 따라서 이제 나는 가난한 사람을 모욕하는 자에게 복수하시는 신에게 빌겠소. 안티노오스한테 결혼이 아니라 죽음을 내려 달라고!"

그러자 안티노오스가 비웃었다.

"거기 앉아서 그대 앞의 고기나 조용히 먹어라. 그렇지 않으면 네 발을 잡고 집 안을 끌고 다녀, 네 뼈에서 살이 다 벗겨지게 하겠다."

그때 페넬로페가 연회장으로 들어섰다. 그녀는 나그네가 와 있다는 말을 듣고, 돼지치기 에우마이오스를 불러 나그네를 데려오라고 명령했다. 오디세우스의 소식을 아는지 물어보려는 것이었다. 에우마이오스는 오디세우스에게 가서 페넬로페의 부탁을 전달했다. 그러나 오디세우스가 말했다.

"에우마이오스여, 나도 아름답고 지혜로운 페넬로페에게 오디세우스에 대한 진실을 이야기하고 싶소. 하지만 지금은 이야기하지 않겠소. 구혼자들이 가고 난 다음에 이야기하겠다고 부인에게 가서 전해 주시오. 내가 앉아서 불을 쬐며 이야기할 수 있도록, 화롯가에 자리를 마련해 달라고 부탁해 주시오. 내가 입은 옷은 따뜻하지가 않소."

에우마이오스가 페넬로페에게 오디세우스의 이야기를 전할 때, 텔레마코스의 배에 손님으로 올랐던 테오클리메노스가 말했다.

"오, 이름 높은 오디세우스의 부인이여, 당신의 주인은 틀림없이 집에 돌아오실 것입니다. 나는 당신의 아들 텔레마코스의 배를 타고 여기에 오다가, 오디세우스의 귀환을 알려 주는 징조를 보았습니다. 오른쪽에서 새 한 마리가 날아가더군요. 매였습니다. 그 매는 발톱으로 비둘기를 움켜쥐고 있었는데, 그 털을 뽑아 배에 떨어뜨렸습니다. 나는 그 징조를 보고 이 높은 집의 주인이 돌아와, 노여워하며 이곳을 평정하실 것임을 알았습니다."

페넬로페는 연회장을 나와 자신의 방으로 돌아갔다. 에우마이오스는 돼지 떼를 돌보러 떠났다. 그러나 구혼자들은 잔치를 계속 벌였고, 오디세우스는 거지 차림으로 자신의 집 문지방에 앉아 있었다.

11

이타카에는 평범한 거지가 살았다. 그는 아주 욕심이 많았는데, 오디세우스의 집에 들락거리며 하인들의 심부름을 다니곤 하여 이로스*라는 별명이 붙었다. 이로스는 저녁에 오디세우스의 집에 들렀다가, 다른 거지가 문지방에 앉아 있는 것을 보고 화가 나서 소리쳤다.

"여기서 꺼져, 이 늙은이야. 아니면 네 손발을 잡고 끌어낼 거야. 조심해! 집 안에 계신 어르신들이 너를 쫓아 보내라고 나한테 눈을 찡긋거리잖아. 하지만 너 같은 것한테 손을 대 나까지 더러워질 수는 없는 일이지. 좋게 말할 때 어서 일어나서 꺼져."

오디세우스는 이로스를 보며 말했다.

----
* 심부름꾼이라는 뜻.—옮긴이

"나는 말로나 행동으로나 그대에게 해를 주지 않았소. 나는 그대가 이 집에서 얻을 수 있는 것을 탐내지도 않았소. 내가 지금 앉아 있는 문지방은 넓어서 둘이 앉아도 편하오."

그러자 거지 이로스가 말했다.

"이자가 무슨 소리를 하는 거야! 마치 화롯가에 앉은 영감탱이처럼 말을 하는구나. 이제 너한테 말을 낭비하지 않겠다. 어서 일어나, 이 배불뚝이 뚱뚱이야. 옷을 벗고 싸워 보자. 여기 계신 모든 어르신들께 내가 이 문을 지킬 수 있다는 것을 보여 드려야겠다."

오디세우스가 말했다.

"나를 자극하지 마시오. 내 비록 늙어 보이지만, 그대가 피를 흘리게 될 수도 있소."

그러나 이로스는 계속 소리쳤다.

"네 주둥아리를 쳐서 이빨을 다 뽑아 버리겠다."

오디세우스가 말을 받았다.

"그대가 나한테 혼날 것 같은데."

구혼자들 가운데 가장 무례한 안티노오스가 두 사람이 말다툼하는 것을 보았다. 그는 둘이 서로 이죽거리며 상대의 성질을 돋우는 것을 보고 웃음을 터뜨리더니 말했다.

"친구들이여, 신들이 우리에게 자비로우셔서, 오늘도 어김없이 즐거움을 주시는구려. 낯선 거지와 우리의 이로스가 서로를 협박하고 있소. 두 사람이 뒤로 빼지 않고 싸우도록 해 줍시다. 둘이 한번 붙어 보게 합시다."

구혼자들은 모두 문지방으로 몰려와 두 거지를 둘러싸고 섰다. 안티노오스는 이 장난을 더 즐겁게 만들 수 있는 일을 생각해 냈다.

"고기 저장소에는 커다란 고깃덩이가 두 개 있는데, 이 권투 선수들에게 상으로 내겁시다. 시작해, 이로스. 시작하라, 나그네여. 누가 이기든 좋은 고깃덩이를 주겠다. 아니야, 그것만이 아니지. 누가 이기든 그 사람은 매일 이 연회장에 와서 식사를 해도 좋아. 다른 거지들은 이 집 근처에 얼씬도 못 하게 할 거야. 자, 힘센 장사들, 어서 한번 붙어 봐."

구혼자들은 두 거지를 둥글게 둘러싸고, 박수로 싸움을 부추겼다. 오디세우스가 말했다.

"친구들이여, 나 같은 늙은이는 젊고 힘센 사람과 싸울 수 없소."

그러나 사람들은 오디세우스에게 소리쳤다.

"싸워, 싸워. 어서 싸워. 아니면 네 몸뚱어리에 매질을 해 댈 거야."

그러자 오디세우스가 말했다.

"그렇다면 여러분 모두 맹세해 주시오. 여러분 가운데 누구도 이로스의 편을 들지 않고, 또 나를 몰래 공격하지도 않겠다고 말이오."

구혼자들은 모두 이로스의 편을 들지도 않고, 늙은 거지를 몰래 공격하지도 않겠다고 소리를 질렀다. 그러자 그 자리에 있던 텔레마코스가 말했다.

"나그네여, 그대를 공격하는 사람은 나한테 혼나게 될 것입니다."

그러자 오디세우스는 걸치고 있던 누더기를 몸에 묶었다. 튼튼한 팔과 어깨와 허벅지가 드러나자 구혼자들은 놀랐고 이로스는 겁을 집어먹었다. 이로스는 슬쩍 빠져나가려 했으나, 안티노오스가 그를 붙잡고 말했다.

"이런 덜떨어진 인간! 만일 저자와 맞서지 않으면 너를 내 배에 태워 에케토스 왕에게 보내 버리겠다. 에케토스 왕은 네 코와 귀를 베어 내고, 네 몸뚱어리를 개밥으로 주어 버릴 거다."

안티노오스는 이로스의 몸을 잡아 싸움판으로 끌고 갔다.

싸움에 나선 두 사람은 서로 마주 보고 섰다. 그러나 오디세우스는 두 손을 쳐든 채 공격은 하지 않고 가만히 서 있었다. 이로스를 세게 공격할지 약하게 공격할지 고민하고 있었기 때문이다. 아무래도 약하게 공격하는 것이 나을 것 같았다. 그래야 구혼자들이 그의 힘에 놀라거나 관심을 가지지 않을 터였기 때문이다. 이로스가 먼저 공격했다. 오디세우스의 어깨를 노리고 있었다. 그러자 오디세우스는 이로스의 턱, 바로 귀 밑을 노리고 주먹을 날렸다. 거지는 땅에 쓰러졌다.

입과 코에서 피가 쏟아졌다.

　구혼자들은 이로스를 동정하지 않았다. 그들은 뒤로 자빠질 듯이 박장대소를 터뜨렸다. 오디세우스는 이로스의 발을 잡아 집 밖으로 끌어내 마당의 대문까지 끌고 갔다. 오디세우스는 이로스의 몸을 들어 올려, 담에 기대어 앉혀 놓았다. 그는 거지의 손에 지팡이를 쥐어 주며 말했다.

　"여기 앉아서 개나 돼지를 쫓아라. 그리고 너 같은 자가 나그네들에게 주인 행세를 하지 못하도록 말려라. 계속 아까처럼 까불다가는 더 심한 일을 당할 수도 있단다."

　오디세우스는 다시 연회장으로 돌아갔다. 옷은 전보다 더 심한 누더기가 되었고, 어깨에는 여전히 동냥자루를 메고 있었다. 그가 돌아가자 구혼자들은 큰 소리로 웃음을 터뜨리며 소리쳤다.

　"오, 나그네여, 제우스가 그대의 가장 간절한 소망과 마음에서 바라는 것을 들어주시기를. 이제 이타카에서는 그대만 거지 노릇을 하게 될 것이오."

　그들은 연거푸 웃음을 터뜨렸다. 안티노오스는 상으로 내걸었던 커다란 고깃덩이를 들고 나왔다. 오디세우스는 그것을 받아 들었다. 다른 구혼자가 황금 잔을 들어 올리며 말했다.

　"오, 거지여, 그대가 그대 땅으로 돌아가기를. 그리고 앞으로 행복하기를."

한편 오디세우스의 부인 페넬로페는 유모 에우리클레이아를 불러 말했다.

"오늘 저녁에 연회장으로 가서 내 아들 텔레마코스와 이야기를 하겠어요. 시녀 두 명한테 나와 함께 갈 준비를 하라고 일러 주세요. 나 혼자 구혼자들 사이를 돌아다니면 마음이 움츠러들거든요."

에우리클레이아는 시녀들에게 명령을 전하러 갔다. 페넬로페는 그 날 뺨에 생긴 눈물 자국을 씻어 냈다. 그녀는 앉아서 시녀들이 오기를 기다리다가 깊은 잠에 빠져 들었다. 자는 동안 여신 팔라스 아테나는 '아름다움의 물'로 그녀의 얼굴을 씻겨 주고 몸에서 모든 피로를 몰아내 준 뒤 젊음을 되돌려주었다. 페넬로페는 시녀들의 목소리에 잠에서 깨어 연회장으로 향했다.

페넬로페가 시녀 둘을 양쪽에 거느리고 구혼자들 사이에 나타나자 구혼자들은 깜짝 놀랐다. 그렇게 아름다운 여인을 본 적이 없었기 때문이다. 모든 사람이 그녀에 대한 사랑에 사로잡혔다. 모두 그녀를 자신의 아내로 맞아들이게 되기를 바랐다.

페넬로페는 구혼자들과 눈을 마주치지 않고 아들 텔레마코스에게 가서 말했다.

"텔레마코스, 이 집에서 나그네가 푸대접을 받았다는 이야기를 들

었다. 어떻게 그런 일이 일어나도록 놔두었느냐?"

텔레마코스가 대답했다.

"사랑하는 어머니, 어머니는 이 연회장에서 일어난 일에 화가 나셨겠지만, 저는 저 나름대로 생각이 있습니다."

이렇게 어머니와 아들이 이야기를 나누고 있을 때, 구혼자들 가운데 한 사람인 에우리마코스가 페넬로페에게 말했다.

"여인이여, 만일 지금 그대의 아름다움을 우리 말고 다른 사람들이 본다면, 내일 구혼자의 수는 그만큼 더 늘어날 것이오."

페넬로페가 말했다.

"나한테 그런 말을 하지 마십시오, 에우리마코스여. 나의 주인이 트로이 전쟁에 나간 뒤 찾아온 슬픔 때문에 나를 떠나 버린 아름다움에 대해 말하지 마십시오."

오디세우스는 자리에서 일어나, 구혼자들 사이에 서 있는 자신의 아내를 바라보았다. 에우리마코스가 그것을 보고 오디세우스에게 다가갔다.

"나그네여, 그대는 나를 위해 일하겠는가? 그대가 나의 산에 있는 밭에서 일한다면, 그대에게 먹을 것과 입을 것을 주겠다. 그러나 그대는 속임수나 잔꾀를 부리는 데에만 익숙하여, 여기저기 돌아다니며 구걸하는 것을 더 좋아할 것 같기는 하다."

오디세우스는 자리에서 일어서서 그 오만한 구혼자에게 말했다.

"에우리마코스여, 우리 가운데 누가 일을 더 잘하는지 시합해 보는게 어떻겠소. 우리 둘이 함께 서서 각자 손에 낫을 들고 널찍한 풀밭의 풀을 베어 보면 어떨까. 그런 곳에서 새벽부터 어두워질 때까지 먹지도 않고 그대와 풀베기 시합을 해 보고 싶구려. 아니면 함께 쟁기질을 해 보면 어떻겠소. 그러면 누가 더 길고 훌륭한 고랑을 팔 수 있는지 알 수 있지 않겠소! 아니면 둘이 함께 전쟁에 나가 보는 건 어떻겠소! 그러면 그대는 누가 전투의 앞자리에 서게 되는지 보게 될 것이오. 그대는 자신이 위대한 사나이라고 생각하고 있소. 그러나 오디세우스가 돌아온다면, 저 넓은 문이 너무 좁아 도망치기도 어려울 거요."

에우리마코스는 그 말을 듣고 너무 화가 나 오디세우스를 치려고 했다. 그러나 텔레마코스가 구혼자들에게 다가와 말했다.

"이 연회장에서 저 사람을 다시 때리는 일이 있어서는 안 됩니다. 여러분, 잔치가 끝났으니, 이제 시간이 되었으니, 각자 집으로 돌아가십시오. 조심히 돌아가시기를 빌겠습니다."

텔레마코스가 그렇게 담대하게 말하자 모두 놀랐다. 아무도 뭐라고 대꾸하지 못하고, 자기들끼리 수군거리기만 했다.

"그 이야기가 옳아. 반대할 말이 없지. 오디세우스의 집에서 나그

너를 괴롭히는 것은 부끄러운 일이야. 신들에게 술을 올리고 집으로 돌아가세."

구혼자들은 술을 땅에 붓고서 집을 나갔다. 페넬로페는 시녀들을 이끌고 자신의 방으로 갔고, 텔레마코스와 아버지 오디세우스만 남았다.

12

오디세우스는 텔레마코스에게 말했다.

"아들아, 이제 연회장에서 무기를 치워야 한다. 벽에서 무기를 내리렴."

텔레마코스와 오디세우스는 투구와 방패와 끝이 날카로운 창들을 벽에서 내려 밖으로 들고 나갔다. 오디세우스가 말했다.

"내일 구혼자들이 무기가 없는 것을 보고 무기들을 왜 치웠느냐고 묻거든 이렇게 대답해라. '아버지가 트로이 전쟁에 나갈 때는 무기들이 반짝거렸는데, 지금은 연기 때문에 많이 무디어졌다. 게다가 연회장에 모인 사람들끼리 다툼이 일어날 때마다 화가 난 사람이 무기를 잡지나 않을까 걱정이 된다. 이미 다툼이 벌어진 적이 있지 않은가. 그리고 속담에 쇠는 쇠를 부른다는 말도 있지 않은가.'"

텔레마코스는 연회장에서 갑옷과 무기를 가지고 나가 창고에 감추었다. 연회장의 무기가 다 사라지자 그는 자기 방으로 돌아갔다.

페넬로페는 나그네와 이야기를 나누러 연회장으로 돌아왔다. 그녀의 시녀인 멜란토가 그곳에서 오디세우스에게 골을 내고 있었다. 멜란토는 안티노오스와 친하게 지내면서, 오만하고 자비심이 없는 여자로 변했다. 페넬로페가 다가갔을 때 그녀는 이렇게 말하고 있었다.

"나그네여, 그대는 계속 여기 남아 물건들을 살피고 하인들을 염탐질하고 있는가? 얻어먹은 저녁에 감사하고 이제 여기에서 나가라."

오디세우스는 사나운 눈으로 멜란토를 보며 말했다.

"그대는 왜 나에게 그런 식으로 이야기하는가? 내가 초라한 옷을 입고 구걸하며 돌아다니는 것은 내가 가난하기 때문이다. 나도 한때는 부자로 내 집에서 하인을 거느리고 살았지만, 결코 내 집에 오는 나그네들을 푸대접한 적은 없다."

그러자 여주인 페넬로페가 시녀를 불러 말했다.

"멜란토, 너는 내가 이 나그네에게 내 주인의 소식을 물어보겠다고 한 이야기를 내게서 직접 듣지 않았느냐. 그런 네가 이 나그네를 욕보이는 것은 옳지 않구나."

이어 페넬로페는 함께 온 늙은 유모에게 말했다.

"에우리클레이아, 화롯가에 의자를 갖다 놓고 그 위에 양털을 깔도록 해요. 나그네가 거기에 앉아서 나에게 이야기를 들려주어야 하니까요."

에우리클레이아는 의자를 가져왔고, 오디세우스는 화롯가에 앉았다. 그러자 여주인 페넬로페가 말했다.

"나그네여, 우선 그대가 누구인지, 이름이 무엇인지, 어느 민족, 어느 나라 출신인지 말해 주겠어요?"

오디세우스가 말했다.

"여주인이여, 나에게 어떤 것을 물어도 좋으나, 나의 이름, 민족, 나라는 묻지 말아 주십시오. 견딜 수 없는 고통이 내 가슴을 채우기 때문입니다. 진정 나는 슬픈 인간입니다. 그런데 당신은 내게 해 줄 이야기가 없습니까? 우리는 당신 페넬로페에 대해 잘 알고 있습니다. 그대의 이름은 하늘까지 올라갔고, 인간으로 태어난 남자는 누구도 그대에게서 흠을 찾을 수 없기 때문입니다."

그러자 페넬로페가 말했다.

"내 얼굴이나 몸매가 뛰어났다 하나, 그것은 나의 주인 오디세우스가 트로이 전쟁에 참가하러 이 집을 떠날 때 함께 나를 떠나 버렸습니다. 그분이 떠난 후로 나쁜 일이 나에게 수도 없이 일어났습니다. 아, 지금 그분이 여기서 내 인생을 보살펴 주신다면 얼마나 좋을까요! 둘리키옴, 사메, 자킨토스 등 주위의 모든 섬의 지주들 그리고 이타카 땅의 지주들이 여기로 와서 내 뜻을 거스르고 나에게 구혼합니다. 그들이 이 집의 재산을 축내는 바람에, 내 아들은 가난해지고 있습니다.

오래전 어떤 신이 나에게 그런 사람들과 결혼하지 않는 비결을 가르쳐 주었지요. 나는 베틀에 커다란 베를 걸어 놓고 구혼자들에게 말했어요. '오디세우스는 죽은 것이 틀림없지만, 나는 여러분이 나와 결혼을 서두르는 것을 바라지 않습니다. 내가 지금 짜고 있는 것을 다 짤 때까지만 기다려 주세요. 이것은 오디세우스의 아버지를 위한 수의랍니다. 그분에게 죽음이 닥칠 날을 대비해서 이것을 짜고 있습니다. 내가 오디세우스의 집을 떠나면 라에르테스를 돌봐 줄 여자가 없습니다. 나는 그런 영웅이 수의도 없이 땅에 눕게 하고 싶지는 않습니다. 그랬다가는 우리 땅의 여자들이 내가 시아버지의 말년에 무심했다고 욕할 것입니다.'

내가 그렇게 말을 했더니, 구혼자들도 베를 짤 때까지 기다리겠다고 했어요. 나는 낮에는 베를 짜지만, 밤에는 그것을 풀었지요. 그렇게 세 해가 흘렀습니다. 그러다 네 해째가 되자, 구혼자들을 이겨 낼 수가 없게 되었습니다. 배은망덕한 시녀들이 내가 베를 풀고 있을 때 그들을 데리고 들이닥쳤거든요. 이제 나는 결혼을 미룰 다른 꾀를 생각해 낼 수가 없습니다. 부모님은 구혼자 가운데 한 사람과 결혼하라고 나에게 명령했습니다. 내 아들은 집의 재산이 축나고, 밭이 망가지고, 자신의 것이 될 재산이 사라지는 꼴을 오래 두고 볼 수 없을 것입니다. 따라서 아들 또한 내가 결혼하기를 바랄 것입니다. 사실 내가 재혼하지 않아야 할 이유는 없어요. 내 주인 오디세우스는 죽은 게 틀림없으니까요."

오디세우스가 말했다.

"나는 당신의 주인을 압니다. 그분은 트로이로 가는 길에 내 땅●에 들렀습니다. 바람 때문에 길을 잃고 방랑하면서 말리아를 지나게 되었기 때문이지요. 그분은 열이틀 동안 나의 도시에 머물렀고, 나는 그분께 정성껏 대접했습니다. 그분에게 소나 포도주나 보리가 부족하지 않도록 돌보아 드렸죠."

오디세우스 이야기가 나오자 페넬로페는 심장이 녹아 버리는 듯했다. 두 뺨에 눈물이 흘러내렸다. 오디세우스는 바로 옆에 앉아 있는 사람 때문에 우는 아내를 보니 안쓰러웠다. 마음을 굳게 먹고 참았기에 망정이지, 하마터면 그의 뺨에도 눈물이 흘러내릴 뻔했다.

페넬로페가 말했다.

"나그네여, 그대에게 오디세우스 이야기를 물어볼 수밖에 없군요. 그대가 보았을 때 오디세우스는 어떤 옷을 입고 있던가요? 어떤 사람들과 함께 있던가요?"

● 오디세우스는 크레타 섬 출신이라고 거짓말을 했다.―옮긴이

오디세우스가 말했다.

"여주인이여, 헤어진 지 오래되어 그런 질문에 제대로 답할 수 있을지 자신이 없군요. 내가 오디세우스를 본 지도 이제 이십 년이 되었습니다. 그는 자주색 겉옷을 입고 있었는데, 브로치로 고정해 놓았더군요. 그 브로치에는 앞발 사이에 새끼 사슴을 붙들고 있는 사냥개가 그려져 있었습니다. 보는 사람마다 이 브로치에 놀랐지요. 그 브로치는 금으로 만들어졌고, 새끼 사슴과 사냥개는 꼭 살아 있는 것 같았으니까요. 그리고 오디세우스에게 하인이 있었던 게 기억납니다. 주인보다 약간 늙은 사람이었는데, 어깨는 둥그스름하고 피부는 검고 머리카락은 곱슬곱슬했지요. 그 사람 이름은 에우리바테스였습니다. 오디세우스는 그 사람을 다른 동료들보다 존중하는 것 같았습니다."

나그네의 입에서 오디세우스를 보았다는 분명한 증거들이 나오자, 페넬로페는 다시 울었다. 한참 울고 난 뒤에 말했다.

"나그네여, 그대는 이미 이 집에서 환영을 받았고 이제는 존경을 받게 될 것입니다. 그대는 오디세우스가 입었던 옷을 그대로 말씀해 주셨습니다. 그 옷을 준 사람이 바로 나입니다. 내가 직접 그 옷을 개어 방에서 내왔습니다. 그대가 말한 브로치를 준 사람도 바로 나입니다. 아, 나쁜 운명이 그이를 나에게서 데려가 버렸지요. 너무 불길해서 입에 담기도 싫은 트로이로 그이를 데려가 버렸지요."

오디세우스는 그녀에게 몸을 기대며 말했다.

"끝없는 눈물 때문에 마음이 많이 아프겠군요, 여주인이여. 탄식을 그치고, 내가 당신에게 드리는 말을 명심하십시오. 오디세우스는 가까운 곳에 있습니다. 그분은 동료들을 다 잃었습니다. 그래서 알리고 올지 몰래 올지, 이 집에 올 방법을 결정하지 못하고 있습니다. 맹세합니다. 내가 발을 들여놓은 오디세우스 집의 화로를 두고 맹세하건대, 늙은 달이 이울고 새 달이 태어나기 전에 오디세우스가 직접 이 자리에 서 있을 것입니다."

페넬로페가 말했다.

"아, 그러지 마세요. 전에도 방랑자들이 나에게 그런 위로의 말을 했고, 나는 그 말을 믿었어요. 그러나 나도 이제는 그대의 말대로 되지 않는다는 것을 알아요. 어쨌든 이제 쉴 때입니다, 나그네여. 하녀들이 방에 잠자리를 봐 드리고, 그대의 발을 씻겨 드릴 거예요."

그러자 오디세우스가 대답했다.

"당신의 하녀들은 나 같은 방랑자의 발에 손을 대기 싫어할 것입니다. 혹시 이 집에 나와 비슷한 고통을 겪은 늙은 부인이 있다면, 그분이 내 발을 씻겨 주었으면 좋겠습니다."

그러자 페넬로페가 대답했다.

"불운한 남자 오디세우스에게 젖을 먹여 길러 주신 늙은 여자가 있어요. 오디세우스가 태어나던 그 순간에 그이를 품에 안았던 분이지요. 에우리클레이아, 그대와 나의 주인을 아시는 이분의 발을 닦아 드리세요."

늙은 유모 에우리클레이아는 뜨거운 물과 찬물을 가져오고, 발을 담글 큰 대야도 화롯가로 가져왔다. 그녀는 화로의 깜빡이는 불빛을 받으며 앉아 있는 오디세우스 앞에 섰다.

"페넬로페를 위하여 그리고 그대를 위하여, 그대의 발을 씻겨 드리지요. 그대를 보니 내 가슴이 뭉클하군요. 많은 나그네가 이 집에 왔지만, 그대처럼 오디세우스를 닮은 사람은 처음 보기 때문이에요."

오디세우스가 조용히 말했다.

"나에게 오디세우스를 닮았다고 말하는 사람들이 많지요."

오디세우스는 물에 발을 담갔다. 에우리클레이아는 손으로 한쪽 발을 닦아 주기 시작했다. 오디세우스는 어두운 쪽으로 얼굴을 돌렸다. 갑자기 늙은 유모 에우리클레이아가 그쪽 발에 있는 흉터를 알아볼지도 모른다는 생각이 들었기 때문이다.

어떻게 그 발에 흉터가 생겼는가? 오래전에 멧돼지의 엄니에 찔려서 생긴 것이었다. 청년 오디세우스가 외할아버지를 만나러 파르나소스 산에 갔을 때의 일이었다.

오디세우스는 어느 날 아침 숙부들과 함께 사냥개들을 데리고 파르나소스 산의 비탈을 올라갔다. 숲속 굴에 힘센 멧돼지가 누워 있었다. 사람들의 발소리가 가까워지자, 멧돼지는 벌떡 일어나 눈을 빛내며 사람들 앞에 섰다. 오디세우스는 창을 거머쥐고 멧돼지를 향해 달려갔다. 그러나 창이 닿기 전에 멧돼지가 돌진하였고 엄니가 그의 살에 박혔다. 그 찰나 오디세우스의 창이 멧돼지의 어깨에 박혀 멧돼지의 숨을 끊었다. 숙부들은 피가 멈추도록 천으로 상처를 동여맸고, 오디세우스는 상처가 나을 때까지 파르나소스 산의 할아버지 집에 머물렀다.

늙은 유모 에우리클레이아는 오디세우스의 다리를 닦아 주다가 갑자기 발을 떨어뜨렸다. 그 바람에 무릎이 대야에 부딪혀 대야가 뒤집혔다. 유모는 오디세우스의 턱을 어루만지며 말했다.

"당신은 오디세우스로군요!"

에우리클레이아는 그 사실을 알리려고 페넬로페가 앉아 있는 쪽을 보았다. 그러나 페넬로페는 다른 쪽으로 눈을 돌리고 있었다. 오디세우스는 한 손으로 에우리클레이아의 입을 막고, 다른 손으로 그녀의 몸을 잡아당겼다. 오디세우스가 작은 소리로 말했다.

"아무 말도 하지 마시오. 조용히 있어요. 적들이 지금 그대가 아는 것을 알게 될지도 모르잖소."

유모 에우리클레이아가 말했다.

"입을 다물겠습니다. 당신은 나를 아십니다. 나는 어떤 압력에도 굽히지 않는 의지가 강한 사람이지요. 그대가 이 지붕 아래 오셨다는 사실을 누구도 알지 못하게 하겠습니다."

에우리클레이아는 그렇게 말하고 나서 쏟아진 물을 채우기 위해 밖으로 나갔다. 그녀는 물을 가지고 돌아와, 오디세우스의 발을 마저 닦아 주었다. 오디세우스는 발 주위의 누더기를 매만져, 상처가 눈에 띄지 않게 했다. 그는 의자를 화로 가까이 가져갔다.

페넬로페가 다시 오디세우스를 보고는 말했다.

"내 손님이여, 그대는 지혜로운 분이로군요. 어쩌면 그대는 늘 나를 찾아오는 꿈을 해석해 주실 수 있는 분일지도 모르겠네요. 우리 집 바깥 마당에 거위가 스무 마리 있습니다. 꿈에 그 거위가 보입니다. 그런데 커다란 독수리가 산에서 날아와 거위들의 목을 물어 다 죽입니다. 그런 다음 그 거위들을 이 연회장으로 가지고 들어와 쌓아 놓습니다. 나는 죽은 거위들을 보고 울며 탄식하지요. 그러자 독수리가 돌아와 지붕의 들보 위에 앉더니 사람의 목소리로 말을 합니다. '용기를 내라, 오디세우스의 부인이여. 이것은 꿈이 아니라 진정한 계시다. 그대가 본 거위들은 그대의 구혼자들이다. 그리고 독수리의 모습으로 나타난 나는 그대의 남편이다. 나는 구혼자들을 재빨리 죽여 없앨 것이다.' 그런 뒤에 꿈이 사라지지요. 나는 눈을 뜨고 환한 밖을 내다봅니다. 마당의 거위들은 멀쩡하게 먹이통에 있는 밀을 쪼아 먹고 있지요. 이 꿈을 해석해 주실 수 있나요?"

"여주인이여, 그 꿈이 스스로 말해 주고 있군요. 모든 일이 그대가 꿈꾼 대로 이루어질 것입니다."

"아, 이제는 그럴 수가 없어요. 나의 슬픔의 날이 다가왔거든요. 나는 부모님의 압력 때문에 구혼자들 가운데 남편을 골라, 오디세우스의 집을 떠나야 해요."

오디세우스가 물었다.

"어떤 방법으로 구혼자들 가운데 한 사람을 고를 생각입니까?"

페넬로페가 대답했다.

"이렇게 할 생각입니다. 지금도 집 안에는 남편이 쓰던 큰 활이 있습니다. 그 활을 구부려 시위를 메울 수 있어야 합니다. 그 전에 먼저 제가 도끼날 열두 개를 한 줄로 세워 놓을 거예요. 그러면 도낏자루를 끼우는 구멍도 일직선에 놓이겠지요. 화살을 쏘아 그 구멍을 모두 꿰뚫는 사람, 그 사람을 남편으로 택하겠어요."

오디세우스가 말했다.

"좋은 방법입니다, 페넬로페여. 신이 당신에게 그런 방법을 알려 주었군요. 하지만 활 시합을 뒤로 미루지 마십시오. 바로 내일 시합을 여십시오."

"그것이 그대의 조언인가요, 오, 나그네여?"

오디세우스가 대답했다.

"네, 그것이 나의 조언입니다."

"조언에 감사드립니다. 이제 안녕히 주무십시오. 나는 쉬러 가야겠습니다. 그대는 현관 객실에 마련해 놓은 잠자리에 드시면 됩니다."

페넬로페는 시녀들과 함께 자기 방으로 갔다. 그녀는 침대에 누워 나그네가 전해 준 오디세우스 소식을 떠올렸다. 다시 눈물이 쏟아져 내렸다.

13

오디세우스는 어떻게 구혼자들을 없애고 집을 구할 수 있을지 곰곰이 생각하느라 밤새 잠을 이루지 못한 채 몸을 뒤척였다. 그는 새벽이 되자마자 밖으로 나가 두 손을 들고 신들 가운데 가장 위대한 제우스에게 기도했다. 승리할지 아니면 패배할지 어떤 징표를 보여 달라는 내용이었다.

오디세우스는 집 안으로 들어가다가 맷돌에 보리를 가는 여자의 목소리를 들었다. 여자는 열두 명이었으나, 다른 여자들은 모두 맷돌 옆에서 잠들어 있었다. 깨어 있는 여자는 나이가 들고 가여워 보였다. 또 온몸에 곡식 먼지가 덮여 있었다. 오디세우스가 가까이 다가갈 즈음 그녀는 두 손을 들고 약한 목소리로 기도했다.

"오, 제우스여! 저처럼 비참한 사람이 하는 기도라도 들어주시기 바랍니다. 오늘이 저 구혼자들이 오디세우스의 집에서 잔치를 여는 마지막 날이 되게 해 주소서! 저 사람들 때문에 말할 수 없이 고된 일을 하느라, 저들이 먹을 빵을 만들기 위해 보리를 가느라 무릎에 힘이 다 빠져 버렸습니다. 오, 제우스여, 오늘 저들이 마지막 식사를 하게 하소서!"

오디세우스는 문지방을 넘다가 맷돌을 돌리던 여자의 기도 소리를 들었다. 그는 그 말을 듣고 기쁨을 느꼈다. 제우스가 보내 준 징표라고 생각되었기 때문이다. 남의 집에서 먹고 마시고 하인들을 못살게 구는 건방지고 비정한 자들에게 곧 복수할 수 있을 것 같았다.

하녀들이 여자들 숙소에서 나와 연회장으로 들어갔다. 일부는 식탁을 닦고, 일부는 주전자를 들고 물을 뜨러 갔다. 그러자 남자 하인들이 들어와 불을 피울 장작을 쪼갰다. 다른 하인들은 마당으로 들어왔다. 돼지치기 에우마이오스는 돼지 떼 가운데 가장 살이 찐 돼지들을 몰고 왔다. 소치기인 필로이티오스는 송아지를 끌고 왔다. 오디세우스와 에우마이오스가 그 전날 길에서 만났던 염소치기 멜란티오스도 구혼자들의 잔치에 쓸 가장 좋은 염소들을 몰고 왔다.

소치기 필로이티오스는 거지 차림의 나그네를 보자, 송아지를 마당에 묶으면서 소리쳤다.

"이보시오, 나그네 친구여! 갑자기 눈에 눈물이 고이는구려. 그대는 누더기를 입고 있지만, 그대를 보니 내 주인 오디세우스가 떠올라서 말이오. 아마 내 주인도 그대처럼 친구 없는 땅에서 떠돌아다니고 있을 거요. 아, 주인이 돌아오셔서 집 안의 구혼자들을 쫓아 버리면 좋을 것을."

돼지치기 에우마이오스도 필로이티오스에게 다가가 똑같은 기도를 했다. 오디세우스는 하인들 가운데 이들 두 사람 그리고 맷돌을 갈던 나이 든 여자에게서만 자신이 돌아오기를 바라는 기도 소리를 들을 수 있었다.

곧 구혼자들이 연회장으로 들어왔다. 소치기 필로이티오스와 악한 염소치기 멜란티오스는 그들에게로 가서, 빵과 고기와 포도주를 나누어 주었다. 오디세우스는 연회장 바깥에 서 있었는데, 텔레마코스가 다가와 안으로 데리고 들어갔다.

구혼자들 가운데 크테시포스라는 자가 있었는데, 가장 무례하고 가장 거칠었다. 그는 텔레마코스가 오디세우스를 안으로 데리고 들어오는 것을 보고 소리를 질렀다.

"저기 텔레마코스의 손님이 오시는구려. 그에게 선물을 주도록 합시다. 오늘 그가 아무것도 얻지 못한다면 꼴사나울 것 아니겠소. 따라서 오늘의 선물로 그에게 이것을 주겠소."

크테시포스는 그렇게 말하면서 도살당한 황소의 발을 집어 들어 있는 힘껏 오디세우스에게 던졌다. 오디세우스가 뒤로 물러서자, 황소의 발이 벽에 부딪혔다. 오디세우스는 구혼자들을 보고 소름 끼치는 미소를 지었다.

텔레마코스가 말했다.

"크테시포스여, 그대가 던진 것이 내 손님에게 맞지 않은 것이 그대에게는 다행인 줄 아십시오. 만일 맞았다면, 그대의 아버지 집에서는 결혼 잔치가 아니라 장례 잔치가 열렸을 거요. 내 창이 그대의 몸을 꿰뚫었을 테니까."

텔레마코스가 그런 대담한 말을 하자 모든 구혼자들이 입을 다물었다. 그러나 그들은 곧 어떤 구혼자가 한 말에 웃음을 터뜨렸다. 텔레마코스의 배에 탔던 손님 테오클리메노스는 그 자리에 있다가 벌떡 일어나 연회장을 떠났다. 그러자 텔레마코스가 물었다.

"왜 떠납니까, 나의 손님이여?"

천리안을 가진 테오클리메노스가 말했다.

"벽과 들보에 피가 뿌려진 것이 보입니다. 또 흐느끼는 소리도 들립니다. 눈물에 젖은 뺨도 보입니다. 내 앞에 있는 남자들은 수의를 입고 있습니다. 마당에는 혼령들이 가득합니다."

구혼자들은 테오클리메노스를 보고 모두 웃음을 터뜨렸다. 그가 마치 어둠 속을 헤매는 것처럼 비틀거리며 걸었기 때문이다. 이윽고 한 구혼자가 말했다.

"저 사람을 집 밖으로 안내해야겠군. 낮인지 밤인지 헛갈리는 것 같으니 말이야."

테오클리메노스가 말했다.

"나는 여기를 떠나겠습니다. 죽음이 다가오는 것이 보입니다. 내 앞에 있는 사람들 가운데 누구도 죽음을 피할 수 없을 것입니다."

앞일을 내다보는 눈을 가진 남자는 연회장 밖으로 나갔다. 구혼자들은 서로 마주 보며 다시 웃음을 터뜨렸다. 한 사람이 말했다.

"텔레마코스는 손님 운이 없는 사람이야. 한 손님은 하루 빌어 하루 먹고살기 바쁜 더러운 거지고, 다른 한 사람은 자리에서 일어나서 천리안 노릇을 한답시고 예언이나 하고."

구혼자들은 입을 모아 조롱했다. 그러나 텔레마코스도, 오디세우스도 그들의 말에 귀를 기울이지 않았다. 그들은 오로지 복수의 시간만을 생각했다.

14

오디세우스의 큰 활은 집의 보물 창고에 보관되어 있었다. 이 활은 오래전에 이피토스라는 영웅이 선물한 것이었다. 오디세우스는 트로이 전쟁에 나갈 때에 이 활을 들고 가지 않았다.

페넬로페는 보물 창고로 들어갔다. 손에 커다란 열쇠를 들고 있었다. 손잡이를 상아로 만든 청동 열쇠였다. 열쇠를 자물쇠에 밀어 넣자, 문이 열리며 황소가 신음을 토하는 듯한 소리가 났다. 그녀는 안으로 들어갔다. 나무못에 걸린 커다란 활이 보였다. 페넬로페는 활을 내려 무릎 위에 올려놓고, 그 활을 구부려 시위를 메웠던 사람을 오랫동안 생각했다.

활 옆에는 청동 촉이 달린 화살들이 가득한 통이 있었다. 하인이 화살통을 들고, 페넬로페는 활을 들었다. 그들은 보물 창고를 나와 구혼자들이 있는 연회장으로 들어갔다.

페넬로페는 안에 들어가자 모인 사람들에게 말했다.

"이타카와 주위 섬의 지주들이여, 여러분은 나와 결혼하고 싶어서 여기에 왔습니다. 이제 내가 여러분 가운데 한 사람을 선택해야 할 때가 왔습니다. 그래서 내가 어떻게 선택할지를 알려 드리겠습니다.

이것은 지금은 계시지 않는 나의 주인 오디세우스의 활입니다. 여러분 가운데 누구든 이 활을 구부려 시위를 메운 다음, 도끼날 열두 개의 자루 끼우는 구멍들을 화살로 한 번에 꿰뚫는 사람과 결혼하겠습니다. 나는 내가 결혼하여 살았던 이 집, 보물과 부가 가득한 이 집, 꿈속에서조차 언제까지나 기억하게 될 이 집을 버리고 그 사람의 집으로 가겠습니다."

텔레마코스는 어머니의 말을 듣자 도끼날 열두 개를 가져다 한 줄로 똑바로 세워 놓았다. 그렇게 하자 자루를 끼우는 구멍들도 한 줄로 맞아 화살로 꿰뚫을 수 있게 되었다. 늙은 돼지치기 에우마이오스는 오디세우스의 활을 구혼자들 앞에 갖다 놓았다.

구혼자들 가운데 한 사람이 나서더니 활을 구부려 시위를 메우려 했다. 그러나 구부릴 수가 없어, 활을 문간의 화살 옆에 내려놓고 말았다. 다른 구혼자들은 활을 유연하게 만들려고 불에 달군 다음, 돼지기름을 발랐다. 돼지치기 에우마이오스와 소치기 필로이티오스는 연회장에서 나갔다.

오디세우스는 그들을 따라 마당으로 나가, 두 사람을 붙잡으며 말했다.

"돼지치기와 소치기여, 그대들에게 할 말이 있소. 하지만 내가 하는 말을 비밀로 해 주겠소? 우선 한 가지만 묻겠소. 만일 오디세우스가 돌아온다면 그대들은 그를 도울 거요? 그대들은 오디세우스의 편에 설 거요, 아니면 구혼자들의 편에 설 거요? 지금 그대들의 진심을 알려 주시오."

소치기 필로이티오스가 말했다.

"제우스가 내 소원을 들어주어 오디세우스가 돌아오게 해 주시기를 빌겠소! 그러면 그대는 내가 누구 편에 설지 알게 될 거요."

이번에는 에우마이오스가 말했다.

"만일 오디세우스가 돌아온다면 나는 그의 편에 설 거요. 내 모든 힘을 다해 오디세우스를 도울 거요."

오디세우스는 그 말을 듣고 자신의 정체를 밝혔다. 그는 하늘을 향해 손을 들어 올리며 말했다.

"내가 그대들의 주인 오디세우스일세. 이십 년 만에 내 고향으로 돌아왔네. 그러나 내 모든 하인들 가운데 오직 그대들 두 사람만이 내가 돌아오기를 바라는군. 내가 진짜 오디세우스라는 증거를 보고 싶으면, 내 발을 보게. 내 젊은 시절에 멧돼지에 받혀 생긴 흉터를 보게나."

오디세우스는 흉터를 가리고 있던 누더기를 걷어 올렸고, 돼지치기와 소치기는 흉터를 똑똑히 보았다. 두 사람은 자기들 앞에 서 있는 사람이 진짜 오디세우스라는 것을 알게 되자 그를 얼싸안고 머리와 어깨에 입을 맞추었다. 오디세우스는 그들이 흘리는 눈물에 감동받아, 그들의 머리와 손에 입을 맞추었다.

오디세우스는 두 사람과 함께 연회장으로 돌아가면서, 에우마이오스에게 활을 들고 연회장을 돌아다니다가 자신에게 갖다 달라고 말했다. 또 충실한 유모 에우리클레이아를 찾아가 연회장과 이어지는 여자들의 방문에 빗장을 지르고, 비명과 시끄러운 소리가 들려도 연회장으로 들어오지 못하게 하라고 명령했다. 그리고 소치기 필로이티오스에게는 마당의 대문들에 빗장을 걸라고 일렀다.

오디세우스가 연회장 안으로 들어가자 구혼자들 가운데 한 사람인 에우리마코스가 활을 구부리려고 애를 쓰고 있었다. 그는 힘을 주며 큰 소리로 신음을 토하고 있었다.

"내가 신음을 토하는 것은 페넬로페와 결혼하지 못할까 봐 걱정되어서가 아니다. 오늘 젊은이들 가운데 누구도 오디세우스의 활을 구부려 시위를 메울 수가 없으니, 모두가 오디세우스에 비하면 약골이라는 것이 드러나 버렸기 때문이다."

그러자 구혼자들 가운데 가장 건방진 안티노오스가 대답했다.

"오늘 우리가 왜 활을 구부려 시위를 메우려고 애를 써야 하는 거요? 자, 활을 내려놓으시오, 에우리마코스여. 하인을 불러 포도주나 한 잔씩 따르게 합시다. 내일 아침에 활의 신에게 제사를 드려, 활이 우리 가운데 누군가의 손에 잘 맞게 해 달라고 기도합시다."

그러자 오디세우스가 앞으로 나서서 말했다.

"여러분, 오늘 활을 내려놓는 것은 잘하는 일이오. 그러나 내가 한 번 구부려 시위를 메워 볼 테니, 활을 나에게 줘 보지 않겠소? 한때 내 몸에 있었던 힘이 지금도 남아 있는지 알아보고 싶어서 그러오."

그러자 구혼자들은 모두 화가 났다. 구혼자들 가운데 아무도 구부리지 못했던 활을 거지가 구부려 시위를 메우겠다고 나섰기 때문이다. 안티노오스가 날카로운 목소리로 그에게 소리쳤다.

"그대, 불쾌한 비렁뱅이여! 이 높은 집 안으로 들어와 부스러기를 집어 먹게 해 준 것으로는 부족하단 말인가? 우리 말을 듣고 우리 대화에 끼어든 것만으로는 부족하단 말인가? 만일 그대가 이 활을 구부려 시위를 메우려 한다면, 우리는 그대를 가만히 두지 않을 것이다. 우리는 그대를 배에 태워 에케토스 왕에게 보낼 것이고, 왕은 그대를 갈기갈기 찢어서 사냥개들의 밥으로 주어 버릴 것이다."

그러나 늙은 에우마이오스가 활을 집어 들었다. 그가 활을 들고 오디세우스에게 가자, 구혼자 몇 사람이 소리를 질렀다.

"저 사람이 지금 제정신인가? 활을 들고 어디로 가는가? 당장 내려놓아라."

에우마이오스는 그런 외침에 가슴이 두근거려 활을 내려놓고 말았다. 그러자 텔레마코스가 그에게 말했다.

"에우마이오스여, 여러 주인을 섬기는 자가 되지 않도록 조심하시오."

에우마이오스는 그 말을 듣더니 활을 다시 들고 오디세우스에게 가져가 손에 쥐어 주었다.

오디세우스는 활을 손에 들고 문간에 서 있었다. 화살은 발치에 흩어져 있었다. 에우마이오스는 에우리클레이아에게 가서, 뒤쪽 여자들이 묵는 방문에 빗장을 지르라고 말했다. 소치기 필로이티오스는 연회장에서 나가, 마당에서 밖으로 나가는 문에 빗장을 질렀다.

오디세우스는 오랫동안 활을 들고 서서, 마치 방랑 시인이 하프의 줄을 펴고 줄감개를 조이는 것처럼 활을 만졌다. 이어 오디세우스는 큰 활을 구부렸다. 그는 힘 하나 들이지 않고 활을 구부려 시위를 메웠다. 시위에 손을 대자 제비 우는 소리가 났다. 오디세우스가 꿈쩍도 않던 활을 구부려 시위를 메우는 것을 보자 구혼자들은 모두 칼로 가

슴을 베이는 것 같은 아픔을 느꼈다. 그들은 오디세우스가 화살을 집어 들어 시위에 먹이는 모습을 지켜보았다. 오디세우스는 오늬를 잡고 시위를 잡아당겼다. 이어 청동 촉이 달린 활을 쏘아 도끼날의 구멍 열두 개를 정확하게 꿰뚫었다.

에우마이오스가 도끼를 들고 밖으로 나가자 오디세우스가 말했다.
"보았소, 텔레마코스여? 그대의 손님은 어리석은 자만으로 그대에게 수치를 주지 않았소. 나는 오디세우스의 활을 구부려 시위를 메웠고, 똑바로 화살을 쏘았소. 이제 여주인이신 그대의 어머니에게 구혼하러 온 손님들을 위해 잔치를 열 때가 되었소. 해가 남았을 때 그분들에게 상을 차려 드려야겠지요. 또 잔칫상이 있으면 음악도 있고 춤도 있어야겠구려."

오디세우스는 이 말을 하면서 무시무시한 눈썹을 꿈틀거리며 텔레마코스에게 고갯짓을 했다. 텔레마코스는 즉시 검을 메고 창을 거머쥐었다. 바깥에서 제우스의 천둥소리가 들렸다. 오디세우스는 누더기를 벗고 우뚝 서 있었다. 그는 사람들의 주인처럼 보였다. 강한 활을 손에 쥐고 있었고, 발치에는 청동 촉이 달린 화살들이 이리저리 흩어져 있었다.

15

"이제 끝났다. 시합은 끝났다. 이제 나에게는 다른 과녁이 있다."

오디세우스는 이렇게 말하고는 청동 촉이 달린 화살을 시위에 먹이고, 자신의 첫 번째 적을 쏘았다.

처음 겨냥한 사람은 안티노오스였다. 안티노오스는 포도주가 가득 찬 황금 잔을 들어 올리며 웃음을 짓고 있었다. 죽음은 그의 마음에서 멀리 떨어진 곳에 있었다. 오디세우스는 그를 겨냥하여 목을 맞혔다. 화살은 목을 관통했다. 안티노오스의 손에서 포도주 잔이 떨어졌다. 그는 탁자에 엎어져 죽었다. 그러자 구혼자들이 모두 소리를 질러 댔다. 오디세우스가 화살을 잘못 쏘았다고 나무라는 소리였다. 이 거지 행색의 나그네가 안티노오스를 일부러 겨냥했다는 생각은 하지도 못했다.

그러나 오디세우스는 그들을 향해 마주 소리쳤다.

"이 개들아, 오디세우스가 집으로 절대 돌아오지 못할 것이라고 마음속으로 말한 자들아, 나의 재산을 축내고 나의 아내를 괴롭히고 나의 하인들을 때린 자들아, 하늘도 두려워하지 않고 인간의 의로운 심판도 두려워하지 않은 자들아, 돌아온 오디세우스를 보아라. 이제 너희들이 어떤 죽음을 맞이하게 될지 알게 될 것이다."

그러자 에우리마코스가 소리쳤다.

"친구들이여, 이자는 우리가 다 죽을 때까지 저 두 손을 멈추지 않고 활을 쏘아 댈 것이오. 따라서 우리는 이자와 싸워야 하오. 검을 뽑아 들고 앞에 있는 탁자를 방패로 들고 싸웁시다."

그러나 오디세우스는 무시무시한 소리를 지르며 에우리마코스를 향해 화살을 날려 가슴을 꿰뚫었다. 에우리마코스는 손에서 검을 떨어뜨리고 바닥에 쓰러져 죽었다.

무리 가운데 한 사람 암피노모스가 손에 검을 들고 오디세우스를 향해 빠르게 달려 나왔다. 그러나 가까운 곳에 있던 텔레마코스가 창으로 그의 양쪽 어깨 사이를 꿰뚫었다. 이어 텔레마코스는 재빨리 무기와 갑옷이 있는 방으로 달려갔다. 돼지치기와 소치기도 함께 달려가 모두 갑옷을 입었다. 오디세우스는 자신을 방어할 화살이 있었기 때문에, 화살을 계속 쏘아 구혼자들을 쓰러뜨렸다. 화살이 떨어지자 텔레마코스가 가져온 투구를 머리에 쓰고 방패를 든 다음, 커다란 창 두 개를 집어 들었다.

그러나 오디세우스의 적이었던 염소치기 멜란티오스가 무기를 둔 창고에서 창과 방패와 투구를 가져와, 구혼자들에게 나누어 주었다. 텔레마코스와 에우마이오스는 염소치기가 무기를 더 가지러 창고로 돌아가는 것을 보고 방으로 뛰어들어 그를 줄로 묶은 뒤, 천장의 들보에 매달았다. 그들은 문을 닫고 빗장을 지르고는 보초를 섰다.

연회장 바닥에는 구혼자들이 여러 명 죽어 쓰러져 있었다. 이때 아겔라오스라는 이름의 구혼자가 앞으로 나서더니, 다른 구혼자들이 오디세우스를 향해 창을 던지도록 지휘했다. 그러나 오디세우스가 잘 피했기 때문에, 누구도 그를 맞히지는 못했다.

이번에는 오디세우스가 텔레마코스와 에우마이오스와 필로이티오스에게 창을 던지라고 명령했다. 그들이 오디세우스와 함께 창을 던지자, 한 사람이 한 명씩을 맞혀 구혼자 네 명이 바닥에 쓰러졌다. 오디세우스는 다시 세 사람을 지휘하여 창을 던지게 했다. 이번에도 창을 잘 던져 구혼자들을 쓰러뜨렸다. 아테나 여신이 구혼자들의 창은 빗나가게 하고 오디세우스 편의 창은 정확히 적을 향하게 했다. 그들은 남은 구혼자들을 연회장의 한쪽 끝에서 다른 쪽 끝으로 몰아, 그들을 다 죽였다.

곧 여자들이 있던 방의 문이 활짝 열리더니 에우리클레이아가 나타났다. 그녀는 피범벅이 된 채 주검들 사이에 서 있는 오디세우스를 보았다. 그녀가 승리의 기쁨에 소리를 지르려 하자 오디세우스가 말했다.

"마음속으로 기뻐하시오. 소리를 지르지는 마시오. 승리했다고 죽어 널브러진 사람들을 두고 기뻐하는 것은 경건하지 못한 짓이오. 이 사람들은 고집스럽고 부정한 마음 때문에 신들이 직접 벌을 내리신 것이오."

여자들이 손에 횃불을 들고 방에서 쏟아져 나왔다. 그들은 오디세우스에게 다가가 손을 잡고 그를 포옹하고 손에 입을 맞추었다. 오디세우스는 울고 싶은 마음에 사로잡혔다. 그곳에 있는 하인들 한 사람 한 사람의 옛날 모습이 떠올랐기 때문이다.

16

늙은 유모 에우리클레이아는 페넬로페가 잠들어 있는* 위층 방으로 올라갔다. 에우리클레이아는 페넬로페의 몸 위로 허리를 굽히고 소리쳤다.

"일어나요, 페넬로페, 나의 귀한 자식이여. 내려와서 무슨 일이 있었는지 당신 눈으로 직접 확인해 보세요. 구혼자들이 사라졌어요. 그리고 당신이 늘 보고 싶어 하던 사람이 돌아왔어요. 당신의 남편 오디세우스가 돌아왔단 말이에요. 오디세우스가 당신을 오랫동안 괴롭히던 건방진 구혼자들을 모두 죽였어요."

그러나 페넬로페는 유모를 물끄러미 바라보기만 했다. 에우리클레이아가 제정신이 아니라고 생각했기 때문이다.

---

*아테나 여신이 잠들어 있게 했다고 한다. ─옮긴이

그러나 에우리클레이아는 계속해서 말했다.

"오디세우스가 정말로 여기에 왔어요. 구혼자들이 연회장에서 모욕을 주던 나그네가 바로 오디세우스예요."

페넬로페는 그 말을 듣자 침대에서 벌떡 일어나 유모의 목을 끌어안았다.

"오, 말해 주세요. 만일 그대가 한 말이 사실이라면, 그 나그네가 구혼자들을, 그렇게 많은 구혼자들을 어떻게 다 죽였는지 말해 줘요."

"나도 죽이는 것은 보지 못했어요. 그러나 죽임을 당하는 사람들의 비명은 들었죠. 그리고 나중에 오디세우스가 죽은 사람들 사이에 서 있는 것을 보았어요. 오디세우스가 벌떡 일어난 사자처럼 거기에 서 있는 모습을 보니 마음에 큰 위로가 되더군요. 자, 저와 함께 가요, 여주인이여. 그래야 두 분 다 마음에 기쁨을 느낄 수 있죠. 그동안 그렇게 큰 고통을 겪었는데 말이에요. 당신의 주인은 살아서 자신의 화롯가에 돌아왔어요. 그리고 아내와 아들이 건강하게 살아 있는 모습을 확인했어요."

페넬로페가 말했다.

"아, 아니야! 아, 아니에요, 오디세우스는 돌아오지 않았어요. 구혼자들을 죽인 것은 죽음을 모르는 신이에요. 구혼자들의 불의와 비정한 마음 때문에 내려와 벌을 주신 거예요. 오디세우스는 오래전에 돌아오는 길을 잃어버렸어요. 그이는 머나먼 땅 어딘가에서 쓰러져 죽었어요."

그러자 에우리클레이아가 소리쳤다.

"아니, 아니에요. 연회장에 있는 사람이 진짜 오디세우스라는 것은 제가 장담할 수 있어요. 그 사람 발에 옛날에 멧돼지 엄니에 찍힌 흉터가 있었어요. 어젯밤에 그분 발을 닦아 드리다 제가 보았어요. 저는 당신에게 그 사실을 말씀드리려 했지만, 그분이 손으로 제 입을 막아 말을 하지 못하게 했어요. 보세요, 저 아래 연회장에 있는 사람이 다름 아닌 오디세우스라는 사실에 제 목숨이라도 걸 수 있어요."

에우리클레이아는 페넬로페의 손을 잡고 위층 방에서 연회장으로 내려갔다. 오디세우스는 높은 기둥 옆에 서 있었다. 그곳에서 아내가 자신에게 다가와 말을 걸기를 기다리고 있었다. 그러나 페넬로페는 가만히 서서 물끄러미 그를 바라볼 뿐, 한 걸음도 내디디려 하지 않았다.

이윽고 텔레마코스가 말했다.

"어머니, 어머니는 마음이 그렇게 차가운 분이셨나요? 여기 아버지가 계신데 가까이 가려 하지도 않고 뭘 물어볼 생각도 안 하시네요."

페넬로페가 대답했다.

"나는 너무 놀라 말할 힘도 없고, 뭘 물어볼 힘도 없고, 심지어 얼굴을 마주할 힘도 없구나. 이분이 정말로 집에 돌아오신 오디세우스라면 이분을 위해 자리를 마련해야겠구나."

그러자 오디세우스가 텔레마코스에게 말했다.

"가서 목욕이라도 해라. 싸우다 묻은 더러운 것을 깨끗이 씻어라. 나는 여기에서 네 어머니와 이야기를 나누어야겠다."

오디세우스는 페넬로페를 바라보았다.

"이상한 여인이여. 그대의 마음이 정말로 차가운 것이오? 이십 년간 온갖 고생과 시련을 겪은 끝에 자신의 화롯가에 돌아온 남편을 보고 그렇게 멀찌감치 서 있는 여자는 세상에 당신밖에 없을 것 같구려. 여기에 내 자리는 없는 거요? 나는 다시 나그네의 침대에서 자야 하는 거요?"

그러자 페넬로페가 말했다.

"당신은 나그네의 침대에 눕지 않을 것입니다, 나의 주인이시여. 자, 에우리클레이아, 오디세우스의 침실 바깥에 오디세우스가 쓰시던 침대를 갖다 놓도록 하세요."

그러자 오디세우스가 화를 내며 말했다.

"언제부터 내 침대를 이리저리 옮길 수 있게 되었소? 내가 만든 침대는 그런 침대가 아니오. 그대는 내가 어떻게 내 침대를 만들었는지 모르오? 예전부터 마당에 올리브나무가 한 그루 자라고 있었소. 나는 그 올리브나무 둘레에 방을 만들고, 지붕을 덮고, 문을 달았소. 그러

고 나서 올리브나무의 잔가지들을 다 쳐 버리고, 까뀌로 줄기를 거칠게 다듬었소. 그래서 그 나무를 침대 기둥으로 삼았소. 나는 이 침대 기둥에서부터 시작해서 침대 틀을 짜 나갔소. 틀을 다 만든 다음에는 거기에 은과 상아를 아로새겼소. 이것이 내가 나 자신을 위해 만든 침대이며, 따라서 이 침대는 이리저리 옮길 수가 없소."

그러자 페넬로페는 자기 앞에 서 있는 사람이 진실로 자신의 남편, 변치 않은 오디세우스임을 믿을 수 있었다. 다른 사람은 그 침대가 어디에 있는지, 그것을 어떻게 만들었는지 알지 못했기 때문이다. 페넬로페는 울면서 오디세우스의 목을 끌어안았다.

"아, 오디세우스여, 나의 주인이여. 당신의 아내에게 화를 내지 마세요. 저는 늘 어떤 속임수에 능한 나그네가 여기에 와서 자신이 오디세우스라고 말할지도 모른다고 생각했어요. 저는 그 사람을 남편으로 받아들일지도 모른다고 걱정했어요. 그런 일이 생긴다면 얼마나 끔찍하겠어요! 하지만 이제 제 마음은 모든 의심에서 벗어났어요. 그러니 평범한 아녀자처럼 당신에게 달려가 목을 끌어안지 않았다고 저한테 화를 내지 마세요, 오디세우스여."

그러자 남편과 아내는 함께 울었다. 페넬로페가 말했다.

"우리를 이렇게 만든 것은 신들이에요, 오디세우스. 우리가 젊은 시절의 기쁨을 누리는 것을 시기한 신들이에요."

그들은 헤어져 있던 이십 년 동안 벌어졌던 일들을 서로 이야기했다. 오디세우스는 자신의 고생과 슬픔에 대해 이야기했으며, 페넬로페는 구혼자들에게 당했던 일들을 이야기했다. 그들은 이야기를 나누면서 잠들었다. 새벽이 되었을 때 두 사람은 함께 나란히 누워 자고 있었다.

17

그러나 아직도 위험은 많이 남아 있었다. 오디세우스가 없애 버린 구혼자들은 이타카와 그 주위의 섬에서 부유하고 힘이 있는 자들이었다. 그들의 아버지와 형제들은 오디세우스에게 복수하고 싶어 했다.

오디세우스는 자신이 돌아왔다는 소문이 퍼지기 전에 늙은 아버지 라에르테스가 머무는 농장으로 갔다. 가까이 다가가자 포도밭에서 땅을 파고 있는 노인이 보였다. 더 바짝 다가가니, 이 노인은 노예나 하인이 아니라, 바로 아버지 라에르테스였다.

오디세우스는 보살핌을 받지 못한 채 늙어 가고 있는 아버지를 보자, 배나무에 손을 짚고 가만히 서 있었다. 가슴에 슬픔이 밀려왔다. 늙은 라에르테스는 고개를 숙인 채 땅을 파고 있었다. 오디세우스가 앞에 서서 입을 열 때까지도 고개를 들지 않았다.

"노인이여, 밭을 잘 돌보셔서 무화과, 포도, 올리브, 배 할 것 없이 모든 작물이 잘 자라는군요. 그러나, 나그네가 이런 말을 해도 좋을지 모르지만, 노인께서는 제대로 된 보살핌을 받지 못하셨군요."

"나한테 그런 이야기를 하는 그대는 누구요?"

늙은 라에르테스가 고개를 들고 물었다.

"나는 이타카에 온 나그네입니다. 한때 내가 잘 대접해 주었던 사람을 찾고 있습니다. 그 사람 이름은 오디세우스였습니다. 오디세우스는 나그네로 나를 찾아와, 자기가 이타카 출신이라면서 내가 자기를 정성껏 대접했듯이 언젠가는 자기도 나를 후하게 대접하겠다고 말했습니다. 그러나 그 사람이 지금도 살아 있는지 모르겠습니다."

늙은 라에르테스는 오디세우스의 말을 듣자 그 앞에서 울었다.

"아, 만일 그대가 여기에서 그 사람을 찾을 수만 있다면, 그대가 그 사람에게 준 선물이 결코 헛되지 않았다는 것을 알았을 거요. 그대는 내 아들, 오디세우스에게서 참으로 크나큰 대접을 받을 수 있었을 테니까. 그러나 그는 죽고 말았소. 그 지지리도 운도 없는 사람은 고향 땅에서 멀리 떨어진 곳에서 죽고 말았소. 그래서 그의 어미도, 그의 처도, 그의 아비인 나도 그의 죽음에 제대로 장사를 지내고 울면서 슬퍼하지도 못했소."

라에르테스는 슬픔을 견디지 못하고 두 손으로 흙을 집어 자신의

머리에 뿌렸다. 오디세우스는 슬픔에 사로잡혔다. 오디세우스는 앞으로 달려가 아버지의 목을 끌어안으며 아버지에게 입을 맞추었다.

오디세우스가 말했다.

"나의 아버지여, 보십시오, 제가 여기 왔습니다. 저 오디세우스가 조국에 돌아왔습니다. 이제 슬픔에 잠긴 한숨을 멈추십시오. 제가 그동안 있었던 일들을 말씀드리겠습니다. 제가 제 집에 있는 구혼자들을 없앴습니다. 그들의 모든 잘못된 행동과 우리에게 입힌 피해에 대해 복수했습니다. 믿어지지 않습니까, 아버지? 그러면 이것을 보십시오. 멧돼지 엄니에 찔린 제 발의 흉터를 보십시오. 제 젊은 시절에 생긴 흉터를 보십시오."

라에르테스는 오디세우스의 발을 보았다. 과연 흉터가 있었다. 그래도 마음에서는 의심의 구름이 걷히지 않았다. 그러자 오디세우스는 아버지를 이끌고 밭을 돌아다녔다. 배나무 열세 그루, 사과나무 열 그루, 무화과나무 마흔 그루 등 어린 시절 아버지를 따라 밭을 돌아다닐 때 라에르테스가 아들에게 주기로 했던 과일나무들에 대해 이야기했다.

오디세우스가 그 이야기를 하자 라에르테스는 앞에 있는 사람이 진짜 자신의 아들, 이십 년 방랑 끝에 집에 돌아온 자신의 아들임을 알았다. 라에르테스는 아들의 목을 얼싸안았다. 오디세우스는 자신의 품에서 기절한 아버지를 집 안으로 모셨다.

집 안에는 텔레마코스, 돼지치기 에우마이오스, 소치기 필로이티오스가 있었다. 그들은 모두 라에르테스의 손을 잡았다. 라에르테스는 그들의 말을 듣고 정신을 차렸다. 사람들은 라에르테스를 씻겼다. 목욕을 마치고 몸에 올리브기름을 바른 라에르테스는 아주 건강해 보였다. 오디세우스가 그에게 말했다.

"아버지, 신들 가운데 한 분이 아버지에게 갑자기 기운과 품위를 불어넣어 주신 것 같네요."

늙은 영웅 라에르테스가 말했다.

"아, 나의 아들아, 네가 태어나기 오래전, 저기 해안에 있는 네리코스 성을 정복할 때와 같은 힘을 내가 지금 다시 얻을 수 있다면 얼마나 좋겠느냐. 그런 힘으로, 어깨에 갑옷을 걸치고, 어제 네가 구혼자들과 싸울 때 함께했다면 얼마나 좋았겠느냐."

이들이 이런 이야기를 나누는 동안, 오디세우스가 구혼자들을 죽였다는 소문이 도시에 퍼지기 시작했다. 목숨을 잃은 구혼자의 친척들은 오디세우스의 집 마당에서 주검들을 내왔다. 그들은 이타카 사람의 주검은 땅에 묻었고, 주위 섬 사람의 주검은 배에 실어 어부들에게 부탁해 각자의 집으로 보냈다. 많은 사람들이 오디세우스가 자신의 친구를 죽였다면서 격분했다. 가장 크게 화를 낸 사람은 안티노오스의 아버지 에우페이테스였다.

 이타카 사람들은 회의를 열었고, 에우페이테스는 그 자리에서 연설을 했다. 참석한 사람들이 모두 그를 가엾게 여겼다. 에우페이테스는 오디세우스가 이타카에서 가장 훌륭한 사람들을 전쟁터에 끌고 나갔다가 배에서 다 잃어 버렸다고 말했다. 그리고 돌아와서는 이타카와 주위 섬의 가장 고귀한 사람들을 자신의 집에서 죽여 버렸다고 말했다. 에우페이테스는 오디세우스를 죽여 달라고 부탁했다.

 "만일 우리가 우리 가족을 죽인 자에게 복수하지 않는다면, 우리는 두고두고 약한 겁쟁이로 놀림을 당할 것입니다. 나는 이제 삶이 즐겁지 않습니다. 당장 죽어서 이 땅을 떠난 사람들과 함께 있는 것이 더 편할 것 같습니다. 오디세우스와 그를 따르는 자들이 배를 타고 도망가기 전에 지금 당장 공격합시다."

 회의에 참석했던 사람들 가운데 많은 수가 갑옷을 입고 늙은 에우페이테스와 함께 싸우러 나섰다. 그들은 도시를 지나다가 라에르테스의 집에서 돌아오던 오디세우스 일행과 마주쳤다.

 오디세우스의 일행은 텔레마코스와 라에르테스, 돼지치기와 소치기, 라에르테스의 하인 돌리오스, 돌리오스의 여섯 아들 등이었다. 이들과 에우페이테스 일행이 서로를 향해 다가가던 찰나, 위대한 존재가 그들 사이에 나타났다. 키가 크고, 아름답고, 훌륭한 여인의 모습

이었다. 오디세우스는 여신 팔라스 아테나라는 것을 알았다.

"너희 이타카 사람들아, 살벌한 싸움에서 손을 떼라. 당장 그만두어라."

여신은 무시무시한 목소리로 말했다.

바로 모든 사람의 손에서 무기가 땅으로 떨어졌다. 그러자 여신은 그것들을 한데 모았다. 여신은 지금까지 있었던 모든 피 흘리는 싸움과 잘못을 그들이 잊고 오디세우스가 왕으로서 이타카를 평화롭게 다스리는 데 동의한다고 서약을 하게 했다.

이렇게 해서 아가멤논 왕과 함께 트로이 전쟁에 나섰던 오디세우스의 이야기는 끝을 맺는다. 오디세우스는 목마의 계략을 짜내 프리아모스의 도시 트로이를 차지했다. 그러나 돌아오는 길에 바다를 헤매다가 로터스를 먹는 자들의 땅에 이르렀다. 무시무시한 키클롭스의 땅에도 갔으며, 아이올로스의 섬에도 갔으며, 여자 마법사 키르케의 섬에도 갔다. 세이렌들의 노래를 들었으며, 떠도는 바위들에도 갔으며, 아무도 무사히 빠져나가지 못한 무시무시한 카리브디스와 스킬라에도 갔다. 태양의 소 떼가 풀을 뜯는 섬에도 갔으며, 요정 칼립소의 고향 오기기아에도 머물렀다. 이렇게 해서 죽지도 늙지도 않게 해 주겠다는 칼립소의 약속도 뒤로 한 채 자신의 화롯가와 자신의 땅을 늘 바라던 오디세우스의 이야기는 끝난다. 그 모든 시련과 고생을 겪었음에도 오디세우스는 운이 좋은 사나이였다. 변함없는 아내와 충직한 아들과 살아 계신 아버지가 그를 생각하며 울고 있다는 것을 알게 되었기 때문이다.

옮긴이의 말

―

1. 작가 호메로스에 대하여

고대 그리스의 위대한 서사시 「일리아드」와 「오디세이아」의 저자 호메로스에 대해서는 알려진 것이 거의 없다. 호메로스가 태어난 곳은 소아시아의 이오니아 지방, 활동한 시기는 기원전 9세기나 8세기라는 것이 우리가 그에 대해 알고 있는 사실의 거의 전부다. 사실 「일리아드」와 「오디세이아」 두 작품이 모두 호메로스가 쓴 작품일까 하는 문제에 대해서도 의견이 엇갈린다. 이렇게 작품과 지은이의 관계가 불분명한 것은 무엇보다도 「일리아드」와 「오디세이아」가 입에서 입으로 전해지는 노래였다는 점 때문이다.

물론 이런 노래를 부르는 '가수'는 따로 있었으며, 「오디세이아」에서 우리는 그런 가수로 데모도코스와 페미오스를 만나게 된다. 이들은 단지 정해진 가사대로 노래만 부르는 것이 아니라, 자신의 취향이나 능력이나 경험에 따라 가사의 내용을 다듬거나 덧붙이기도 했다. 따라서 이 시대에는 어떤 노래를 처음에 누가 지었느냐 하는 문제는 그다지 중요하지 않았다. 다만 호메로스는 「일리아드」와 「오디세이아」가 현재와 같은 방대한 분량을 가진 높은 수준의 서사시로 발전하는 데 결정적인 역할을 한 인물이었던 것으로 보인다.

그렇다면 호메로스가 이 두 작품을 글로 적어 놓았을까? 여기에 대해서도 아니라는 대답이 나온다. 호메로스가 살던 때에 그리스에 문자가 있었느냐 없었느냐 하는 문제가 이야기될 정도이니, 앞서도 말했듯이 호메로스는 오늘날의 '작가'라기보다는 창조적인 '가수'라고 보는 것이 사실에 가까울 것이다. 학자들은 기원전 6세기에 아테네에서 사 년에 한 번씩 열린 판아테나이아 대축제의 서사시 경연대회 때문에 「일리아드」와 「오디세이아」를 문자로 적은 최초의 완성본이 나왔을 것이라고 본다.

그 이후에도 지방마다 여러 판본이 있었지만, 기원전 2세기에 알렉산드리아의 학자 아리스타르코스가 여러 판본을 정리해서 결정판을 내놓았다. 이 판본이 우리에게 현재 전해지는 호메로스의 「일리아드」와 「오디세이아」의 원형인 셈이다.

2. 「일리아드」와 「오디세이아」

「일리아드」는 스물네 권 만오천 행, 「오디세이아」는 스물네 권 만 이천 행에 이르는 방대한 분량의 서사시다. 서사시란 영웅적인 업적을 기리고, 민족적으로 중요한 의미를 가진 주제를 다룬 이야기체의 긴 시를 가리키는 말이다. 서사시에는 민족적 또는 종교적으로 중요한 영웅이 등장하며, 영웅적인 전투가 벌어지고, 초자연적인 존재가 개입한다. 그러나 「일리아드」와 「오디세이아」는 단지 방대한 서사시일 뿐 아니라, 인류가 남긴 서사시 중 최고의 걸작이다.

이 두 편의 서사시는 기독교가 들어오기 이전까지 고대 그리스 로마 시대 전반에 걸쳐 교육과 문화의 토대가 되었다. 그리스인들은 이 위대한 서사시들을 문학 작품으로만 본 것이 아니라, 도덕적 가르침과 실천적 교훈의 원천으로 존중했다. 로마의 위대한 시인 베르길리우스는 「일리아드」와 「오디세이아」를 모방한 「아이네이스」를 썼다. 비잔틴 문화는 8세기 말부터 두 작품을 되살려 냈다. 오스만 제국에서 서쪽으로 망명한 그리스 학자들은 두 작품을 이탈리아로 가져갔다. 이런 과정을 거쳐 두 서사시는 이탈리아의 르네상스 문화에 깊은 영향을 주었다. 이때부터 수많은 언어로 옮겨졌으며, 두 작품은 유럽의 고전문학 전통에서 가장 중요한 작품으로, 심지어 베르길리우스나 단테의 작품들보다도 더 뛰어나다는 평가를 받았다.

「일리아드」와 「오디세이아」는 십 년 동안 치러졌던 트로이 전쟁을 배경으로 한다. 「일리아드」는 트로이 전쟁 자체를 다루며, 「오디세이아」는 전쟁이 끝난 후 전쟁 영웅 오디세우스가 이십 년간의 방랑 끝에 고향에 돌아가는 이야기를 다룬다. 「일리아드」는 트로이 전쟁의 수많은 영웅들을 다루지만, 사실 그 주인공은 영웅 아킬레우스이며, 그 주제는 진정한 영웅의 모습을 찾는 것이다. 따라서 이 이야기는 아킬레우스가 분노 때문에 참전을 거부하는 데서부터 시작하여 절친한 친구 파트로클로스의 죽음으로 인해 마음을 바꿔 전투에 나선 뒤 친구를 죽인 원수 헥토르에게 복수하고, 그 원수의 아버지 프리아모스와 만나 헥토르의 주검을 돌려준 뒤에 영웅적인 죽음을 맞이하는 짧은 기간의 사건을 집중적으로 그리며, 그 속에 십 년간의 전쟁 과정을 끼워 넣는다.

반면 「오디세이아」에는 이상적인 영웅 아킬레우스와는 매우 대조적인 현실적인 영웅 오디세우스가 등장한다. 오디세우스는 전쟁터에서 활약하는 것이 아니라, 전쟁을 끝나고 나서 집으로 돌아가는 과정에서 이십 년간 고초를 겪는다. 물론 「오디세이아」도 「일리아드」처럼 마지막 며칠간의 이야기를 집중적으로 보여 주며, 그 이야기 속에서 오디세우스의 일인칭 시점의 이야기를 통해 이십 년의 과정을 요약해 보여 준다. 오디세우스는 이제 전쟁터의 영웅이 아니라 방랑과 모험을 하는 사람이며, 아킬레우스처럼 고상하고 이상적인 영웅이 아니라 현실에 임기응변으로 대처하여 목숨을 유지해 나가는 나그네이며, 대의명분을 찾아 싸우는 사람이 아니라 잃어버린 가족과 집을 되찾기 위해 싸우는 사람이다. 이런 차이점은 「일리아드」와 「오디세이아」의 지은이가 같은 인물이 아니라는 주장, 또는 호메로스 한 사람이 지었다 해도 「오디세이아」는 훨씬 나이가 들어서 지었을 것이라는 주장의 근거가 된다.

3. 패드라익 콜럼과 윌리 포가니의 『트로이 전쟁』

시인이자 아동문학가인 패드라익 콜럼은 1881년에 아일랜드에서 태어나 미국에서 활약하다 1972년에 세상을 떠났다. 1918년에 내놓은 『트로이 전쟁』의 원제는 『*The Children's Homer*』이며, 부제는 '*The Adventure of Odysseus and the Tale of Troy*'이다. 시간 순서로 보자면 '트로이 전쟁 이야기', 즉 「일리아드」가 먼저 나오고, '오디세우스의 모험', 즉 「오디세이아」가 뒤에 나와야 할 것 같은데, 부제에서는 이것을 바꾸어 놓았다. 이것은 콜럼이 「일리아드」와 「오디세이아」를 엮어 놓은 방식 때문이다.

콜럼의 『트로이 전쟁』은 호메로스의 「오디세이아」에서 시작한다. 「오디세이아」와 마찬가지로 오디세우스의 아들 텔레마코스가 여신 아테나의 권유에 따라 아버지의 소식을 찾아 여행하는 이야기에서 시작한다는 뜻이다. 텔레마코스는 여행 중에 트로이 원정에 참여했던 두 영웅 네스토르와 메넬라오스를 만난다. 여기서 콜럼은 텔레마코스가 메넬라오스와 그의 부인 헬레네(트로이 전쟁의 시발점이 되었던 바로 그 헬레네이다!)에게서 트로이 전쟁 이야기를 전해 듣는 것으로 설정해 놓았다. 다시 말해서 우리는 전쟁에 참가했던 영웅 메넬라오스와 전쟁의 씨앗이었던 미녀 헬레네의 입을 통해 「일리아드」를 듣게 되는 것이다. 트로이 성문 밖에 있던 사람과 안에 있던 사람의 이야기를 둘 다 듣게 되는 셈이기도 하다. 콜럼은 이렇게 교묘하게 「일리아드」를 끼워 넣은 다음에 다시 「오디세이아」의 이야기를 따라간다.

콜럼의 『트로이 전쟁』의 특징으로는 우선 그 높은 품격을 꼽을 수 있겠다. 호메로스의 위대한 두 서사시가 단지 문학 작품에서 끝나지 않고 삶의 교과서이기도 했다는 사실을 일깨워 주듯이, 콜럼은 간결하면서도 격조 있게 서사시의 흐름 가운데 의미 있는 부분들을 포착하여 함축적인 언어로 새롭게 엮어 낸다.(콜럼이 생략한 부분들 가운데 아쉬움이 남는 이야기는 옮긴이 주를 통해 약간씩 보완해 넣기도 했다.) 바로 이런 품격에 아주 잘 어울리는 것이 윌리 포가니가 선화로 그린 삽화다. 포가니는 1882년에 헝가리에서 태어나 미국으로 옮겨 와 미술의 전 분야에서 왕성하게 활동하다 1955년에 세상을 떠났는데, 백 권이 넘는 어린이책에 삽화를 그렸다고 한다. 이 포가니의 우아한 삽화를 빼놓고는 이 작품의 품격과 매력을 이야기할 수 없다.

이 책의 또 하나의 특징은 콜럼이 호메로스의 이야기가 원래 노래로 부르던 것임을 잊지 않고 있다는 점이다. 원래 콜럼이 시인이었기 때문에 가능한 것인지도 모르지만, 이 작품은 형식은 산문이면서도 시 같은 언어 구사와 운율이 많이 엿보인다. 또 메넬라오스가 해 주는 이야기, 헬레네가 해 주는 이야기, 오디세우스가 해 주는 이야기, 에우마이오스가 해 주는 이야기 등 굵직굵직한 이야기들이 많이 등장하여, 일반적인 서술에서도 마치 시인의 목소리가 들리는 듯한 느낌을 받게 된다.

이런 점들 때문에 콜럼과 포가니의 『트로이 전쟁』은 「일리아드」와 「오디세이아」를 약간 두껍게 요약해 놓은 책들과는 다르다. 이 유명한 이야기의 대강의 줄거리는 널리 알려져 있지만, 이 책은 그 줄거리를 다 꿰고 있는 사람이 읽어도 새로운 맛을 느낄 수 있으며, 바로 이 점이 이 책의 가장 큰 특징이라고 말할 수도 있겠다. 사실 고대 그리스에서도 어린아이부터 노인에 이르기까지 아킬레우스와 오디세우스의 이야기를 모르는 사람은 없었을 것이다. 그럼에도 그들 역시 시인이 노래로 들려주는 이야기를 듣고 또 들으면서, 들을 때마다 새로운 맛을 느꼈을 것이다. 호메로스의 위대함은 그렇게 되풀이하여 듣고 또 외우기까지 해도 늘 새롭다는 데 있는 것인지도 모른다.

정영목

비룡소 클래식을 펴내면서

―

　어린 시절에 읽었던 고전은 어른이 되어 삶의 고비를 지날 때 문득 친구처럼 다정한 목소리로 찾아온다. 이제 일어나 저 낯선 모험의 세계로 두려움 없이 떠나가라고. 눈물 흘려도 괜찮고 잠시 쉬어 가도 좋지만, 어떤 순간에라도 삶에 대한 희망과 인간과 자연에 대한 사랑을 포기해서는 안 된다고.

　우리는 고난과 역경을 피할 수 없지만, 그 아픔을 겪으면서 스스로 치유하고 더 나은 존재가 될 수 있다. 상처를 들여다보고 이해하는 힘, 상처를 안고서 더 나은 삶의 가능성을 피워 올리는 힘, 어린 시절에 읽은 책 속의 이야기에서 우리는 이런 힘을 키울 수 있다.

　고전에서 우리는 이 세상 모든 존재들을 아우르는 더 큰 사랑과 우정을 실현하는 아름다운 주인공을 만난다. 그리고 그 만남에서 세상을 사랑하고 우정을 나누는 법과 자신의 빛나는 재능을 발견하는 법을 배운다. 슬픔 속에 길을 잃을 때 우리는 기억한다. 삶이 우리를 배반할지라도 결코 아직 사랑할 수 있는 오늘의 희망을 포기해서는 안 된다는 것을.

어린 시절 읽는 고전은 이 희망과 사랑의 위대한 씨앗이다. 이 시절 마음속에 심은 아름답고 풍요로운 이야기의 씨앗이 우리 마음속에서 자라나 온갖 비바람과 폭풍을 이겨 낼 내면의 울창한 숲을 일구어 낼 것이다.

새롭게 단장한 「비룡소 클래식」은 자라나는 어린이는 물론 남녀노소 모두에게 잃어버린 감수성을 일깨워 주는 풍요로운 이야기 보물창고다. 널리 알려진 고전뿐만 아니라 다양한 문화권에서 오래 읽혀 온 작품과 새롭게 해석될 가치가 있는 숨은 명작을 선별했다. 쉽고 빠른 정보가 넘치는 세상이지만, 종이의 질감을 느끼며 정성껏 읽어 나간 이야기들은 우리가 살아가는 동안 더 깊고 더 오랜 울림으로 말을 건넬 것이다.

김석희(작가, 번역가)
조선정(서울대 영어영문학과 교수)
정여울(작가, 문학평론가)

글쓴이 ••• 패드라익 콜럼

1881년 아일랜드 롱포드에서 태어났다. 그가 쓴 작품들은 20세기 초에 있었던 '아일랜드문예부흥운동' 중 가장 뛰어나다는 평을 받았다. '아일랜드문예부흥운동'은 아일랜드의 전통적인 민족정신을 되새기면서 아일랜드의 문화를 되살리기 위한 운동이었다.

첫 번째 작품은 '핀 오도넬'이라는 아일랜드 소년을 주인공으로 쓴 소설 『이린의 소년 A Boy in Eirinn』으로 1913년에 발표되었다. 콜럼은 1914년 미국으로 건너와 아일랜드의 민담을 영어로 재구성하는 작업을 했다. 그리스 신화를 재구성한 『황금 양털과 아킬레우스 이전의 영웅들 The golden Fleece and the heroes who lived before Achilles』(1921)로 뉴베리 명예상을 받았다. 헨리 왕자와 콜럼버스 등 대서양과 관련된 사건들을 다룬 이야기들을 모은 『항해자들: 대서양 발견의 신화와 로맨스 The Voyagers: Being Legends and Romances of Atlantic Discovery』(1925), 예부터 내려오는 아일랜드의 작은 요정과 마법에 관한 이야기를 다룬 『분라이의 큰 나무: 내 고향의 이야기들 The Big Tree of Bunlahy: Stories of My own Countryside』(1933)로 뉴베리 명예상을 두 번이나 더 받았다. 이 세 작품은 모두 운율이 살아 있어, 소리 내어 읽기에 적합하다. 콜럼이 쓴 작품들 대부분은 그리스와 아일랜드에 그 바탕을 두었지만, 그는 옛이야기를 모으러 하와이에 머물기도 했다. 콜럼은 아일랜드가 낳은 위대한 작가 제임스 조이스의 일대기를 다룬 『우리의 친구 제임스 조이스 Our Friend James Joyce』(1958)와 같은 전기물을 비롯해 어른을 위한 희곡, 시, 소설 등을 쓰기도 했다. 하지만 콜럼은 어린이책 작가로서 훨씬 더 유명하며 그가 새롭게 쓴 신화 이야기는 품격 있는 문체로 오늘날까지 사랑받고 있다. 1972년 세상을 떠났다.

그린이··· 윌리 포가니

1882년에 헝가리에서 태어났다. 부다페스트 대학에서 일 년간 공부하다가 파리로 옮겨 계속 활동했다. 별다르게 인정을 받지 못한 그는 한동안 가난한 생활을 벗어날 수 없었다. 영국 런던으로 건너간 뒤에 비로소 일러스트레이터로서 새로운 인생을 맞는다. 1915년 결혼하여 미국 뉴욕에 정착한 뒤 조각, 무대 미술 등 미술의 전 분야에서 활발하게 일했다. 또한 백오십여 권에 달하는 어린이책에 삽화를 그렸다. 1955년에 세상을 떠났다. 대표 작품으로는 『트로이 전쟁 The Children's Homer』, 『어린이 오딘 이야기 The Children of Odin』, 『황금 양털과 아킬레우스 이전의 영웅들 The golden Fleece and the heroes who lived before Achilles』, 『다도의 모험 The Adventures of a Dado』, 『헝가리 민담집 Hungarian Fairy Book』 등이 있다.

옮긴이··· 정영목

서울에서 태어났다. 서울대학교 영어영문학과를 졸업했다. 전문 번역가로 활동하고 있으며 이화여자대학교 통번역대학원에서 가르치고 있다. 옮긴 책으로는 『보물섬』, 『카탈로니아 찬가』, 『서재 결혼시키기』, 『눈먼 자들의 도시』, 『펠리컨 브리프』, 『쥬라기 공원』 등이 있다.

 트로이 전쟁

1판 1쇄 펴냄 2004년 5월 15일
1판 37쇄 펴냄 2023년 5월 20일
지은이   패드라익 콜럼
그린이   윌리 포가니
옮긴이   정영목
펴낸이   박상희
펴낸곳   ㈜비룡소
출판등록 1994. 3. 17. (제16-849호)
주소   06027 서울시 강남구 도산대로1길 62 강남출판문화센터 4층
전화   02)515-2000 팩스 02)515-2007
홈페이지 www.bir.co.kr
제품명 어린이용 환양장 도서   제조사명 ㈜비룡소 제조국명 대한민국 사용연령 3세 이상

978-89-491-4080-3 74800
978-89-491-4072-8 (세트)

새롭게 읽는 세계 어린이 문학의 고전

001	보물섬	로버트 루이스 스티븐슨 글·에드워드 윌슨 그림	정영목 옮김
002	꿀벌 마야의 모험	발데마르 본젤스 글·프란치스카 셍켈 그림	박민수 옮김
003	홍당무	쥘 르나르 글·펠릭스 발로통 그림	심지원 옮김
004	하이디	요한나 슈피리 글·폴 헤이 그림	한미희 옮김
005	피터 팬	제임스 배리 글·프란시스 베드포드 그림	장영희 옮김
006	크리스마스 캐럴	찰스 디킨스 글·아서 래컴 그림	김영진 옮김
007	루슬란과 류드밀라	푸슈킨 글·카랄리코프 그림	조주관 옮김
008	트로이 전쟁	패드라익 콜럼 글·윌리 포가니 그림	정영목 옮김
009	아서 왕과 원탁의 기사들	제임스 놀스 글·루이스 리드 그림	김석희 옮김
010	키다리 아저씨	진 웹스터 글·그림	공경희 옮김
011	카라반 이야기	빌헬름 하우프 글·이지 트른카 그림	박민수 옮김
012	플랜더스의 개	위다 글·하이럼 반즈 외 그림	노은정 옮김
013	라마야나	김재민 글·바드리 나라얀 그림
014	어린 왕자	생텍쥐페리 글·그림	박성창 옮김
015	15소년 표류기	쥘 베른 글·레옹 브네 그림	김윤진 옮김
016	이상한 나라의 앨리스	루이스 캐럴 글·존 테니얼 그림	김경미 옮김
017	팔 거리의 아이들	몰나르 페렌츠 글·귀도 피니 그림	한경민 옮김
018	모래요정과 다섯 아이들	에디스 네즈빗 글·H. R. 밀라 그림	햇살과나무꾼 옮김
019	소공녀	프랜시스 호지슨 버넷 글·미하일 페도로프 그림	김경미 옮김
020	별_알퐁스 도데 단편선	알퐁스 도데 글·안나 센지비 그림	김윤진 옮김
021	인형의 집	루머 고든 글·조안나 자미에슨 외 그림	햇살과나무꾼 옮김
022	거울 나라의 앨리스	루이스 캐럴 글·존 테니얼 그림	김경미 옮김
023	로빈 후드의 모험	하워드 파일 글·그림	정회성 옮김
024	돈키호테	에두아르도 알론소·빅터 G. 앰브러스 그림	나송주 옮김
025	해저 2만 리 I	쥘 베른 글·드 뇌빌 외 그림	윤진 옮김
026	해저 2만 리 II	쥘 베른 글·드 뇌빌 외 그림	윤진 옮김
027	비밀의 화원	프랜시스 호지슨 버넷 글·찰스 로빈슨 그림	김옥수 옮김
028	은하 철도의 밤	미야자와 겐지 글	햇살과나무꾼 옮김
029	오즈의 마법사	L. 프랭크 바움 글·W. W. 덴슬로우 그림	김영진 옮김
030	셰익스피어 이야기	찰스 램, 메리 램 글·아서 래컴 그림	정영목 옮김

031	80일간의 세계 일주 쥘 베른 글 · 세바스티엥 무랭 그림	윤진 옮김
032	소공자 프랜시스 호지슨 버넷 글 · 레지널드 버치 그림	김선애 옮김
033	지킬 박사와 하이드 씨 로버트 루이스 스티븐슨 글 · 에드워드 윌슨 그림	박광규 옮김
034	허풍선이 남작의 모험 디르크 발브레커 글 · 도리스 아이젠부르거 그림	한미희 옮김
035	행복한 왕자 오스카 와일드 글 · 찰스 로빈슨 그림	원재길 옮김
036	이솝 우화 이솝 글	김석희 옮김
037	프랑켄슈타인 메리 셸리 글 · 배리 모저 그림	황소연 옮김
038	레 미제라블 빅토르 위고 글 · 귀스타브 브리옹 그림	염명순 옮김
039	정글북 러디어드 키플링 글 · 존 록우드 키플링 외 그림	윤희기 옮김
040	걸리버 여행기 조너선 스위프트 글 · 아서 래컴 그림	햇살과나무꾼 옮김
041	파리의 노트르담 빅토르 위고 글 · 귀스타브 브리옹 그림	윤진 옮김
042	빨간 머리 앤 루시 모드 몽고메리 글 · 트로이 하월 그림	원재길 옮김
043	작은 아씨들 1 루이자 메이 올컷 글 · 제시 윌콕스 스미스 그림	황소연 옮김
044	작은 아씨들 2 루이자 메이 올컷 글 · 제시 윌콕스 스미스 그림	황소연 옮김
045	폴리애나 엘리너 H. 포터 글 · 스톡턴 멀포드 그림	햇살과나무꾼 옮김
046	로빈슨 크루소 대니얼 디포 글 · N. C. 와이어스 외 그림	김석희 옮김
047	몬테크리스토 백작 알렉상드르 뒤마 글 · 귀스타브 스탈 외 그림	윤진 옮김
048	톰 소여의 모험 마크 트웨인 글 · C. F. 페인 그림	정회성 옮김
049	동물 농장 조지 오웰 글 · 조이 배철러, 존 핼러스 그림	김영진 옮김
050	피노키오의 모험 카를로 콜로디 글 · 아틸리오 무시노 그림	이승수 옮김
051	호두까기 인형 E. T. A. 호프만 글 · 아르투시 샤이너 외 그림	최민숙 옮김
052	오 헨리 단편선 오 헨리 글	황유원 옮김
053	허클베리 핀의 모험 마크 트웨인 글 · E. W. 켐블 그림	정회성 옮김
054	블랙 뷰티 애나 슈얼 글 · 루시 켐프웰치 그림	양혜진 옮김
055	웃는 남자 빅토르 위고 글 · 조르주 로슈그로스 외 그림	김윤진 옮김
056	삼총사 알렉상드르 뒤마 글 · 모리스 를루아르 그림	염명순 옮김
057	사람은 무엇으로 사는가 레프 니콜라예비치 톨스토이 글 · 노먼 틸비 그림	김연경 옮김
058	인형 이야기 루머 고든 글 · 폴린 베인스 그림	햇살과 나무꾼 옮김
059	동방견문록 마르코 폴로, 루스티켈로 다 피사 글	윤진 옮김

● 계속 출간될 예정입니다.